KB115532

4차 산업혁명의 실체

스마트화 · 플랫폼화 · 소프트웨어 3대 전략을 세워야
공포를 넘어서 승자가 된다!

4차 산업혁명의 실체

발 행 일 2017년 10월 11일

지 은 이 김 희 철
펴 낸 이 손 형 국
펴 낸 곳 (주)북랩
편 집 인 선일영   편 집 이종무, 권혁신, 이소현, 송재병, 최예은
디 자 인 이현수, 이정아, 김민하, 한수희   제 작 박기성, 황동현, 구성우
마 케 팅 김회란, 박진관, 김한결
출판등록 2004. 12. 1(제2012-000051호)
주   소 서울시 금천구 가산디지털 1로 168, 우림라이온스밸리 B동 B113, 114호
홈페이지 www.book.co.kr
전화번호 (02)2026-5777   팩 스 (02)2026-5747
ISBN   979-11-5987-773-5 03320(종이책) 979-11-5987-774-2 05320(전자책)

(주)북랩 성공출판의 파트너

북랩 홈페이지와 패밀리 사이트에서 다양한 출판 솔루션을 만나 보세요!
홈페이지 book.co.kr • 블로그 blog.naver.com/essaybook • 원고모집 book@book.co.kr

4차
산업혁명의
실체

스마트화·플랫폼화·소프트웨어 3대 전략을 세워야 공포를 넘어서 승자가 된다!

김희철 지음

북랩 book Lab

사랑하는 아내 이종림에게

믿음직스러운 우리 아이들 동욱, 현지에게

감사와 사랑을 듬뿍 담아

'4차 산업혁명'이라는 말로 사회가 소란스럽다. 저마다 각기 다른 시각에서 목소리를 높이고 있다. 하지만 말릴 수는 없다. 산업혁명으로 인한 변혁의 범위는 교육·기술·산업·경제·사회 등 거의 모든 분야를 망라하는 까닭이다. 4차 산업혁명을 둘러싼 계시록적인 담론들도 난립하고 있다. 심지어는 아직 설익은 인공지능이 만능으로 여겨지고 있다. 로봇과 인공지능으로 인한 기술적 실업 상황에 대비하기 위해 기본소득의 도입을 고려해야 한다는 목소리와 함께 따뜻한 4차 산업혁명이라는 그럴듯한 표어도 나오고 있다. 미래를 예측하는 일은 분명 중요하고 가치가 있는 일이다. 단, 조건이 있다. 최대한 합리적인 근거와 균형적 분석에 바탕을 둘 때만 그렇다.

산업혁명은 결코 가볍게 봐서는 안 된다. 근대 이후 산업혁명은 승자와 패자가 갈리는 계기가 된 까닭이다. 18세기 중반부터 시작된 1차 산업혁명을 기점으로 영국이 경쟁국을 앞질러 세계 최강국 반열에 올라선다. 당대의 경쟁자였던 프랑스를 1800년대부터 앞질러

나가기 시작한 후, 경제 규모의 차이를 1830년에는 2배, 1860년에는 3배로 더 벌린다. 19세기 말, 전기의 상용화로 촉발된 2차 산업혁명 시대에는 미국이 승자였다. 미국은 규모 경제의 기회를 놓치지 않고 자동차, 화학, 중공업 등의 산업화에 박차를 가했기 때문이다. 20세기 중반부터 시작한 3차 산업혁명 시대에는 디지털 기술과 첨단 IT 기술에서 압도적인 화력을 갖춘 미국이 세계 최강의 위치를 더욱 공고히 한다.

이제는 4차 산업혁명의 실체를 따져봐야 할 시점이다. 단순히 기술 진보가 가속화해서 경제와 산업이 획기적으로 변화할 것이라는 막연한 예측으론 안 된다. 4차 산업혁명을 단순히 빠른 기술 진보의 상징 정도로 여기는 풍조만 확산시킬 뿐이다. 정부까지 나서서 4차 산업혁명을 국가의 미래가 달린 문제로 보는 마당에 이런 주먹구구식 해석으로는 결국 4차 산업혁명에서 낙오할 게 뻔하다. 이제 4차 산업혁명의 동력이 되는 범용기술과 보완기술이 무엇인지를 규명해야 한다. 이 기술들의 전개양상을 가늠하고, 이로 인한 경제, 사회적 변혁의 폭과 깊이, 향방을 명확히 분석해 내야 한다.

이 책에서 다루려는 것은 4차 산업혁명과 관련해 꼭 필요한 최소한의 지식이다. 알지 못하면 4차 산업혁명을 제대로 대비할 수 없는 그런 지식 말이다. 4차 산업혁명 시대의 기술적 진보에 대한 현란한 상상을 펼치려는 것은 더욱 아니다. 그런 내용이라면 이미 시중에 훌륭한 서적이 많이 나와 있다. 이 책의 목적은 두 가지다. 첫 번째는 경제사적 맥락에서 4차 산업혁명의 실체를 밝혀내는 일이다. 기술·산업·경제적 측면의 다양한 정량, 정성적 자료를 모으고 분석하는 작업을 통해서만 가능한 일이다. 두 번째 목적은 우리나라가 앞으로 다가올 4차 산업혁명의 경쟁에서 도태되지 않고 살아남을 수 있는 전략과 정책적 의제를 찾아 제시하는 것이다. 모든 지식은 현학적 수사를 넘어 행동과 실행으로 전환되지 않으면 무의미한 까닭이다.

이 책의 독자는 학생, 연구원, 회사원, 공무원 모두를 포함하는 일반 대중이다. 이 책은 전문서적이 아닌 교양서적이란 소리다. 4차 산업혁명은 함께 대비해야 하는 문제다. 4차 산업혁명의 실체에 대해 인식은 같아야 한다. 미래학적 공포 팔기에 현혹되지 않는 지혜도 필요하다. 때론 우리 IT 현주소와 여러 여건에 관한 이른바 '불편한 진실'도 알아야 한다. 대응을 위한 행보에서도 적어도 방향 만은 같아야 한다. 각론에서도 의견이 모인다면 금상첨화다. 이 모든 것은 우리 모두가 4차 산업혁명의 실체를 제대로 아느냐에 달려 있다. 그렇지 않은 상태에서 4차 산업혁명의 성공을 기대한다는 것은 어리석은 일이다. 딱딱하고 통계 숫자가 많고, 일부 전문용어 도 자주 나타나지만, 이 책의 내용이 여전히 일반교양인 것은 그런 까닭이다.

이 책은 모두 5부로 구성되어 있다. 먼저 1부에서는 4차 산업혁명 에 대한 기존 담론의 문제점을 지적한다. 1장에서는 산업혁명에 대한 균형적 시각을 갖출 수 있도록 18세기 영국에서 시작한 산업혁 명의 배경과 전개과정, 시사점을 소개한다. 2장과 3장에서는 독일의 '인더스트리 4.0'과 클라우스 슈밥이 전 세계에 화두로 내놓은 4차 산업혁명론을 중심으로 4차 산업혁명의 연혁과 주요 내용을 살펴본다. 이를 통해 이런 4차 산업혁명론들은 새로운 산업혁명으로 받아들이기에는 합당하지 않다고 판정한다.

　제2부에서는 산업혁명의 실체를 파악해서 제시한다. 4차 산업혁명은 3차 산업혁명이 저물어야 도래하는 새로운 변혁이다. 일단 3차 산업혁명이 막을 내리는지 아닌지가 중요한 관건이다. 그간의 3차 산업혁명의 전개과정을 조망해 봐야만 새로운 산업혁명의 촉발 배경과 근거를 찾아낼 수 있다. 4장에서는 그간 보였던 IT 기술의 가속적 진보가 한계에 다다르고 있다는 점을 상세히 설명한다. 5장에서는 전 세계적으로 나타나는 생산성 저하문제가 3차 산업혁명 시대의 종언과 결부된 것인지를 따져본다. 6장에서는 최근의 인공지능 붐이 예고하는 여러 변혁을 바탕으로 새로운 산업혁명의 실체를 규명한다.

　제3부에서는 4차 산업혁명을 놓고 벌이는 미래학적 담론의 진위를 밝힌다. 최근 4차 산업혁명을 둘러싼 다양한 미래 예측이 쏟아져 나오고 있다. 주로 회색적이며 비관적인 것들이 많다. 4차 산업혁명의 시대를 제대로 대비하기 위해선 이런 담론들의 진위를 가려내는 일이 선결과제다. 7장에서는 이른바 싱귤래리티에 대한 담론이 과학적 합리성이 모자란 공포 팔기라는 점을 밝힌다. 8장에서는 로보칼립스, 즉 로봇의 급속한 확산이 노동시장에 재앙을 가져올 거라는 담론을 파헤쳐 그 허구성을 드러낸다. 9장에서는 최근 회자하는 급진적인 기술적 실업통계에 대한 진위(眞僞)를 상세히 따져본다. 10장에서는 현재 과대평가된 인공지능의 발전 속도를 구체적으로 가늠해 본다.

제4부에서는 4차 산업혁명이 어떻게 전개될 것인지를 따져본다. 조만간 세계 각국이 4차 산업혁명을 주도하기 위해 치열한 각축을 벌일 것이다. 이런 각축이 어떤 방향으로 전개될지를 밝히는 것이 여기서의 목표이다. 먼저 11장에서는 4차 산업혁명의 전장(戰場)은 디지털 경제라는 점을 설명한다. 12장에서는 4차 산업혁명에서 주목해야 할 3대 화두로 '스마트화', '플랫폼화', '소프트웨어'를 뽑아낸다. '스마트화'는 4차 산업혁명의 성패를 가르는 요소이며, '플랫폼화'는 경쟁우위의 방편이고, '소프트웨어'는 4차 산업혁명의 경쟁수단인 까닭이다. 4차 산업혁명에 제대로 대응하려면 이런 화두를 우리의 여건에 맞게 제대로 풀어내야 한다. 13장에서는 4차 산업혁명의 핵심 여건인 우리 IT 산업의 현주소를 점검해 본다. 이 결과로 한국의 IT 산업 여건은 극히 취약하다는 진단을 내놓는다.

　　제5부에서는 4차 산업혁명에 효과적으로 대응하기 위한 방향을 제시한다. 이 대응 방향은 일종의 전략으로서 제4부에서 알아본 4차 산업혁명의 전개 양상을 바탕으로 한다. 먼저, 14장에서는 4차 산업혁명의 성패를 가르는 '스마트화'와 관련한 정책적 의제를 알아본다. 15장에서는 4차 산업혁명의 경쟁에서 우위를 점하기 위한 방편인 '플랫폼화'를 위한 정책 방향을 제시한다. 한편, 16장에서는 4차 산업혁명의 경쟁수단인 '소프트웨어' 산업을 육성하기 위한 정책 방향을 제시한다. 17장은 '스마트화', '플랫폼화', '소프트웨어' 관련 의제들의 실효적 이행을 위한 선결조건은 교육, R&D, 생태계 등과 같은 인프라의 혁신이라는 점을 강조하면서 이에 대한 정책 방향을 함께 제시한다.

이상과 같이 이 책에서는 4차 산업혁명을 기술·산업·경제적 측면에서 체계적으로 규명해 보고자 했다. 4차 산업혁명은 미래의 이야기이므로 필자가 규명한 것도 불충분할 수밖에 없다. 하지만 4차 산업혁명의 실체와 전개양상, 정책적 의제를 내놓은 것 자체로 충분히 의미가 있는 일이다. 적어도 논의의 장이 열릴 수 있는 계기를 마련했으니 말이다. 지금 우리 사회에 필요한 것은 4차 산업혁명의 실체와 대응방향에 대한 치열한 격론이다. 이런 논의 과정을 거쳐야 합리적이고 균형적인 이해에 이를 수 있다. 그런 이해 없이 마련된 4차 산업혁명의 대응방안은 뜬구름이 될 공산이 크다. 이 책이 그런 논의의 시발점이 될 수 있기를 희망한다.

　끝으로, 많은 분의 도움이 있었기에 책의 출판이 가능했다. 집필 과정에 소중한 지식을 나눠주신 홍덕률 대구대학교 총장님과 이용두 前 총장님, 한국섬유기계융합연구원 김갑식 박사님을 비롯한 많은 전문가님, 본문에서 인용한 250여 편의 귀중한 참고자료의 저자님, (주)북랩의 손형국 대표님과 김회란 본부장님, 편집 및 디자인팀이 그들이다. 지면을 빌어 깊은 감사를 드린다.

김희철(金熙哲)

CONTENTS

CONTENTS

CONTENTS

제1부

4차 산업혁명의 기존 담론을 바로 알자

1. 산업혁명은 전방위적이며 광범위한 변화를 가져온다

2. 슈밥이 제창한 4차 산업혁명은 허구다

3. 4차 산업혁명의 기존 담론은 실체에서 비켜났다

01 산업혁명은 전방위적이며 광범위한 변화를 가져온다

새로운 산업혁명을 대비하는 일은 쉬운 일이 아니다. 기술, 산업, 경제, 노동 등 다양한 영역에서 일어날 변화를 어렵지만 정확하게 읽어 내야하며, 이 변화의 바람을 순풍으로 만들기 위해선 제대로 된 환경을 조성해야 한다. 기술적 실업 같은 사회·경제적 역기능 해소 방안 마련도 필수다. 그런데 무엇보다도 중요한 것은 사회 구성원들의 산업혁명에 대한 균형적 안목이다. 망치를 가지고 있으면 못만 보인다는 말이 있다. 그런 안목을 갖추지 못하면, 보고 싶은 것만 보는 확증 편향(Confirmation bias)적 사고에 포로가 된 사공들로 배는 산으로 가게 될 것이다. 이 장이 목표하는 바가 바로 그런 걸 경계하자는 것이다.

1.1 산업혁명은 대단한 사건이다

최근 4차 산업혁명에 대한 논의가 한창이다. 이 책도 그런 논의의 장에 한 다리 걸치는 셈이다. 이런 논의에 앞서 산업혁명이 얼마나 대단한 것인지에 대해 한번 되새겨 볼 필요가 있다. 앞으로 4차 산업혁명에 대해 생각하고 토론을 하는 데 있어 우리 사회가 얼마나 냉철하고 진지할지는 산업혁명에 대한 제대로 된 인식에 달려있기 때문이다.

산업혁명이라는 것이 대단한 사건이라는 것은 모두가 잘 아는 사실이다. 18세기 중엽의 산업혁명, 즉 제1차 산업혁명은 증기기관의 발명으로 기존 동력인 수력이 증기력으로 대치되는 이야기로 시작한다. 증기력은 인간의 근력을 기계력으로 대치하여 '생산성', 즉 상품을 만들어내는 효율을 획기적으로 향상해 대량생산을 가능케 한다. 이로 인해, 본격적인 시장경쟁 기반 상업사회의 기반이 닦여진다. 증기력에 의해 탄생하는 철도와 대중교통으로 광범위한 시장이 열려서 거대 자본의 축적이 가능해진다. 이로 인해 사회적으로 자본가와 노동자들의 계층 분리가 이루어지는 소위 자본주의 사회의 기반이 형성된다. 산업혁명이라는 것이 대단하다는 것은 이런 짧은 이야기로도 충분할 것이다.

인류가 걸어온 긴 여정에서 보면 산업혁명은 한층 더 대단한 사건이다. 장대한 인류역사를 통해 인류의 발전에 가장 크게 기여한 사건인 까닭이다. 물론, 인류역사의 발전에 기여한 사건들을 중에서 산업혁명이 가장 위대한 사건이라는 것을 규명하는 것은 쉬운 일은 아니다. 기술, 사회, 경제, 문화 등의 거친 인류사의 대사건들을 다 추적해야 하기 때문이다. 일부 경제학자는 이런 내용을 아주 상세히 다루고 있다.[1] 여기서는 인류역사의 궤도를 바꾼 위대한 사건들을 일부만 살펴보자.

먼저 생각할 수 있는 것은 채집, 수렵 생활에서 농경사회로의 전환이다. 호모 사피엔스는 5만~10만 년 전에 본거지 아프리카를 떠난다. 차별화된 돌날 문화로 우수한 무기를 장착한 호모 사피엔스는 각 대륙에 퍼져 있는 인류의 다른 종들을 차례로 물리치면서 마침내 지구상의 최강자로 떠오르게 된다. 고단한 채집생활을 하던 인류는 이후 기원전 1만 5천여 년부터 정착에 들어간다. 가축을 길들이고 경지를 개발해 식물을 생산하는 농경사회에 진입한 것이다. 촌락에서 도시화가 진행되고, 오늘날의 사회·경제 시스템이 발전한 것은 바로 이 농경사회로부터 비롯된 것이다.

사람들 간의 소통수단 발전도 인류발전에 있어 귀중한 사건일 수밖에 없다. 기원전 3,500년경에 메소포타미아의 수메르 지방에서 최초의 문자가 나타난다. 구술사회에서 수기시대에 접어든 것이다. 15세기 중반에 구텐베르크가 발명한 인쇄기술은 정보의 교환 효율성을 획기적으로 향상한다. 필사(筆寫)에 의존했던 사회에 상전벽해의 변화가 일어나기 시작한다. 인쇄물이 전문지식의 증폭적인 통로로서 문명의 발전에 크게 이바지한 까닭이다. 월터 옹(Walter Ong)은 저서 『구술문화와 인쇄문화, Orality and Literacy』에 이런 발전 과정을 매우 잘 그려냈다.[2]

한편, 자연의 힘을 경배하던 인간이 시선을 안으로 돌리며 사유와 지적탐구의 긴 여정에서도 대사건이 일어났다. 기원전 900년부터 기원전 200년까지는 세계의 주요 종교와 철학이 탄생한다. 인류의 정신문화의 틀이 갖춰진 이 경이로운 시기는 후대에 축의 시대(Axial Age)라는 이름을 갖게 된다.[3] 인류의 여러 문명은 서로 교류가 없이도 각기 놀라운 사유의 혁명을 일으키며 축의 시대를 통과해 간다. 영국의 저명한 비교 종교학자인 카렌 암스트롱(Karen Armstrong)은 이 경이로운 과정을 그의 저서 『The great transformation: the beginning of our religious traditions』에 잘 그려냈다.[4]

위와 같은 사건들 - 도시화로 이어진 농경 생활, 인쇄술의 발명, 정신문명을 일으킨 종교와 사상의 출현 - 이외에도 불을 이용한 화식문화, 과학혁명 같은 큰 사건들이 많다. 인류사의 가장 위대한 사건에 대해선 인류학, 종교학, 사회학, 경제학을 망라한 다양한 분야의 많은 학자가 각기 자신의 고유한 주장을 내놨다. 당연히 의견이 일치될 리 없고, 풀기 어려운 숙제로 남겨질 수밖에 없었다.

이런 와중에 인류 발전을 정량화하려는 담대한 시도를 한 학자가 있었다. 바로 스탠퍼드 대학의 역사학자인 이안 모리스(Ian Morris)다. 인류발전의 속성 네 가지를 뽑아낸 후에 인류가 정착하기 시작한 1만 4000년 전으로 거슬러 올라가 인류사회의 발전을 추적한다.[5] 이 속성들은 △군대의 규모, 무기와 병참 능력 등을 기준으로 한 전쟁수행능력, △가장 큰 도시의 크기를 기준으로 한 사회조직, △정보의 활용도구 및 방법을 기준으로 한 정보처리능력, △에너지 포획을 통한 일 인당 열량으로 구성된다. 이런 속성에 대한 값을 수집하여 산출한 사회발전지수의 그래프는 매우 놀라운 사실을 보여준다.[6] 추석을 시작한 후 거의 1만 4,000년 동안은 사회발전지수가 0에서 시작하여 겨우 50에 이를 정도로 그 증가세가 아주 미미했지만, 18세기 중엽의 산업혁명을 기점으로 약 200년 동안에는 동서양을 막론하고 50에서 1000으로 비약적인 증가세를 보인다.

한편, 더 흥미로운 점은 다른 연구에서도 비슷한 결과가 나타났다는 사실이다. 역사상 에너지 사용량과 인구의 증가도 이 인류발전 그래프와 거의 같은 모습을 보인다는 점이다. 알프레드 크로스비(Alfred Crosby)가 『태양의 후예, *Children of the Sun*』에서 보여준 에너지 사용량 그래프와 페트리 주티(Petri Juuti)가 『물환경의 역사, Environmental History of Water』에 나타낸 인구의 증가 그래프에서도 산업혁명을 기점으로 그 값들이 매우 급격하게 증가하는 것을 볼 수 있다.[7,8]

이런 수치의 객관성과 정확성에 대한 논쟁에도 불구하고 한 가지 분명한 것은 산업혁명이 바로 인류발전의 궤도를 가장 많이 바꾸어 놓은 사건이라는 점이다. 이후 인류발전 궤도를 변경한 가장 근본 동력이 무엇인가에 대한 질문에 대부분의 학자는 주저하지 않고 기술적 혁신을 꼽는다. 새로운 혁신기술은 생산성을 획기적으로 향상하고 신산업을 출현시켜, 산업재편과 사회발전을 촉발한다는 시나리오다. 이후 다시 보겠지만, 이런 관점에서 1차, 2차, 3차 산업혁명에 대한 혁신기술은 각각 증기기관, 전기, 디지털 기술이 꼽힌다.

우리는 4차 산업혁명을 논의할 때 산업혁명이라는 것이 인류의 사회발전에 지대한 기여를 하는 대단한 사건이라는 점을 염두에 둘 필요가 있다. 4차 산업혁명도 단순한 기술의 혁신을 넘어 인류가 새로운 차원의 사회발전으로 접어드는 엄숙한 시기라는 뜻이다.

1.2 산업혁명은 긴 여정이다

4차 산업혁명을 목전에 두고 다양한 담론이 펼쳐지고 있다. 이 담론들은 될 수 있는 대로 기술, 경제, 사회 등 여러 면에서 합리적 근거를 바탕으로 해야 한다. "사회적 합리성 없는 과학적 합리성은 공허하고 과학적 합리성 없는 사회적 합리성은 맹목적이다." 한쪽으로 치우친 극단적 시각을 경계하라는 독일 학자 울리히 벡(Ulrich Beck)의 말이다. 그렇다면, 4차 산업혁명의 담론이 기본적으로 갖추어야 하는 시각은 어떤 것들이 있을까? 여러 가지가 있지만, 여기서는 일단 우리가 갖추어야 하는 산업혁명에 대한 두 가지 중요한 시각을 다뤄본다.

첫 번째는 산업혁명의 전개 속도에 대한 시각이다. 산업혁명이 수년 안에 단기적으로 완성되는 것이라면 정책 대응도 신속해야 할 것이며, 중장기적이라면 긴 호흡으로 대응해야 한다. 두 번째는 산업혁명이 가져올 변화에 대한 명(明)과 암(暗)에 대한 시각이다. 명과 암에 어느 쪽이든 한쪽으로 치우친 담론은 우리에게

별로 도움이 되지 않을뿐더러 오히려 해가 될 수도 있다.

일단, 산업혁명 전개 속도에 대해 생각해 보자. 결론부터 말하면, 일반적으로 산업혁명은 여러 세대에 거쳐 점진적으로 전개된다. 기술이 태동했더라도 실용화와 응용은 단기간에 이루어지지 않는 게 주된 이유다. 하나의 기술이 세상에 모습을 갖추고 나타나기 위해서는 수많은 개량 작업이 지속해서 수행돼야 한다는 뜻이다. 실제로 그간 산업혁명의 주도기술은 대부분 한 세대 이상 성숙과정을 거쳤다.

사례를 들어보자. 우리는 제임스 와트가 증기기관을 발명했다고 알고 있다. 하지만, 제임스 와트는 증기기관을 발명한 당사자가 아니다. 단지 기존에 있던 증기기관을 1775년에 상용화 가능한 수준으로 개량하는 데 성공해서 기술의 역사에 이름을 올린 것이다. 당시 증기기관은 화석연료 에너지를 증기력으로 변환하는 에너지 효율이 1% 정도밖에 되지 않아 거의 실용적이지 못했다.[9] 제임스 와트는 이를 세 배 정도 높여 면직기, 철도 등에 이르는 광범위한 증기기관의 확산을 가능하게 한 것이다. 토머스 뉴커먼(Thomas Newcomen)이 1712년 대기압 중기 양수 장치를 발명한 후 와트의 복동식(Double-acting) 증기기관이 1789년에 카트라이트 역직기에 적용되어 본격적인 실용화에 들어서기까지 대략 70년 이상의 세월이 필요했다.

산업혁명의 빠른 전개를 가로막는 또 다른 요소도 있다. 소위 '기술적 실업(Technological unemployment)'에 대한 사회적 저항이다. 혁신 기술은 인류에게 거대한 부를 안겨주지만, 다른 한편으로는 자동화로 인한 인간의 일자리 대체라는 사회적 부작용을 낳는다. 기술적 실업은 이런 자동화로 초래된 실업을 말한다. 이 기술적 실업 현상은 기술의 태동 시점부터 존재했다고 해도 과언이 아니다. 예컨대 농경사회에서 산업화로 이행되는 기간은 혁신기술을 최대한 수용해서 생산성을 높이려는 진영과 기술적 실업을 피하기 위해 기존 상황(Status Quo)을 유지하려는 진영 간의 맞대결 장이었다. 사회적 합의가 절대 필요한 상황이다. 우리가 아는 경제학자 조셉 슘페터(Joseph A. Schumpeter)가 경제성장의 상한선을 긋는 주체는 기술 자체보다는 오히려 현상유지를 하려는 사회, 경제적 힘이라고 말한 이유이다.[10]

사례를 하나 들어보자. 이 사례는 비록 산업혁명이 일어나기 거의 2세기 전의 일이지만 사회, 경제적 여건이 혁신의 수용을 늦출 수 있다는 점을 잘 보여준다. 영국의 성직자 윌리엄 리(William Lee)는 1589년에 지금의 여성용 스타킹에 사용될 직물을 짜는 방직기를 발명했다. 자신이 만든 기계가 멋진 발명품이라고 믿고는 런던으로 가서 여왕인 엘리자베스 1세에게 특허를 요청했지만 거절당한다. 성능이 문제라고 생각하고는 더욱 정교한 실크를 짤 수 있도록 성능을 개선해서 다시 특허를 신청한다. 엘리자베스 1세는 또다시 특허를 거절한다. 바로 그 기계로 인해 사람들이 일자리를 빼앗길 수 있다는 게 여왕의 거절 이유다. 그 이후에도 여러 우여곡절이 있었지만, 이 기술은 결국 상용화에 이르지 못하고 묻히고 만다. 만약 이 기술이 상용화되었다면 영국의 모직산업은 좀 더 일찍 성장했을 것이다. 한 가지 덧붙이자면, 이런 배경에는 엘리자베스 1세가 당시 경제의 중심축의 하나였던 수공업 양말 제조 길드(Guild, 조합)의 눈치를 보아야 했던 게 주된 이유라는 말도 있다.[11]

산업혁명의 전개 속도는 보완기술의 혁신에도 영향을 받는다. 한 예로 증기기관의 실용화를 위해서는 증기기관에 사용될 수 있는 양질의 철을 대량생산할 철강기술이 필요했다. 양질의 철강재 생산을 가능하게 한 헨리 코트(Henry Cort)의 교반법(Puddling process)과 압연법(Rolling process), 선철 가공 생산성의 획기적 혁신을 가져온 벤저민 헌츠먼(Benjamin Huntsman)의 도가니 제강법(Crucible process)이 그런 철강분야의 보완혁신에 속한다.[12] 대량 수송수단인 철도 기술의 발전도 산업혁명의 전개에 큰 영향을 끼친 보완기술이다. 아무튼, 눈여겨볼 점은 이런 보완기술의 혁신이 적시에 이루어지지 않으면 산업혁명 자체가 지연될 수밖에 없다는 점이다.

새로운 산업혁명에 대해 너무 조급하게 생각하게 생각해서는 안 된다. 위에서 살펴봤듯이 1차 산업혁명도 18세기 중엽부터 19세기 중엽까지 거의 100년 동안 전개되었다. 모든 일에서 그렇듯이 지나친 조급증에 빠지면 단기적 목표에 함몰돼 장기적으로 기초부터 차근차근 쌓아 준비해야 할 것들을 지나치기에 십상이다. 새로운 산업혁명을 주도하기 위해서는 당장 세상이 바뀔 것이라는 착시(Hype)부터 경계해야 할 것이다. 부산대 송성수 교수의 『기술의 역사』에 나오는 한 구절이다.[13] "대부분의 새로운 기술은 기존 기술의 문제점을 해결하는 과정에서 출현하며, 하나의 기술이 세상에 제대로 된 모습을 드러내기 위해서는 수많은 후속

작업이 지속해서 수행돼야 한다. 즉, 한 가지 아이디어가 곧바로 위대한 발명으로 이어질 수는 없는 법이다." 곱씹어봐야 할 대목이다.

1.3 산업혁명 시대에는 명암이 교차한다

앞에서 산업혁명에 대한 담론이 갖추어야 할 첫 번째 시각, 즉 산업혁명은 단기간 급작스럽게 결실을 보는 것이 아니라는 점을 살펴봤다. 이제 산업혁명의 명과 암에 대한 두 번째 시각에 대해 알아보자.

일단, 제1차 산업혁명의 개괄적인 시나리오를 다시 보자. 이 산업혁명은 18세기 중엽부터 19세기 중엽에 이르는 약 100년 동안 영국을 중심으로 전개되었다. 생산방식이 인간의 근력에서 기계로의 전환이 본격화되어 산업 구조는 가내수공업(Domestic manufacturing)에서 대규모 공장(Factory) 기반 공업으로 전환된다. 지역 중심의 국소적 상거래는 국내 시장 전반으로 확대되고 이윽고 해외 시장으로 확대된다. 거대 상업 자본가들의 탄생과 글로벌 시장 경쟁은 자본주의가 정착될 수 있는 환경을 조성한다. 사회적으로는 기존 농업사회에서 산업사회로 급속히 재편되기 시작하고, 산업 자본가와 임금 노동자들 간의 계층 분리가 시작된다.

위의 시나리오는 산업혁명으로 인한 기술·산업·경제·사회 변화에 대한 객관적이고 담담한 묘사다. 하지만, 그 상황을 몸으로 겪는 당사자의 입장에서는 그리 객관적이지만은 않다. 그 속에는 우리 인간에게 밝은 빛을 선사하는 긍정적 면과 어두운 그늘을 드리우는 두 얼굴이 숨어있는 까닭이다. 먼저 밝은 쪽 면은 무엇일까라는 질문에 답해 보자. 답은 간단히 '경제적 풍요'라고 하면 적절할 것이다. 반면에 부정적인 면은 무엇일까? 이것도 역시 단순히 이전에 언급한 '기술적 실업'이라고 하면 될 것이다. 산업혁명은 통상적으로 인간에게 경제적 풍요를 가져오지만, 다른 한편에서는 자동화로 인해 사람들이 실업의 불안과 고통에 시달리게 된다는 말이다.

그런데 이 두 명제는 하나의 끈으로 묶여 있다. 바로 '노동 생산성[①](앞으로 특별한 맥락이 아니라면 줄여서 '생산성'이라고 부를 것이다)이다. 생산성은 산출된 생산량을 투입된 노동으로 나눈 값이다. 지정된 시간에 노동자 한 사람당 산출한 생산량 또는 생산액을 나타낸다.

우선 생산성과 물질적 풍요가 어떻게 묶여 있는지 보자. 산업혁명을 촉발하는 기술은 보완기술과 더불어 기업의 원자재 수급, 생산, 유통, 판매에 이르는 기업의 가치사슬(Value chain)을 근본적으로 바꿔 생산성을 획기적으로 높인다. 대량생산으로 인해서 제품가격이 하락하면서 사람들은 이전에는 엄두도 못 내던 제품을 구입할 수 있게 된다. 생산성 향상이 사람들에게 물질적 풍요의 혜택을 가져다주는 시나리오다. 1차 산업혁명을 보면 증기기관을 장착한 면직기를 도입한 공장이 등장하면서 면직물의 생산성이

---

① 생산요소를 투입해 새로운 가치를 창출하는 것이 생산인데 생산성은 생산을 위하여 사용한 생산요소의 양과 그 결과로 산출된 생산물 양의 비율이다. 생산요소는 보통 노동과 자본, 총요소(기술 등)로 분류되는데, 각각을 대한 생산성은 노동, 자본, 총요소 생산성으로 부른다.

크게 증가한다. 예컨대 모슬린 면 셔츠의 생산성은 8배로, 농업용 쟁기의 생산성은 30배 이상으로 증가했다고 한다. 일반 대중들도 면직물로 된 의복을 입을 수 있게 되었으며, 양질의 농업용 쟁기를 사용할 수 있게 된 것이다.

생산성과 기술적 실업이 어떻게 묶여 있는지도 보자. 생산성의 향상은 대부분 기계에 의한 노동의 대체를 통해 실현된다. 일부 노동자들은 실업의 고통을 겪을 수밖에 없다. 물론 지금까지의 역사를 돌아보면 기술에 따라 실업의 대상과 양상이 크게 달라진다. 산업혁명만 놓고 보면 수십 년간 업계를 주도한 숙련된 장인이 그 희생물이었다. 산업혁명 이전에는 소수의 장인이 각자 자신의 작업장(Artisan shop)에서 거의 모든 공정을 다 담당했다. 산업혁명이 전개되면서 생산체계에 변화가 일어난다. 전체 공정을 여러 개의 세부 공정으로 나눈 후에 각 공정을 기계와 비숙련 노동자가 담당하도록 한 분업 방식 생산으로 바뀐 것이다.

이런 과정에서 그동안 자신들만이 제품을 만들 수 있다는 장인들의 자부심이 하루아침에 무너져 내린다. 급기야는 장인이 노동현장에서 퇴출을 당해 역사 속에서 사라지게 된다. 반면에 비숙련 노동자에게는 오히려 기회의 시대였다. 이전에는 감히 넘보지도 못했던 생산 업무를 수행하면서 적지 않은 임금을 받을 수 있었으니 말이다. 후대의 경제학자들은 그 당시를 '노동의 낭만이 사라진 시대'라고 감상적으로 표현하기도 한다. 숙련배제(de-skilling)라는 전문용어도 그런 취지로 만들어졌다.

산업혁명으로 공장제가 도입되면서 생산의 현장은 기업주와 노동자 간의 격돌의 장으로 변모한다. 당시의 기업주는 더 많은 이익을 내는 데 골몰했다. 제품 혁신 역량이 낮았던 당시의 기술적 상황에서는 제품의 생산단가를 낮추는 데 관심을 둘 수밖에 없었다. 치열해지는 시장경쟁은 생산단가를 감소시킬 필요를 더욱 가중시켰다. 이런 상황에서 기업주가 택할 가장 손쉬운 수단은 바로 기계를 도입해 노동을 대체하는 것이었다.

한편, 공장에 설치된 기계의 공정을 보조하거나 기계에서 나온 중간재의 임가공을 담당하는 대부분의 노동자들은 실업에 대해 심리적인 불안을 느끼게 된다. 기업주가 새로운 기계를 도입할 때마다 일부 동료 근로자가 일자리를 빼앗겨 실업으로 내몰리는 것을 봐온 까닭이다. 때로는 기술적 실업에 반감을 품고 기업가에 저항도 해 보지만 당시의 법 테두리 내에서는 속수무책일 수밖에 없었다. 기업가들에 대한 분노의 화살은 자연히 애꿎은 기계로 돌려졌다.

어느 시대나 그랬듯이 생계와 관련된 불만이나 공포는 임계점이 있다. 일정 한계에 도달하면 저항은 극단적인 방식으로 표출되게 마련이다. 역사적으로 그 유명한 러다이트(Luddite) 운동 바로 그런 사례다. 당시 네드 러드(Ned Ludd)라는 지능이 낮은 사람이 손놀림이 서툴러 두 대의 방적기를 부수었다는 이야기가 전해지고 있었다. 그의 이름을 딴 이 운동은 섬유산업의 도시였던 노팅엄에서 시작된다. 1811년부터는 조직적인 사회운동으로 발전한다. 영국의 중북부로 번진 많은 러다이트 집회가 거리폭동이나 공장에 난입해 기계를 부수는 파괴활동으로 이어진다. 1816년에 이르러 영국정부에 의해 진압된다.[14]

형태로만 보면 러다이트 운동은 정부입장에서는 일종의 폭동이다. 특히 1779년에 랭커셔(Lancashire) 지방에서 기계를 파괴하려는 폭동을 겪은 영국정부로서는 더욱 그렇게 생각할 수밖에 없다. 따라서 영국정부는 12,000명에 이르는 대규모 군대를 동원해서 러다이트 운동을 진압하게 된다. 심지어는 당시 프랑스와 전쟁을 치르고 있던 영국이 나폴레옹 군대와의 싸움보다 러다이트 운동을 진압하는 데 더 많은 힘을 썼다고도 한다.

그렇지만 러다이트 운동은 분명 사회운동적인 색채도 강하게 띠고 있다. 러다이트 운동이 본격화된 것은 단순한 불만 때문만은 아니다. 영국에서는 1551년에부터 면사가공에 직기(Gig Mill)를 사용을 금지하는 법이 오랫동안 유지돼 왔다. 노동자들을 보호하기 위한 법이었다. 러다이트 운동이 벌어지기 바로 전에 영국의 회가 그 법을 폐지한 것도 러다이트 운동의 원인으로 작용했던 것이다. 러다이트 운동은 진압되지만, 이후 보통선거를 얻어내기 위한 차티스트 운동으로 이어진다. 차티스트 운동으로 결집한 노동자들은 19세기 말에 이르러 영국 노동당이라는 제도권 정치세력으로 부상하게 된다. 이런 까닭에 러다이트 운동은 기술 진보로 인한 폐해를 반대하는 사회운동의 상징적 의미를 지니게 된다. 오늘날에는 과학기술 진보를 경계하는 각종 운동을 '신러다이트(Neo-Ruddite) 주의'라고 부른다.

지금까지 산업혁명을 배경으로 한 기업주와 노동자 간의 갈등, 이로 인한 복잡한 사회적 양상을 살펴보았다. 그렇다면 이런 상황이 연출된 배경을 간단히 설명할 원리가 있을까? 가장 근접한 것은 '생산성의 딜레마'이다. 당시 사회문제를 야기한 주범인 기업주와 노동자 간의 갈등은 결국 생산성 때문에 벌어진 일이다. 기업주는 기계를 도입해 생산성을 높이려고 하며, 반면에 노동자들은 기계로 인한 실업을 염려하여 기존 생산성을 그대로 고수하려는 입장에 놓인다. 이 둘은 상충되며, 성격적으로 제로섬(Zero sum) 경쟁이 될 수밖에 없다. 즉 생산성을 놓고 벌이는 싸움에서 무조건 한편은 승자, 상대편은 패자가 되는 것이다.

이런 생산성 딜레마의 싸움에서 어느 쪽의 손이 올라갈지는 그 사회의 기술도 기술이지만 경제, 사회, 정치적 정책 환경이 더 큰 역할을 한다. 1차 산업혁명 초기에는 산업발전이 시급했던 경제적 환경과 경제발전에 우선순위를 둔 정치적 환경의 결합은 생산성 향상을 도모하던 기업가 쪽의 손을 들어 줬다. 우리가 앞으로 논의할 4차 산업혁명 시대에도 생산성 딜레마 문제는 여전히 길을 막고 버티고 서서 우리에게 선택을 강요할 것이다. 과연 우리는 어느 쪽 편을 들어 줄 것인가? 참고로, 이런 주제는 이후 상세히 다룬다.

1.5 산업혁명은 범용기술이 주도한다

새로운 산업혁명이 일어날 때는 수많은 기술혁신이 동시대에 뒤따른다. 혁신기술들이 상호 결합하면서 증폭적인 변혁이 발생하는 것이다. 여기서 한 가지 유의할 것이 있다. 바로 모든 혁신기술이 다 중요하다고 보려는 생각이다. 자칫하면, 그 중심이 되는 핵심기술을 다른 혁신기술들과 동등한 위치에 놓는 우를 범할 수도 있는 생각이다. 이런 논리적인 위험을 사전에 차단하기 위한 방책을 이미 일부 경제학자들은 만들어 놓고 있다. 4차 산업혁명의 실체를 파헤치는 데 꼭 필요하므로 여기에 간략히 그 내용을 소개한다.

이미 아는 것을 다시 짚어보자. 특정 혁신기술이 산업혁명을 촉발한다는 것은 틀림없는 사실이다. 그렇지만 그 기술 하나가 산업혁명의 전체 추진동력으로 작용하는 것만은 아니다. 한 개의 혁신기술이 산업혁명을 혼자 둘러메고 뛰었던 것이 아니라는 말이다. 다른 혁신기술들의 발전이 함께 이루어져야 산업혁명의 전개가 가능하다. 이런 상황에서 기술의 경중(輕重)을 구분하기 위해 경제학자들은 두 가지 용어를 도입했다.

첫 번째는 '범용기술(General Purpose Technology)'이다. 이는 산업혁명을 촉발하는 데 핵심적인 역할을 한 기술을 지칭한다. 범용기술은 산업혁명 과정에 중요한 역할을 한 여러 혁신기술 중에서 그 기술이 없었으면 애당초 산업혁명 자체가 일어날 수 없었던 그런 기술이다.[15] 범용기술의 학문적 정의는 "언제 어디서나 있고, 시간이 흐르면서 개선되며, 모든 산업에 두루 영향을 끼쳐 산업혁명을 촉발하고 진행하게 하는 기술"이다.

이 정의에서 볼 수 있듯이 '범용'이라는 표현은 산업혁명의 전개과정에 전 산업의 혁신에 두루 활용된다는 의미를 나타낸다.

1차 산업혁명에서 보면 당연히 범용기술은 '증기기관'이다. 이어지는 2차, 3차 산업혁명에서는 알다시피 각각 '전기'와 '디지털 기술'이 범용기술로 꼽힌다. 이런 기술들이 삭기 산업혁명 과정에 실제로 앞에서 살펴본 '범용'의 개념에 부합하는 역할을 했다는 것은 여기서 따로 설명할 필요가 없을 것이다. 이 책에서는 산업혁명을 주도한다는 뜻에서 필요에 따라 범용기술을 '주도기술'이라는 표현으로 바꿔 부르기도 할 것이다.

두 번째는 '보완기술(Complementary Technology)'이다. 보완기술은 범용기술이 널리 활용되는 데 필수적인 보완 역할을 하며 상호 강화, 발전하는 관계를 갖는다. 18세기의 산업혁명 초기에는 증기기관으로 인해 방직기를 비롯한 기계에 의한 대량생산이 가능해지고, 철도에 의한 수송비용이 낮아져 면공업이 많이 성장한다. 면공업의 발전에 따른 방직기 수요증가는 증기기관의 수요확대로 이어졌다. 증기기관의 수요는 그즈음에 있었던 양질의 철을 대량으로 생산할 철강기술의 혁신으로 가능해졌다. 이렇듯 방적/방직 기술, 철강기술, 기계기술 등이 1차 산업혁명의 보완기술로 자리매김했다.

한편, 산업혁명을 일으키는 데 중추적인 역할을 하는 범용기술이 세상에 모습을 드러내는 과정은 어떠한가? 사회, 경제적 관심이 모아져 집단적인 자원이 투입된 결과로 그런 기술이 출현하고 개량된 것은 아니다. 열정을 가진 일부 혁신가와 그 혁신을 알아본 조력자에 그 공을 넘기는 것이 마땅하다. 증기기관에 대해선 와트와 매튜 볼턴(Matthew Boulton)[2], 전기에 대해선 에디슨과 존 모건(John P. Morgan)[3]이 그런 사례라 하겠다. 산업혁명의 범용기술은 당대의 다양한 기술 혁신활동 과정에 자연 발생적으로 부상했다고도 볼 수 있다.

그렇지만 그간 여러 산업혁명 시대를 거치면서 경험한 혁신기술의 창조적 파괴의 힘은 사람들의 생각을 180도로 바꾸어 놓았다. 새로운 혁신기술, 산업혁명에 필적할 변혁을 일으킬 수 있는 잠재적 범용기술을 선점하기 위한 국가 간 총성이 없는 기술전쟁이 벌어지게 된 것이다. 현재 또 한 차례의 산업혁명, 즉 제4차 산업혁명의 담론에 접하고 있다. 앞에서 범용기술과 보완기술을 지루하게 이야기한 이유는 무엇일까? 새로운 산업혁명을 논할 때, 무엇보다도 그 태풍의 눈에 있는 범용기술을 찾아내서 그 베일을 벗겨내는 일이 바로 승패의 갈림길이 될 수도 있는 까닭이다. 적어도 과녁은 제대로 확인하고 화살을 날려야 한다는 말이다.

---

② 볼턴은 와트에게 자금을 제공하는 것은 물론 어려운 일이 있을 때마다 와트를 격려하고 해결책을 제안하는 역할을 했다.

③ 모건은 전기가 미래 유망 사업이 될 것을 예상하고 에디슨이 만든 회사에 고객이 되고 투자를 한다.

02 슈밥이 제창한 4차 산업혁명은 허구다

4차 산업혁명이 제대로 갖춰진 모습으로 나타난 것은 2016년 1월 스위스 다보스 포럼이다. 하지만, 독일은 꽤 오래전부터 4차 산업혁명에 대한 정책을 내부적으로 추진해 오고 있었다. 다보스 포럼에서 클라우스 슈밥이 4차 산업혁명을 주창한 이후 일부 국가에서 4차 산업혁명을 적극 수용했다. 대표적인 국가가 일본과 한국이다. 그런데 슈밥이 내놓은 4차 산업혁명의 근거들을 따져보면 이해하기 어려운 점이 많이 발견된다. 물론 독일이나 일본에서 추진하는 4차 산업혁명의 기조도 슈밥의 4차 산업혁명과 거의 동질성을 찾기가 어렵다. 이 장에서는 슈밥의 4차 산업혁명의 근거와 내용을 경제사적 맥락에서 평가해 본다.

2.1 클라우스 슈밥, 새로운 산업혁명의 개막을 선언하다

4차 산업혁명이 제대로 갖춰진 모습으로 나타난 것은 2016년 1월 스위스 다보스 포럼이다. 포럼의 회장인 클라우스 슈밥(Clause Schwab)이 '4차 산업혁명'이 개막되었다고 정식 선언한 것이다. 이 포럼의 주요 논제 중의 하나로 선정된 '4차 산업혁명'에 대해 많은 토론도 오갔다. 알다시피 이 포럼은 세계 유수 기업가, 정치인, 차세대 리더들이 모이는 연례행사이다. 자리가 자리인 지라, 바로 그날부터 4차 산업혁명은 기정사실화한 것이다. 참고로, 이 포럼의 정식 이름은 세계경제포럼(WEF, World Economic Forum)이지만, 매년 스위스 다보스에서 열리기 때문에 다보스 포럼이라고 부른다.

그런데 '4차 산업혁명'이라는 용어가 등장한 곳은 이 포럼이 아니다. 그곳은 바로 독일이며, 그 시점도 다보스 포럼의 발표 시점인 2016년에서 수년 전으로 더 거슬러 올라간다. 독일의 민간 제조 기업들은 2000년대로 접어들면서 자국의 제조경쟁력 향상을 위한 대책 마련에 부심했다. 서로 머리를 맞대고 본격적으로 논의하기 시작한 것은 2005년 독일연방인공지능연구소(DKFI)가 주도한 '스마트 팩토리KL'이었다.[16] 이 프로젝트는 전통적으로 제조 강국인 독일의 고민에서 비롯됐다. 당시 독일은 일본에 산업용 로봇은 밀린 지 오래되고, 소프트웨어는 미국에 점점 더 뒤처지고 있었다. 자동화와 제조공정의 유연화 같은 새로운 혁신동력이 절실했다.

이런 민간의 움직임은 정부의 지원이 가세하면서 2012년에 공식 명칭이 부여되고 본격적으로 국가 차원의 제조업 혁신 정책으로 발전하게 된다. 이 정책이 바로 그 유명한 'Industry 4.0'이다.[17] 이듬해인 2013년에는 제조업 자동화를 넘어 스마트 팩토리(Smart factory) 플랫폼을 추구하게 되며 그 명칭도 'Platform Industry 4.0'으로 바뀐다. 이 정책의 주된 목표는 제조업에 사물인터넷 기술을 비롯한 여러 IT 기술을 적용해서 제조공정의 효율성과 유연성을 높이고, 다른 한편에는 제조업의 공급, 생산, 유통, 판매, AS 서비스에 이르는 전체 가치사슬(Value chain)을 하나의 정보시스템으로 묶는 것이었다. 압축해서 표현하면 제조업의 '수직·수평 통합'을 통한 '스마트 팩토리'를 실현하려는 것이다.

이 정책을 추진하는 과정에서 독일 기업인들은 스마트 팩토리 기술이 생산성을 크게 향상시킬 것으로 확신하게 된다. 이 기술이 새로운 산업혁명의 동력으로 작용할 것이라는 생각에도 이른다. 여러 기술포럼 등에서 자연스레 '4차 산업혁명'이라는 용어도 나오게 된다. 이전 산업혁명은 주로 생산현장에서부터 시작됐다는 점을 고려하면, 스마트 팩토리의 비전을 추진하는 과정에 4차 산업혁명이라는 용어가 사용된 건 자연스러운 귀결이다.

4차 산업혁명이라는 용어가 독일에서 처음 사용되긴 했지만, 당시에는 경제사적 맥락이라기보다는 다소 상징적인 의미로 사용된 것만은 분명하다. 예컨대, 지금도 새로운 산업혁명에 대한 개념적 근거를 제시하는 당시 자료는 거의 찾아볼 수 없다. 자신들이 추진하는 '인더스트리 4.0'의 정책 설명 수단으로 가끔 이 용어가 사용됐을 뿐이다.

하지만, 2016년 1월, 다보스 포럼에서 제시된 '4차 산업혁명'은 분명히 경제사적 맥락에서 새로운 산업혁명을 정의한 것임에는 분명하다. 이 점은 당시의 여러 상황을 비추어 보면 확실해진다. 슈밥은 4차 산업혁명을 주제로 제기한 후 2000년대에 들어서면서 이미 4차 산업혁명이 시작되었다고 단호하게 선언하고 있다. 아울러, 그 근거를 상세하게 제시할 뿐만 아니라 앞으로 전개될 상황에 대한 구체적인 전망도 함께 내놓고 있다. 몇 달 지나지 않아 슈밥은 자신이 직접 집필한 『4차 산업혁명』이라는 저서도 출간한다.[18, 19]

이런 점에서 '4차 산업혁명'을 주창한 사람은 슈밥이라고 보는 게 마땅하다. 4차 산업혁명이 세간의 이목을 끌기 시작한 것도 슈밥의 덕분이니 더욱 그렇다. 비록 그 이전에 이미 '4차 산업혁명'이라는 용어가 독일에서 사용되었더라도 말이다. 실제로 슈밥은 현재 4차 산업혁명의 전도사로 자리매김하고 있고, 4차 산업혁명을 설명할 때 주로 그가 제시한 근거들이 사용된다.

2.2 슈밥이 제시한 제4차 산업혁명은 근거가 모호하다

앞 장에서 1차, 2차, 3차 산업혁명이 각각 증기기관, 전기력, 디지털 기술에 의해 촉발되었다는 점을 살펴보았다. 이런 산업혁명은 당대에 새로운 산업혁명으로 정의된 것은 아니다. 세월이 흐르면서 나타난 산업·경제의 큰 변혁을 해석하는 가운데 자연스럽게 각각이 새로운 산업혁명이라는 암묵적 동의가 이루어지고, 차례로 번호도 붙이게 된 것이다.

이전의 산업혁명들과는 달리 이번 4차 산업혁명은 미래에 대한 전망을 바탕으로 했으며, 슈밥 한 개인에 의해 제기되었다. 당연히 논란이 있을 수밖에 없다. 심지어 이 주장 자체를 무시하고 도외시하는 전문가들도 많은 실정이다. 그렇다면 우리는 다음과 같은 질문에 대한 답을 알아보아야 할 것이다. 슈밥이 제기한 4차 산업혁명의 개념은 그대로 받아들여도 될 만큼 충분히 합리적인가? 이 절에서는 이 질문에 대한 답을 찾아본다.

우선 슈밥의 4차 산업혁명의 내용부터 살펴보자. 슈밥이 제창한 4차 산업혁명의 내용은 두 가지로 압축할 수 있다. 하나는 산업혁명을 일으키는 동력이며, 다른 하나는 산업혁명이 일어나고 있다는 근거다. 물론 위와 같은 동력과 근거를 설득하기 위해 디지털, 바이오, 물리학, 생물학 분야를 아우르는 다양한 예시를 들고 있다. 여기서는 그런 예시의 내용보다는 슈밥이 주장하는 4차 산업혁명의 동력과 근거를 집중적으로 살펴보도록 하겠다.

먼저, 슈밥이 제시한 4차 산업혁명을 일으키는 동력을 알아보자. 슈밥은 그 동력을 디지털 기술(사물인터넷, 빅데이터, 로봇, 인공지능 등)과 과학기술(바이오, 물리학, 생물학 분야 기술)의 상호 증폭적 융합이라고 보고 있다. 이런 점에서 슈밥의 4차 산업혁명은 1, 2, 3차 산업혁명과는 달리 '기술융합'으로 촉발된다. 앞 절에서 본 '범용기술' 대신에 '기술들의 융합'을 새로운 산업혁명의 동력으로 본 것이다.

이런 관점은 여러 면에서 합리성이 떨어진다. 이른바 디지털과

과학기술의 '기술융합'은 엄밀히 보면 새로운 현상이 아니라 이미 수십 년 전부터 진행됐던 까닭이다. 그런 현상을 왜 지금 새로운 산업혁명으로 간주해야 하는지 납득하기 어렵다. '증폭적 융합'이라는 표현도 그렇다. '융합'은 여러 기술을 녹여 새로운 것을 만들어내는 것을 말한다. 기존 기술에 여러 다른 기술을 접목하여 기존 기술의 가치를 향상하는 것을 우리는 '혁신'이라고 부른다. 그런데 4차 산업혁명을 설명하기 위해 든 많은 사례를 살펴보면 '증폭적 융합'보다는 '점진적 혁신'에 가까운 것이 많다.

예컨대, 화학 분야에 속했던 제약산업은 지난 20년간 디지털, 생물학과 유전학 기술을 도입해서 '혁신'을 꾸준히 이루어 왔다. 제약산업은 그대로 존재하는데 새로운 것을 창출하는 융합으로 해석하는 것은 무리이다. 오늘날의 제약산업의 유전자 관련 의약품은 생물학의 유전자 분석 기술을 도입하고 일부 디지털 기술인 고성능 컴퓨팅의 활용을 통해 그 분석 시간을 점진적으로 줄여 이루어 낸 '점진적 혁신'의 성과로 보는 것이 더 합리적이다.

이번엔 4차 산업혁명이라는 새로운 변혁에 대해 슈밥이 제시한 근거를 알아보자. 이 근거는 '속도', '범위와 깊이', '시스템 충격'의 세 가지 측면으로 압축된다. 속도 측면에서는 과학기술과 디지털의 기술발전이 초선형적, 즉 기하급수적으로 전개 된다고 주장한다. 그 범위와 깊이 면에서는 개인, 경제, 기업, 사회 모두가 변혁의 대상이 되며, 이 변혁의 영향은 각 대상에 대해 '무엇을 어떻게'뿐만 아니라 '누구인가'라는 정체성의 문제를 제기할 정도로 깊숙하다고 보고 있다. 마지막으로 이런 변혁은 국가, 기업, 산업, 사회 전반의 총체적 변화를 가져올 정도로 충격적일 것으로 주장한다.

먼저, 사회변화가 기하급수적이라는 첫 번째 근거를 살펴보자. 기하급수적 사회변화는 이미 18세기 중반의 1차 산업혁명부터 일어나고 있었으며, 지금까지 계속 이어지고 있다. 특히, 정보사회와 관련 혁신의 가속화는 이미 이전에 체계적으로 많이 설명된 주제이다. 따라서 이런 점은 4차 산업혁명의 근거로는 별로 타당하지 않다. 두 번째와 세 번째 근거인 변화의 깊이와 범위, 시스템적 충격도 마찬가지이다. 새로운 사실이 아니다. 여기서는 다루지 않았지만, 이 두 근거로 제시된 사례 중에서 대부분은 우리가 지난 50년간 거쳐 온 '디지털 혁명' 시대에서 이미 주목했고 수없이 논의된 것들이다. 그렇지 않은 사례들은 미처 인식하지 못했거나 주목하지 않았을 뿐이다.

요약하면, 슈밥의 4차 산업혁명의 개념은 여러 면에서 합리성이 떨어진다. 물론 과학기술의 진보가 매우 빨리 진행되는 것은 사실이다. 그렇지만 이런 진보는 새로운 것이 아니라 그간 우리가 목격해 왔던 바이다. 하나의 기술이 해당 산업의 경계를 넘어 다른 산업의 제품고도화에 이바지하는 기술융합화 현상도 이미 수십 년 전부터 진행됐다. 이런 맥락에서 융합이라는 화두도 그리 신선해 보이지는 않는다.

슈밥의 4차 산업혁명에 대한 경제학자나 전문가들의 시각도 그리 호의적이지는 않다. 슈밥이 4차 산업혁명의 개막을 전 세계에 공표하였을 때, 대부분의 저명 경제학자는 특별한 관심을 보이지 않았다. 이전에 독일에서 4차 산업혁명이 거론될 때도 그냥 상징적인 의미일 것으로 생각해 특별한 반응을 보이지 않았었다. 하지만 슈밥의 4차 산업혁명 담론이 점차 퍼지자 일부 경제학자는 진지하게 살펴보기 시작했다. 역시 대부분은 무시하고 의견을 내놓지 않았다. 다만, 극소수 학자나 전문가는 비판적 속내를 숨기지 않았다.

대표적인 인사가 제레미 리프킨(Jeremy Rifkin)과 노스웨스턴 대학의 로버트 고든(Robert Gordon) 교수이다. 먼저 리프킨은 기술이 사회에 미치는 영향을 중심으로 20여 권에 달하는 전문서적의 저술가이자 사회학자이며, 『3차 산업혁명, *The Third Industrial revolution*』이란 책도 저술했다. 그는 디지털 혁명, 즉 3차 산업혁명의 잠재력이 발휘되지도 않았는데 종료를 선언하는 것은 시기상조라고 반박했다.[20] 한편, 고든 교수는 장기 저성장 국면에서 새로운 산업 혁명이 제기되는 것은 부적절하다고 주장했다. 그는 연간 GDP 성장률이 1970년대부터 둔화했으며, 향후 25년간 0.8%의 성장률에 그칠 것이라고 주장하는 학자다. 이런 주장을 고려하면 4차 산업혁명에 대한 그의 부정적 견해는 충분히 이해할 만하다.[21] 앞에서 본 전문가의 반박과 관련이 있는지 모르겠지만, 아무튼 슈밥의 4차 산업혁명의 개념을 새로 수용하려는 나라는 현재까진 없다.

2.3 독일과 일본의 4차 산업혁명은 슈밥이 제창한 것과 다르다.

현재 우리나라를 뺀 나머지 국가 중에서 가장 적극적으로 4차 산업혁명을 추진하는 국가는 독일과 일본이다. 여기서는 이 두 국가의 4차 산업혁명 도입 과정과 성격을 살펴볼 것이다. 이미 독일에 관한 내용은 일부 다뤘지만, 슈밥이 제창한 4차 산업혁명과의 관계를 규명하는 데 있어 추가로 필요한 내용만 간추려 볼 것이다.

독일을 먼저 살펴보자. 우리나라에서는 국가적 차원의 경제 및 산업혁신 관련 작업은 거의 관 주도로 시작된다. 그런 우리에겐 다소 생소하게도 '인더스트리 4.0'은 민간에서 출발했다. 그 중심에는 헤닝 카거만이라는 걸출한 인물이 있었다. 카거만은 1975년 물리학 박사 학위를 받는다. 곧바로 모교인 브라운슈바이크대학에서 교수로 활동하던 카거만은 2년 뒤인 1982년 독일을 대표하는 IT 기업인 SAP으로 자리를 옮긴다. 2003년에 SAP 회장이 되면서 독일을 대표하는 경영자로 자리매김한다.

2010년 SAP을 떠난 카거만은 독일의 대표적인 싱크탱크인 공학한림원(Acatech) 회장에 취임한다. 치열한 비즈니스 현장에서 잔뼈가 굵은 카거만은 그간 경험을 바탕으로 여러 민간 기업들과 머리를 맞대고 독일의 미래를 책임질 새로운 경제 정책의 밑그림을 그리기 시작한다. 그것이 바로 '인더스트리 4.0'인 것이다. 마침내 2013년에는 인더스트리 4.0 워킹그룹 공동 회장으로 활동하면서 인더스트리 4.0 최종 보고서를 내놓는다.

인더스트리 4.0은 그 무렵 IT업계의 화두였던 사물인터넷을 비롯한 첨단 스마트 기술을 활용하여 제조공정을 첨단화하려는 시도라고 보면 된다. 개념상으로만 보면, 인더스트리 4.0은 모든 생산설비에 사물인터넷[④] 기술을 적용하여 제조공정을 실시간 감시(Monitoring)하고 필요 시 생산설비를 제어할 정보시스템 환경을 구축하는데 그 목표를 두고 있다. 특히 그런 시스템을 독일에서는 사이버 물리 시스템(CPS, Cyber Physical System)이라고 부른다. 공장에서 가동 중인 생산공정의 모든 물리적 상황을 정보시스템, 즉 사이버 환경에서 감시, 제어할 수 있는 것을 나타낸다. 이런 모든 것들은 이후 '스마트 팩토리'라는 개념으로 통합되는데 그 설명은 뒤로 미룬다.

2014년, 독일 정부는 인더스트리 4.0을 2006년부터 추진해 오던 '하이테크 2020' 정책의 최우선 과제로 채택한다. '新하이테크' 전략으로 명명된 이 정책으로 인더스트리 4.0은 정부, 학계와 산업계, 노조가 일원화된 추진체계를 갖추게 되며, 이에 힘입어 본격적인 발전 궤도에 진입하게 된다. 그 이후 독일 산업계는 2020년까지 매년 대략 24조 원을 투자하고 있으며,[22] 2035년까지 인더스트리 4.0 솔루션의 적용비율을 독일 전체 제조업의 50%까지 확대하려는 정책도 추진하고 있다.[23] 당연한 사실이라 언급할 필요조차 없지만, 독일의 4차 산업혁명과 슈밥이 제기한 4차 산업혁명은 개념상으론 별개다.

---

④ 사물인터넷은 사물에 센서를 부착하여 센서가 감지한 데이터를 네트워크로 전송해 활용하는 기술로서 IoT(Internet of Things)의 한글 이름이다.

이제 일본으로 넘어가 보기로 하자. 일본에서 4차 산업혁명에 대한 대응이 국가 차원에서 본격적으로 추진되는 시점은 2016년 6월부터라고 보면 된다. 일본은 2013년부터 아베노믹스의 일환으로 '일본재흥전략'을 추진해 왔으며, 매년 6월에 전년도 내용을 보완한 '일본재흥전략' 정책보고서 개정판을 발표해 왔다. 2014년 정책보고서에서는 로봇 기반 산업혁명이라는 용어가 몇 번 나타났지만, 당시는 아직 4차 산업혁명의 의미로 쓰인 건 아니다.

이후 빅데이터, 사물인터넷, 인공지능과 같은 IT 혁신기술이 경제·사회를 근본적으로 변화시킬 것으로 예상하고 이에 대한 대책 마련에 들어간다. 이에 따라 2015년 일본재흥전략 정책보고서에는 재흥전략의 4개의 전략 중 첫 번째인 '생산성 혁신(Productivity Revolution)' 전략에 이 기술들의 활용을 한 꼭지로 포함시킨다. 이를 위해 경제산업성 산업구조심의회에 민·관 공동의 '신산업구조부회'를 설치한다. 그 결과로 2016년 4월에 '4차 산업혁명선도전략'이라는 부제의 최종보고서가 나온다.[24] 이 보고서는 IT 혁신기술로 인해 산업구조와 노동시장에 큰 변화가 일어날 것을 전망하면서, 이런 변화가 새로운 산업혁명, 즉 4차 산업혁명이 될 것이라는 점을 명확히 하고 있다. 당연히 이 보고서에는 기술 분야뿐만 아니라 산업구조 혁신, 그에 따른 교육 및 고용시장 개혁, 금융기능 강화, 취약층 지원, 공감대 형성 등의 대책도 담겨 있다.

이 보고서가 발표된 지 2달 뒤인 2016년 6월에 일본 정부는 4차 산업혁명 대응을 국가 차원의 정책으로 격상시킨다. 그 내용을 새로 개정된 '일본재흥전략 2016'에 포함시킨 것이다.[25] 이를 위한 추진체계도 마련되는데, 2016년 6월 일본 내각의 경제정책의 사령탑인 일본경제재생본부에 '제4차 산업혁명 민관회의'를 설치하여 주요 사안을 결정하도록 하는 등 민·관 공동대응 체계를 강화한다. 이 기구는 4차 산업혁명 대응을 총괄하는데, 민간에서는 일본의 경제단체연합회인 경단련(經團連) 회장, 주요 기업의 최고경영자와 연구소장 등이 참석한다.

독일과는 달리 일본의 4차 산업혁명은 2006년 1월에 제창된 슈밥의 4차 산업혁명에 직접적인 영향을 받았다. 앞에서 본 바와 같이 2015년 6월에 신설된 '신산업구조부회'가 정책개발을 수행하는 와중에 슈밥의 4차 산업혁명이 선언된다. 곧 자신들이 대응하려는 것이 4차 산업혁명에 해당하는 것으로 생각하게 되고, 2016년 4월에 나온 최종보고서의 제목도 4차 산업혁명선도전략이라는 한 것이다. 이런 일련의 과정을 보면, 일본이 4차 산업혁명을 국정기조로 채택한 데에는 슈밥의 4차 산업혁명 선언이 계기가 된 것이 분명하다.

그런데 한 가지 눈여겨봐야 할 점이 있다. 바로 일본의 '4차 산업혁명선도전략'도 슈밥이 제시한 4차 산업혁명과 뚜렷한 차이를 보인다는 점이다. 일본은 2015년 6월에 생각했던 빅데이터, 사물인터넷, 인공지능이 가져올 변혁을 그대로 유지하면서 슈밥으로부터는 4차 산업혁명이라는 용어만 빌린 것이다. 한 가지 수정된 사항은 로봇기술이 히나 더 추가된 것뿐이었다. 이런 내용은 '국가재흥전략 2016'의 한 꼭지로 추가되어 현재까지 4차 산업혁명의 대응방안으로 적극적으로 추진되고 있다. 일본의 4차 산업혁명도 슈밥이 제창한 4차 산업혁명과 개념상에선 큰 차이가 있는 것이다.

지금까지 독일과 일본이 4차 산업혁명을 국가적 기조로 채택하는 과정 살펴봤다. 새겨둘 것이 있다. 바로 독일과 일본의 4차 산업혁명은 그 내용에 있어 슈밥이 제시한 4차 산업혁명과 매우 다르다는 점이다. 이 점은 이후 4차 산업혁명의 실체를 밝히는데 중요한 단서 중의 하나가 된다.

03 4차 산업혁명의 기존 담론은 실체에서 비켜났다

독일의 4차 산업혁명 기조는 제조업 혁신에 중점을 두고 있다. 한편, 일본의 4차 산업혁명의 기조는 독일이나 슈밥의 4차 산업혁명과 다르다. 4차 산업혁명에 대해 적어도 세 개의 담론이 존재하는 것이다. 이 세 담론의 차이가 4차 산업혁명의 본질과 관련된 것인지 아니면 단순한 각론 차원인지가 관건이다. 만약 전자라면 셋 중의 적어도 둘은 틀렸다는 얘기가 된다. 이미 2장에서 슈밥의 4차 산업혁명의 기조는 허구라는 점을 봤다. 이 장에서는 독일과 일본이 4차 산업혁명의 성격을 살펴본 후에 기존 세 가지 담론을 종합적으로 정리할 것이다.

독일의 인더스트리 4.0은 제조업 혁신의 한 대목일 뿐이다

알다시피, 70년대 이후 세계적으로 제조업 비중이 점차 감소하는 탈산업화(De-Industrialization)의 흐름이 지속하였다. 세계 총 부가가치 대비 제조업 비중은 1970년 27.5%에서 2014년 16.5%로 축소됐다. 산업구조 고도화가 주된 이유일 터, 선진국일수록 이런 흐름은 현저했다. 하지만 국가 일자리 창출의 원천이자 경제 성장 원동력이라는 제조업의 중요성은 여전했다. 2008년 금융위기 이후 독일, 미국 등 선진국들이 제조업 혁신을 위해 다양한 정책들을 추진하는 이유도 여기에 있다.

제조업 혁신의 중요성은 우리나라엔 두말할 나위가 없다. 한국의 총 부가가치 대비 제조업 비중은 1970년 17.5%에서 2014년 30.3%로 오히려 늘어나 선진국들의 산업구조 변화와 다른 모습을 나타낸다. 주력 제조업체에 의존하는 경제구조가 굳어지고 있으며 고부가가치인 지식서비스 산업 성장은 더딘 실정이다. 우리나라에서도 2014년부터 '제조업 3.0' 정책을 시행하면서 그중의 한 꼭지로 스마트 팩토리를 포함해 활발히 추진 중이다.

스마트 팩토리로 대변되는 인더스트리 4.0을 알아보기 위해선 공장 자동화와 정보화의 역사를 되짚어 볼 필요가 있다.[26] 제조업의 생산성 향상을 위한 공장의 자동화와 정보화는 오랜 기간에 거쳐 발전해 왔으며, 크게 제품설계 부문과 공장자동화 부문으로 구분할 수 있다. 먼저, 제품설계 부문에서는 제품 설계시간을 단축할 다양한 소프트웨어의 사용이다. 설계와 제도를 위한 CAD(Computer-Aided Design), CAD 도면을 입력으로 소음, 진동 등의 성능 같은 특성을

시험하는 CAE(Computer-Aided Engineering), CAD 도면을 입력으로 CNC(Computer numerical control, 밀링머신)로 제품을 생산하는 CAM(Computer-Aided Manufacturing), 이런 제품개발 및 설계과정과 관련된 정보를 통합적으로 관리하는 PLM(Product Lifecycle Management, 제품수명주기) 등이 그런 소프트웨어의 사례이다.

한편, 공장자동화 부문은 여러 계층으로 구성된다. 최하위 레벨은 모션 컨트롤러, 로봇, 밸브, 컴프레서 등 '실제 장비'로부터 정보를 수집하는 데 필요한 I/O링크(Input Output Link)이다. I/O링크는 센서나 액추에이터 등을 연결해 서로 간 커뮤니케이션을 할 수 있도록 지원하고 여기에서 나오는 각종 상태 진단 정보를 상위 레벨로 전달할 통신 프로토콜이다. 그 다음 층위는 PLC(Programmable Logic Controller)로서 하위 I/O 링크를 통해 수집한 장비의 상태 정보와 상위에서 내려오는 명령에 따라 장비를 제어하기 위한 시스템이다.[27]

그다음 두 계층은 소프트웨어로서, 첫 번째 계층은 SCADA(Supervisory Control and Data Acquisition)이다. SCADA는 하위 계층을 통해 실시간으로 수집된 계측 값을 가동시간, 가동률, 운전횟수 등과 같은 가동현황을 시각화해서 관리자가 원격에서 생산설비의 제어를 할 수 있도록 한다. 그다음 계층은 MES(Manufacturing Execution System, 생산관리시스템)으로 생산현장의 사전 예측과 실시간 공정상태, 공정계획 대비 실적 상태 등을 관리를 가능하게 한다.

이제 독일의 인더스트리 4.0에서 추구하는 스마트 팩토리를 살펴보자. 스마트 팩토리는 한편으로는 위와 같은 자동화와 정보화

과정의 일환이며, 다른 한편으로 소비자 기호와 취향에 따른 맞춤형 생산과 같은 새로운 제조 패러다임이기도 하다. 사물인터넷이나 CPS 같은 IT 혁신기술의 출현이 스마트 팩토리의 개념이 나온 이유일 수도 있다. 대표적인 기술로 한 차원 높은 실시간 설비 상태 수집 기능을 가능하게 하는 사물인터넷과 수집된 대규모 상태정보를 분석할 빅데이터 기술, 축적된 공정데이터에서 오류 발생이나 생산성 결정 요소 등과 같은 상황을 미리 시뮬레이션을 통해 알아내는 CPS(Cyber Physical System) 기술을 꼽을 수 있다.[28]

이런 IT 혁신 기술을 활용하면 기본적으로 높은 장비와 공정의 실시간 모니터링을 통해 불량률을 줄이거나, 기계작동 정지시간(Downtime)을 감소시켜 생산성을 향상할 수 있다. 이런 기능은 기존 공장자동화 시스템을 한층 더 고도화할 수 있는 것이다. 아울러 설계 데이터와 공정 데이터를 활용해서 설계부터 생산에 이르는 전제 과정을 시뮬레이션(Simulation)해볼 수 있는 상황도 가능해진다. 이것이 이른바 CPS의 핵심개념이다. 한편, IT 혁신 기술은 주문형 생산을 위한 생산시스템 구축도 가능하게 한다. 생산 설비를 유연하게 조합할 맞춤형 셀(Cell) 생산방식이나 여러 공장을 연계·통합한 분산 생산방식이 그런 사례다.[29]

위 논의를 통해 한 가지는 명확해진다. 스마트 팩토리에 대한 최종적인 모습이 나오기까지는 한참 걸릴 것이란 점이다. 가장 큰 이유는 업종, 제품별 생산방식의 차이일 게다. 위에서 개략적으로 설명했지만, 스마트 팩토리를 둘러싼 생산성, CPS 기반 가

상화, 주문형 생산 등과 같은 여러 측면에 대한 우선순위 배정이나 접근방식의 차이도 한몫을 한다. 아무튼, 스마트 팩토리의 이상적인 모습이 정립되어 적용되기까지는 앞으로도 이, 삼십 년은 족히 더 걸릴 것이다. 스마트 팩토리를 위한 마라톤이 시작된 지는 불과 얼마 되지 않았다는 뜻이다.

지금까지의 논의를 종합해 보면, 스마트 팩토리는 제조업 혁신 정책의 일부일 뿐이라는 결론을 얻는다. 그 이유는 두 가지다. 첫 번째는 스마트 팩토리는 새로운 산업혁명이라는 관점보다는 제조업 혁신이라는 관점에서 보는 것이 더 합리적이라는 점이다. 이미 앞에서 본 바와 같이 독일의 스마트 팩토리는 자동화로 인한 생산성 향상보다는 생산공정 및 가치사술의 고도화에 더 큰 비중을 두는 기술이다. 스마트 팩토리가 제조업의 상대적인 경쟁력은 향상할 수 있어도 생산성을 획기적으로 증대하는 것은 기대하기 어렵다는 뜻이다. 실제로 현재 매체에서 제시되는 국내외 스마트 팩토리의 사례는 거의 전부가 기존 공장의 정보화와 자동화를 둔갑시킨 것이다. 두 번째는 스마트 팩토리는 제조업 혁신의 여러 부문 중에서 생산방식의 효율화를 지향하는 기술이라는 점이다. 제조업의 경쟁력 향상을 위해서는 다양한 부문의 혁신이 필요하다. 물론 생산방식도 향상해야 하지만, 제품기술 자체를 고도화해야하고, 제조장비도 첨단화해야만 한다.

이런 점은 독일의 인더스트리 4.0에 확산 흐름을 살펴보면 명확해진다. 2010년에 독일의 '인더스트리 4.0'이 착수된 후에 유사한 정책을 새로 추진한 국가는 여럿 있다. 미국에서는 2011년에 선진 제조 파트너쉽 2.0(Advanced Manufacturing Partnership 2.0)이 결성되었으며, 영국에서는 GDP의 기여도를 두 배로 늘리기 위한 목표로 사출센터(Catapult centers)를 구축하였다. 이듬해인 2012년에는 이탈리아에서는 제조업 연구개발을 위한 제조업 커뮤니티인 '지능형 공장 클러스터' 사업이 시작되었다. 곧이어 아시아의 국가들도 이런 조류에 동참하게 된다. 2014년에 중국은 '제조 2025' 정책을 수립하였으며, 2015년에는 일본도 생산성을 향상하기 위해 로봇을 폭넓은 활용하는 정책을 '일본재흥전략'에 추가하였다. 한편, 우리나라도 2015년 3월에 '제조혁신 3.0' 정책을 추진한다.

하지만, 이런 국가들이 국가적 차원에서 4차 산업혁명이라는 개념을 수용한 것으로 보는 것은 무리이다. 2008년 금융위기로 인한 대침체 이후 이런 국가들은 독일과 마찬가지로 국가 경쟁력 강화를 위해 제조업의 혁신이 필요한 상태였기 때문이다. 중국의 경우, 2000년대 들어 6배 이상 상승한 인건비로 인해 더는 낮은 인건비에 의존한 제조경쟁력을 유지하는 것이 어려운 상태였기 때문에 독일의 인더스트리 4.0은 더없이 좋은 벤치마킹 모델이었다. 실제로, 앞에서 설명한 바와 같이, 중국은 독일의 인더스트리 4.0과 이름도 유사한 '제조 2025' 정책을 수립하여 추진하게 된 것이다.

한 가지 더 알아야 할 것은 제조 2025는 제조업의 제품기술고도화, 제조기술첨단화, 생산방식의 스마트화 등을 포함한 제조업 혁신을 위한 포괄적 정책이라는 점이다. 스마트 팩토리로 대변되는 생산방식의 스마트화만을 다루는 독일의 인더스트리 4.0 정책과는 다른 버전인 셈이다. 우리나라도 마찬가지다. 스마트 팩토리는 '제조혁신 3.0' 정책의 네 꼭지 중의 하나에 불과하다. 독일의 인더스트리 4.0 정책을 벤치마킹하였든지 아니면 유사 정책을 추진하든 간에 제조업 혁신 정책을 추진한 국가들은 독일에서 말하는 4차 산업혁명의 개념까지 수용한 건 아니다. 단지 제조업 혁신을 위한 한 축으로 그린 정책을 추진한 것이다.

아무튼, 추진 내용이나 관련 국가의 동향에 관한 지금까지의 논의를 종합해 보면, 독일의 인더스트리 4.0은 제조업 혁신정책의 한 대목으로밖에 볼 수 없다.

3.2 일본의 4차 산업혁명은 IT 기술 진보의 다른 이름에 불과하다

이미 앞에서 언급한 바와 같이, 일본의 4차 산업혁명의 기조는 슈밥의 4차 산업혁명의 개념과 다르다. 일본은 슈밥이 말하는 새로운 산업혁명에는 공감하지만, 과학기술의 융합보다는 빅데이터, 사물인터넷, 인공지능, 로봇 기술을 4차 산업혁명의 핵심기술로 보고 있다.

이러한 일본의 4차 산업혁명 기조는 일견 합리적이라고 볼 수 있다. 그간 있었던 1차, 2차, 3차 산업혁명에서 특정 기술이 범용기술로서 새로운 산업혁명의 동력이 되었듯이 일본의 산업혁명도 새로운 기술이 산업혁명의 동력이 될 것으로 보기 때문이다. IT 기술이 지난 70년간 전 산업과 경제 부문에 깊숙이 침투하여 혁신을 이끌었거나 지원했다는 사실과도 맥을 같이한다. 한편, IT 이외의 기술, 예컨대 합성생물학, 신소재 기술 등은 해당 산업 차원의 혁신만을 가져올 것이며 전체 산업과 경제구조의 변혁을 가져올 수 있는 기술로 보는 것은 무리라는 점도 잘 이해하는 듯 하다.

그런데 일본의 4차 산업혁명 기조는 새로운 산업혁명에 관한 체계적인 성찰이 부족한 탓으로 몇 가지 문제점을 지니고 있다. 첫 번째는 대부분의 새로운 IT 기술, 즉 사물인터넷, 빅데이터, 인공지능, 로봇을 새로운 산업혁명으로 범용기술로 보고 있다는 점이다. 이 중에서 빅데이터, 사물인터넷, 로봇을 산업혁명의 범용기술로 보는 것은 무리가 있다. 그럴 것이면, 차라리 인터넷이 등장한 시점을 3차 산업혁명이 마감되고 4차 산업혁명이 시작되는 시점으로 보아야 할 것이다. 스마트폰으로 대표되는 모바일 기술도 새로운 산업혁명의 시작으로 봐야 한다. 인터넷 또는 모바일 기술이 우리 사회에 가져온 변혁이 빅데이터, 사물인터넷, 로봇 기술보다 절대 작지 않기 때문이다.

두 번째 문제점은 IT 기술이 앞으로도 진화한다는 점을 도외시하고 있다는 점이다. 앞으로 빅데이터, 사물인터넷, 로봇보다 더 변혁적인 기술들이 지속해서 등장할 수 있다. 예컨대 2017년 4월 페이스북에서 발표한 VR 플랫폼 기술은 기존 모바일 시대의 막을 내리게 할 정도의 폭발력을 가진 기술이라고도 평가되고 있다. 현재의 기준으로는 이런 혁신기술을 모두 산업혁명을 일으키는 기술로 계속 편입시켜야 한다. 자칫하면, 4차 산업혁명이 IT

기술 진보의 상징으로 왜곡될 수 있는 대목이다.

세 번째는 인공지능 기술을 일반 혁신기술과 같은 반열에 놓고 생각하고 있다는 점이다. 일본이 인공지능 기술을 4차 산업혁명의 핵심기술에 포함한 것은 다행이다. 하지만 인공지능 기술을 다른 기술들과 구별하고 있지 않다. 예컨대 빅데이터, 사물인터넷, 로봇 등과 같은 반열에 올려놓고 있다. 기술·산업·경제적 맥락에서 범용기술이 산업혁명을 촉발하며, 이로 인해 생산성 급격히 향상하고 산업에 변혁이 일어나는 것에 대한 이해가 부족한 탓이다. 4차 산업혁명을 대비하는 데에 꼭 필요한 인공지능에 대한 '선택과 집중' 정책이 배제될 소지가 크다.

3.3   4차 산업혁명에 대한 기존 담론은 실체와 거리가 멀다

이젠 4차 사업혁명에 대한 기존 담론을 정리해야 할 시점이다. 지금까지의 논의를 통해 4차 산업혁명의 기조는 독일, 슈밥, 일본 각각이 서로 다른 입장이라는 것을 발견할 수 있었을 것이다. 이런 이유로 이전에도 4차 산업혁명의 기조를 분류해서 비교하려는 시도가 일부 있었다.[30] 여기서는 각각의 기조에 명칭도 부여하고 차이점도 정리해 보고, 최종적으로 과연 이런 4차 산업혁명 기조가 적절한 것인지도 논의해 볼 것이다.

일단 슈밥의 4차 산업혁명에 대한 개념을 보자. 슈밥은 4차 산업혁명의 동력을 사물인터넷, 빅데이터, 로봇, 인공지능 등의 디지털 기술이 바이오, 물리학, 생물학 등의 과학 분야의 상호 증폭적 융합이라고 정의하고 있다. 이 정의에 따라 슈밥의 4차 산업혁명의 개념을 잘 나타낼 수 있는 표현을 고른다면 '과학기술융합 주도론'일 것 같다. 이미 2, 3절에서 슈밥이 제시한 4차 산업혁명의 동력과 근거에 대한 부정적 견해를 밝힌 바 있다. 여기서는 따로 부연 설명을 할 필요가 없을 것이다.

이번에 독일의 4차 산업혁명으로 넘어가 보자. 알다시피 독일의 4차 산업혁명은 생산기술혁신을 바탕으로 한다. 독일의 4차 산업혁명의 기조는 '생산기술혁신 주도론'으로 부르면 되겠다. 생산기술혁신 주도론을 과연 새로운 산업혁명으로 볼 수 있을까? 부정적인 견해가 대세다. 2, 4절에서 봤듯이 스마트 팩토리 기술 자체는 이전 범용기술이었던 증기기관이나 전기력, 디지털 기술에 필적할 만한 생산성의 획기적인 증가를 가져오기가 힘든 까닭이다. 여러 다른 산업의 큰 변혁을 가져올 거란 기대가 힘들다는 점도 한 이유다. 독일의 4차 산업혁명은 자국의 제조업 경쟁력 향상(Industry 4.0)을 위한 캐치프레이즈라고 폄하하는 전문가도 있다.[31]

마지막으로 일본을 보자. 일본은 슈밥이 말하는 새로운 산업혁명에는 공감하지만, 과학기술의 융합보다는 빅데이터, 사물인터넷, 인공지능, 로봇 기술을 4차 산업혁명의 기술로 보고 있다. 따라서 일본의 4차 산업혁명의 기조는 축약하면 'IT혁신기술 주도론'이라고 부를 수 있다. IT혁신기술 주도론은 이미 3.2절에서 설명했듯이 산업혁명이라는 맥락에서는 새로운 산업혁명으로 보기엔 뭔가 석연치 않다. IT 기술혁신 추세를 자국의 국정기조인 재홍전략의 캐치플레이로 둔갑시킨 것에 불과할 수도 있다.

지금까지 이른바 독일의 '생산기술혁신 주도론', 슈밥의 '과학기술융합 주도론', 일본의 'IT혁신기술 주도론'을 살펴보았다. 산업혁명의 맥락에서 세 가지 모두 엄밀하게는 4차 산업혁명의 기조로는 적합하지 않다는 결론이다. 이전에 언급한 바와 같이 1, 2, 3차 산업혁명은 당대가 아닌 후대에 인정된 것이다. 하지만 4차 산업혁명 담론은 미래에 대한 전망에 바탕을 둘 수밖에 없다. 따라서 기존 담론이 아직 일부 불충분하거나 부적합하다는 사실은 어쩌면 당연할지 모른다. 4차 산업혁명 담론에 대한 더 깊은 성찰이 요구된다. 다음 장부터는 4차 산업혁명의 실체에 다가가기 위해 기술·산업·경제의 여러 측면을 살펴볼 것이다.

제2부

4차 산업혁명의 실체를 바로 알자

04 IT 기술의 가속적 진보가 한계에 다다르고 있다

　그간 IT 기술의 가속적 발전이 가능했던 가장 중요한 원리는 바로 무어의 법칙이다. 이 법칙에 따라 IT 하드웨어가 소형화, 저전력화 및 속도향상이 거의 기하급수적으로 전개됐다. 이에 따른 IT 활용의 가속적 확대는 생산성 향상과 산업의 질적 변화를 가져왔으며, 결국 3차 산업혁명을 견인하는 원동력으로 작용했다. 그런데 무어의 법칙이 막을 내리는 상황으로 접어들면서 그간 보였던 IT 활용의 가속적 확대도 둔화할 전망이다. 위와 같은 맥락에서, 이 장에서는 3차 산업혁명 시대의 성장의 핵심인 IT 활용의 성격을 규명하고, IT 기술의 두 축인 하드웨어와 소프트웨어의 기술 발전 궤적을 추적해 볼 것이다. 이를 바탕으로 향후 IT 활용의 가속화가 그대로 존속할지 여부도 전망해 볼 것이다.

3차 산업혁명은 IT 활용의 가속화가 뒷받침했다

변곡점은 곡선 위에서 바로 앞과 뒤의 기울기에 큰 변화가 보이는 지점이다. 4차 산업혁명의 실체도 3차 산업혁명과 4차 산업혁명의 사이의 변곡점에 위치할 것이다. 변곡점이 양쪽 이웃의 곡률에 의해 결정되는 법이니 변곡점을 찾기 위해서는 양쪽을 다 들여다봐야 한다. 여기서는 먼저 3차 산업혁명을 들여다볼 것인데, IT가 3차 산업혁명의 전개에 어떤 역할을 했는지를 주로 따져볼 것이다.

일단 IT와 디지털 기술과의 관계를 이해하는 것이 순서겠다. 3차 산업혁명의 범용기술은 디지털 기술이다. 알다시피 디지털 기술에서는 단순히 '0'과 '1'을 가지고 정보를 표현한다. 이 기술과 대비되는 아날로그 기술에서는 정보가 2.1, 0.34 등과 같이 소수점 이하의 값을 갖는 모든 정수도 표현가능하다. 그런데 3차 산업혁명에서 디지털 기술보다 더 중요한 기술은 컴퓨터나 IT 기술이라고 생각할 수 있다. 물론 그런 생각도 맞다. 다만 내용은 같은데 보는 시각의 차이일 뿐이다. 디지털 기술이 아날로그 기술보다 특별했던 점은 회로 설계가 쉬울 뿐더러 이 회로를 반도체로 집적하는 것이 쉽다는 점이었다. 대규모 회로를 담을 수 있는 반도체 집적기술로 컴퓨터, 스마트폰과 같은 다양한 IT기기의 구현이 가능케 된 것이다.

이런 점에서 3차 산업혁명의 범용기술은 디지털 기술이지만 실용적 측면에서는 IT 기술을 범용기술이라고 봐도 무방하다. 물론 엄밀히 따져 보면, 디지털 기술은 IT 기술의 모(母)기술이다.

IT 기술은 디지털 기술 중에서 데이터의 생성, 가공, 전송, 가시화 등과 같은 정보처리와 관련된 하드웨어와 소프트웨어 기술만을 나타낸다. 이 책은 실용적 측면을 더 많이 다루므로 디지털 기술보다는 IT 기술이라는 표현을 더 자주 사용할 것이다.

IT가 3차 산업혁명의 범용기술이라는 사실이 명확해진 이상, 3차 산업혁명의 과정에서 IT의 역할은 자명하다. 굳이 표현하자면, 3차 산업혁명의 역사는 IT의 활용 범위와 깊이가 가속적으로 확대되는 역사라고 단정할 수도 있다. 이런 내용은 전문 서적이나 정책문서에도 자주 나온다. 예컨대 2016년 12월 미국 상무부의 보고서는 IT는 지난 70년간 전 산업과 경제 부문에 깊숙이 침투해서 혁신을 이끌거나 지원했다고 기록했다.[32] 아무튼, 3차 산업혁명을 견인하거나 둘러업고 뛴 게 IT이다.

그렇지만 두 가지 정도 짚고 넘어갈 것이 있다. 각각 질문으로 나타내면 다음과 같다. 첫 번째 질문이다. 'IT 활용의 가속적 확대', 줄여서 'IT 활용의 가속화'는 정확하게 어떤 상황을 말하는 것일까? 머리에 답은 있지만, 명확하게 표현하기는 어려운 문제다. 우리가 호흡하는 산소를 몇 마디 말로 간단하게 표현하기 어려운 것처럼 말이다. 두 번째 질문이다. IT 활용은 어떤 방식으로 전개되었는가? 이 또한 너무 막연해 한마디로 답하기가 어렵다. 그렇지만, 다음 장에 있을 4차 산업혁명의 실체를 규명하기 위해선 이 두 질문에 명확히 답할 수 있어야 한다. 여기서는 IT 기기를 가지고 위의 답을 내놓을 것이다. 앞으로 하드웨어 기술과 소프트웨어 기술 진보를 추적하는 데 유용한 까닭이다.

일단 첫 번째 질문의 답을 찾아보자. 간단히 압축해 말하면, IT 활용의 가속화란 3차 산업혁명 시대에 다양한 IT 기기들이 탄생하고, 그 활용이 급속히 확대되었다는 것을 말한다. 우리 주변에는 사무행정, 연구개발, 산업용 자동화 기계, 정보시스템, 개인용 단말, 네트워크 같은 수많은 분야에 다양한 형태의 IT 기기들이 널려 있다. 이게 다 IT 활용이 가속화한 결과인 것이다.

그런데 IT 기기의 종류는 3차 산업혁명 기간 거의 선형적으로 증가했다고 봐도 무방하다. 2000년대 초까지만 해도 IT 기기는 주로 컴퓨터였다. 이후 네트워크 장비, 컴퓨팅과 통신 수단이 결합한 스마트폰, 차량용 내비게이터와 같은 내장형 기기 등으로 그 포트폴리오가 계속 확대됐던 걸 생각해 보면 수긍이 갈 것이다. 한편, IT 기기는 종류별로 그 보급량도 증가했다. 일부는 거의 직선보다 훨씬 가파른 증가세를 보였다. PC, 라우터, 스마트폰이 다 그런 경우다. 이 정도면 3차 산업혁명에서 IT 활용의 가속화는 IT 기기의 활용이 급속히 확대되었다는 뜻으로 해석해도 될 듯싶다.

이제 두 번째의 답을 찾아보자. 질문을 다시 떠올리면, IT 기기의 확산이 어떤 방식으로 전개되었는지에 대한 물음이다. 알다시피 'IT 기기'란 디지털 하드웨어와 소프트웨어로 구성된 모든 기기를 말한다. 소프트웨어는 일반적으로 디지털 데이터를 입력하여 사용하므로 디지털 데이터도 하나의 기술 부문으로 추가할 수도 있다. 물론 디지털 데이터는 IT 기기 밖에 있을 수도 있고 안에 집어넣을 수도 있다. 디지털 데이터 이슈는 여기선 그리 중요하지 않으니 주목하지 않아도 된다. 아무튼, 하드웨어와 소프트웨어, 데이터가 모든 IT 기기의 재료가 된다. 자동차용 내비게이터를 사례로 들어보자. 소형 화면이 장착된 임베디드(embedded) 하드웨어와 지도 표시나 경로표시 같은 기능을 제공하는 소프트웨어, 지도(map) 데이터가 이른바 내비게이터의 재료이다.

위의 세 가지 기술 부문을 각각 따로 생각해 보면, IT 활용의 전개방식을 파악해 내는 일이 매우 쉬워진다. IT를 활용하려는 분야마다 하드웨어와 소프트웨어, 데이터에 대한 고유한 실용화 요구조건이 있을 것이다. 이 조건들이 모두 갖추어지면 바로 해당하는 IT 기기가 제작되고 활용될 수 있게 된다. 이것이 바로 IT 활용의 전개방식인 것이다. 어떤 분야에 IT가 활용되었다는 것은 그 분야에서 요구되는 하드웨어, 소프트웨어, 데이터에 대한 실용화 조건을 만족시킬 정도로 기술이 진보했다는 의미다.

그렇다면, 이제 남은 일은 실용화 조건만 따져보면 된다. 하드웨어와 데이터의 경우는 간단하다. IT 하드웨어의 실용화 조건은 크게 세 가지인데 바로 '성능'과 '크기', '가격'이다. 스마트폰을 떠올려 이 실용화 조건을 각각 따져 보면 바로 이해가 될 것이다. 한편, 데이터의 실용화 조건은 '가용여부'와 '비용'이다. 주어진 데이터가 가용해지고, 비용도 맞는다면 바로 실용적으로 활용할 수 있다는 뜻이다. 마지막으로 소프트웨어에 대한 실용화 조건은 '알고리즘'과 '비용'이다. 지정된 응용요구에 부합하는 알고리즘이 확보되고, 현실적인 비용으로 그 알고리즘을 구현할 수 있는 시점에 이르면 해당 소프트웨어의 실용화가 가능해진다.

참고로 알고리즘에 대해 조금 더 알아보자. 앞으로도 자주 사용하는 용어인 까닭이다. 소프트웨어는 필요한 응용로직을 구현한 프로그램이다. 응용 로직은 전체 작업의 논리적 흐름이며, 보통 데이터를 가공하여 특정 결과를 산출한다. 이때 그 과정이나 절차를 '알고리즘'이라고 부른다. 알고리즘은 단순한 것부터 복잡한 것까지 매우 다양하다. 예를 들어서 1에서 100까지의 합을 구하는 응용로직에 대한 알고리즘은 매우 단순하다. 하지만, 얼굴 인식 등과 같은 작업을 위한 알고리즘은 훨씬 복잡할 수밖에 없다. 한편, 같은 작업에 대해서도 여러 알고리즘이 존재할 수 있다. 보통 처리방식이나, 컴퓨터로 실행할 때 걸리는 시간을 줄이기 위한 방식이 여러 가지인 때문이다.

이상으로 3차 산업혁명의 전개에 중추적인 역할을 했던 IT 활용의 가속화가 의미하는 바를 알아보았다. IT는 기술, 산업, 공공 인프라 등 많은 분야에서 활용되었는데, IT의 지속적인 기술 진보가 각 분야의 하드웨어, 소프트웨어, 데이터에 대한 각각의 실용화 조건을 차례로 만족시킨 결과라는 점도 살펴봤다. 다음 절에서는 IT의 기술 진보가 지속해서 이루어진 이유에 대해 알아볼 것이다.

4.2 IT 활용의 가속화는 무어의 법칙이 견인했다

IT 활용의 가속화는 세 가지 기술 부문(하드웨어, 소프트웨어, 데이터)의 진보를 통해 이루어졌다. 기술적 진보로 원하는 IT 기기의 각 기술 부문에 대한 실용화 조건이 모두 갖춰지면 바로 그 기기가 제작되고 활용되었다는 말이다. 그렇다면 IT 기기의 기술 부문 중에서 3차 산업혁명 시대에 다양한 IT 기기가 급속활용된 데에 더 많이 이바지한 것은 무엇일까? 대개 많은 사람은 소프트 웨어라고 할 것이다. 아무래도 IT 기기에서 소프트웨어와 하드웨 어는 굳이 비유하자면 각각 사람의 뇌와 신체에 해당한다는 인식 때문일 것이다.

하지만, 그렇지 않다. 3차 산업혁명 동안 실질적으로 IT 활용 의 가속화에 가장 많이 기여한 것은 하드웨어 기술 부문이었다. 하드웨어 기술은 거의 기하급수적인 발전을 거듭하였지만, 소프 트웨어나 디지털 데이터 기술의 발전 속도는 상대적으로 낮은 선 형적인 수준을 벗어나지 못했기 때문이다. 따라서 대부분의 새로 운 IT 기기 자체의 실용화는 하드웨어 기술발전이 주도했다. 소 프트웨어와 디지털 데이터의 기술발전은 하드웨어 기술발전의 뒤를 받쳐주는 역할을 한 것이다.

그렇다면 이런 하드웨어기술의 기하급수적 진보의 원동력은 무엇일까? 알다시피 바로 무어의 법칙(Moore's Law)이다.[33] 3차 산 업혁명 시대에 하드웨어는 무어의 법칙에 따라 가속적 발전을 거 듭하며 오늘날에 이르게 된 것이다.

무어의 법칙을 간단히 살펴보자. 1965년 미국 인텔 사장이었 던 고든 무어(Gordon Moore)는 CPU의 성능 발전에 대한 전망을 내 놓는다. 향후 10여 년 동안은 CPU의 속도가 1년에 두 배씩 증가 한다는 것이 요지다. 이 내용 중에서 실제 산업 현장의 상황에 따라 두 가지가 수정되지만, 그 수정 내용이 오늘날 무어의 법칙으로 알려지게 된다. 한 가지는 두 배씩 증가하는 주기가 1년이 아니라 18개월로 변경되고, 다른 하나는 10여 년을 넘어 50여 년 이상 지속했다는 점이다.

일반적으로 무어의 법칙에 따른 발전은 초선형적, 기하급수적, 또는 배가적 발전이다. 단순한 계산으로도 이런 발전이 얼마나 경이로운 것인지 알 수 있다. 예컨대, 어떤 물체의 크기에 무어의 법칙이 적용되면 30년이면 약 백만(10^6) 배로 커지게 되며, 60년이면 일조(10^{12}) 배로 커지게 된다.

숫자를 사용하지 않고도 기하급수적 성장이 얼마나 굉장한지를 나타내는 사례도 있다. 2015년 TED 강연에서 아르헨티나 수학자 아드리안 파엔자(Adrian Paenza)가 말한 사례다.[34] 일반 A4 용지를 반씩 계속 접어 간다고 하자. 열한 번 접으면 두께가 콜라 캔의 길이만큼 된다. 여기서 열 번을 더 접으면 그 두께는 영국의 국회의사당 높이만큼 커지며, 계속 열 번을 더 접으면 대기권을 벗어난다. 여기서 백 번을 더 접으면 그 높이는 80광년을 넘어간다. 단순히 종이를 반씩 130여 회 접으면 두께가 별의 거리 차원으로 커지는 것이다.

이제 기하급수적 성장을 피부로 느꼈을 것이다. 바로 3차 산업혁명 동안 하드웨어 기술의 발전은 그런 기하급수적 곡선 궤도를 그렸다. 이런 발전 속도는 반도체 기술의 3대 성능 척도라 할 집적도, 저가격화, 저전력화 모두에 적용되었다. 이런 결과로 슈퍼컴퓨터부터 스마트폰, 초소형 의료기기에 이르기까지 다양한 IT

기기의 제작이 가능하진 것이다. VLSI Research 사의 반도체 칩 전문가인 크리스 마크(Chris Mack)는 이런 상황을 비유로 잘 설명하고 있다. 현재 지구상의 모든 IT 기기 내의 반도체 칩에 집적된 트랜지스터는 4억 조(4×10^{20})개 정도로 지구상의 모든 나무의 나뭇잎 개수보다 많다는 것이다.

IT 기기에만 무어의 법칙이 있었던 것은 아니다. 무어의 법칙과 유사한 법칙이 IT 분야의 다른 장치에도 적용되었다. 마그네틱 디스크 드라이브 전문가인 마크 크린더(Mark Kryder)는 1950년부터의 하드디스크 밀도와 용량을 분석한 후 그 발전 속도에 대한 전망을 한다.[35] '크린더 법칙'에 따르면 하드디스크 기술도 무어의 법칙에 상응하는 발전 경로를 갖는다. 사용자의 광역 네트워크 연결 속도에 대해선 '닐슨(Jakob Nielsen)의 법칙'이 있다.[36] 이 법칙에 따르면, 네트워크 연결 속도는 일 년에 약 40%씩 증가하는데 이는 21개월마다 두 배씩 증가한다는 것을 뜻한다. 이 증가율은 무어의 법칙보다 약 7% 작은 값이다.

이 절을 마치기 전에 다시금 집고 넘어가야 할 것이 있다. 다름이 아니라, IT 기기의 실용화 조건을 만족하게 하는 것과 중요성은 별개라는 점이다. 스마트폰을 한번 생각해보자. 90년대에 오늘날과 같은 스마트폰의 제작이 가능했을까? 당연히 가능하지 않았다. 그렇다면 IT 기기의 세 가지 기술 부문 중에서 당시 실용화 조건이 갖추어져 있지 않은 것은 어떤 것이었을까? 당연히 하드웨어 기술이었다. 물론, 그 당시 당연히 스마트폰 전용 운영체제와 스마트폰 지도(Map)용 디지털 데이터가 존재하지 않았다.

하지만 실용화 조건은 갖춘 상태였다. 필요하면 언제든지 만들 수 있을 정도의 기술은 확보하고 있었다는 이야기다. 하지만 하드웨어는 그렇지 않았다.

아직도 고개를 갸우뚱하고 잘 받아들이기 힘든 사람들을 위해 조금 더 부연 설명을 해야겠다. 스마트폰이 처음 나온 2000년대의 스마트폰 운영체제는 80년대 기술을 스마트폰 하드웨어에 맞게 일종의 튜닝을 한 것으로 봐도 무방하다. 만약 90년대에 오늘날과 같은 휴대폰 하드웨어가 있었다면 그 하드웨어에 운영체제를 올리는 것은 그리 어려운 일을 아니었을 것이다. 지도 같은 데이터도 마찬가지다. 그렇지만 하드웨어의 경우는 다르다. 지금의 스마트폰 하드웨어는 90년대의 하드웨어 기술 수준으로는 가능하지 않았다. 당시의 하드웨어 기술은 오늘날과 같은 스마트폰 하드웨어를 제작하는 데 필요한 고성능, 소형화, 저가격 기술 수준에 아직 도달하지 못한 상태였기 때문이다. 1990년대 중반에 처음 등장한 휴대폰이 아령같이 크고 무거웠다는 점을 떠올려보면 이해가 갈 것이다.

이번에는 중요성 측면을 보자. 현재 스마트폰에서 하드웨어보다는 소프트웨어가 더 중요하다는 점은 두말할 필요가 없다. 당연히 운영체제, 네트워킹, 웹, 각종 애플리케이션 등과 같은 소프트웨어 기술이 함께하지 않았다면 스마트폰은 오늘날의 우리가 보는 다양한 기능을 갖추지 못했을 것이다. 스마트폰의 가치를 결정하는 요소는 하드웨어보다는 바로 이 기능들이다.

4.3 무어의 법칙이 막을 내리고 있다

3차 산업혁명 기간 IT 기기가 다양한 분야로 빠르게 확산한 데에는 무어의 법칙으로 인해 IT 하드웨어 기술이 기하급수적으로 발전했기 때문이라는 점을 알아보았다. 그런데 수년 전부터 무어의 법칙이 둔화하여 조만간 더는 지속하지 않을 거란 전망이 나오고 있다. 이 전망이 사실이라면 3차 산업혁명은 동력을 상실해서 곧 막을 내릴 것이다. 3차 산업혁명의 막이 내려야 4차 산업혁명을 논할 수 있으니 무어의 법칙에 대한 전망은 매우 중요한 사안이다. 그 답을 얻기 위해 무어의 법칙의 존속 여부를 자세히 살펴보자.

무어의 법칙은 현장에서 실제로 둔화 추세에 있다. 2010년을 기점으로·트랜지스터 소형화로 인한 집적도와 속도, 저전력에 대한 배가법칙은 CPU에는 잘 적용할 수 없게 되었다. 칩 내의 멀티코어 집적은 가능하므로 집적도 향상은 지속하고 있지만, 속도는 정체 현상을 보이고 있다.

문제는 이런 상황이 일시적인 현상이 아니란 점이다. 현재 보이는 둔화 현상은 지속돼서 2022년 전후로 무어의 법칙이 끝날 것이라는 전문가들의 목소리가 커지고 있다. 이런 전문가들은 뉴욕시립대학(M. Kaku), 케이스 웨스턴 대학(L. Krauss), IBM(I. Chuang), CERN(G. Starkmann), DARPA(R. Colwell)와 같이 대학, 기업, 연구소, 국책연구소 등에 고루 분포하고 있다.[37]

무어의 법칙이 탄생한 인텔마저도 무어의 법칙에 대해 미련을 버린 상태이다.[38] 인텔의 반도체 칩 연구 부문 임원인 윌리엄 홀트(William Holt)는 2016년 2월에 칩의 성능을 계속 개선하기 위해서는 이젠 완전히 새로운 기술을 사용해야 한다고 밝혔다.[39] 기존 무어의 법칙이 막바지에 왔음을 시사하는 대목이다. 전문가들도 2014년부터 인텔의 '틱톡(Tick-Tock)' 전략이 '틱톡톡(Tick-Tock-Tock)' 전략으로 바뀌고 있다고 분석했다. 여기서 틱톡 전략이란 두 해마다 첫해는 소형화된 트랜지스터로 만든 칩을 시장에 내놓고(Tick), 이듬해에는 다음번에 내놓을 트랜지스터의 소형화를 준비하는(Tock) 것을 말한다.

현재, 인텔은 속도보다는 저전력화에 힘을 쏟는 모양새다. 2017년에 들어서면서 인텔은 CPU 전략도 바꿨다. 트랜지스터의 크기를 줄여 속도와 에너지 효율을 증가시켜 왔던 기존 전략에서 이른바 PAO 전략을 도입했다.[40,41] 기존의 반도체 공정의 미세화(Process)뿐만 아니라 마이크로 아키텍처를 개선하는 구조화(Architecture), 반도체가 지닌 여분을 최대한 활용하는 최적화(Optimization)를 병행하는 전략이다. PAO 전략으로 무어의 법칙의 수명을 조금이라도 더 늘리려고 애를 쓰는 것이다.

그간 학계와 전문가들 사이에서 무어의 법칙이 거의 막을 내렸다는 이야기가 커지고 있었지만, 유명 반도체 회사는 모두 입은 굳게 닫고 공식적인 언급은 자제하고 있었다. 그런데 2017년 6월에 대만 타이페이(Taipei)에서 열린 컴퓨텍스 전시회(Computex show)에 초대받은 엔비디아(Nvidia) CEO 젠센 황(Jensen Huang)은 기조연설 중에 무어의 법칙이 끝났다고 선언했다.[42] 이로써 젠센 황은 세계 유명 반도체 회사의 CEO 중에서 무어의 법칙이 끝났다는 견해를 최초로 밝힌 사람으로 기록되었다. 참고로, 앤비디아는 그래픽용 프로세서(GPU, Graphic Processing Unit) 분야에서 세계적으로 제일 앞선 기업이다.

무어의 법칙이 시들게 된 근본적인 이유는 기술적 한계다. 무어의 법칙을 가능하게 했던 것은 트랜지스터 크기를 줄이는 공정 기술과 데나드 스케일링(Denard Scaling) 현상이다. 둘 다 문제가 생겨 트랜지스터 크기를 줄이는 데 한계로 작용하고 있다. 먼저, 트랜지스터 공정이 5나노(Nano meter) 근처에 이르면, 양자역학의 지배를 받게 되어 트랜지스터의 동작원리가 더 이상 유지될 수 없다는 것이다. 현재 10나노 정도의 공정기술이 칩 제조에 사용되고 있으니 아직 조금 더 줄일 여지는 있다.

한편, '데나드 스케일링'은 반도체 물리학적 현상인데 10여 년 전에 이미 무너졌다. 데나드 스케일링이란 트랜지스터를 줄여도 에너지 밀도는 변하지 않아 에너지 소모량은 집적도에 상관없이 반도체 면적에 비례한다는 현상이다.[43] 그동안은 에너지 소모량의 증가를 걱정하지 않고 트랜지스터 크기를 줄여 칩 안에 더 많은 트랜지스터를 집적할 수 있었다. 데나드 스케일링이 무너진 상태에서는 트랜지스터 집적도를 높이면 에너지 소모량이 함께 증가해서 열 발생량이 커지게 된다. 열 때문에 칩 안에 집어넣을 수 있는 트랜지스터의 개수가 제한을 받는 것이다. 오늘날 수천, 수만 대의 컴퓨터로 구성된 대규모 데이터센터는 냉각수 수급을 위해 강이나 바다 또는 호수 근처에 짓는 이유다.

하지만, 경제적인 요인도 만만찮다. 예컨대, CPU 전문분석업체 대표인 린리 그웨납(Linley, Gwennap)은 경제적 이유로도 무어의 법칙은 끝날 것이라고 지적했다. 이는 공정이 미세해질수록 생산 설비 투자가 크게 증가하기 때문이다. 비즈니스 컨설팅 업체인 IBS의 한델 조네스(Handel Jones) 대표는 2020년 초쯤이면 가능할 5나노 공정에 약 16조 원이 들어갈 것으로 전망하고 있다. 인텔의 2015년 매출액은 대략 60조 원이었으며, 2011년과 비교해 겨우 2% 증가했다. 이런 상황에선 그처럼 엄청난 생산설비 투자를 감당하긴 어려울 것이라는 의미다.

물론, 현재 무어의 법칙을 유지할 수 있는 연구가 많이 진행되고는 있다. 터널링 트랜지스터(Tunnelling transistor), 스핀트로닉스 소자(Spintronic device), 양자컴퓨터(Quantum computer)가 대표적 사례다. 하지만 아무것도 가능성을 보여주진 못하고 있다. 예컨대, 터널링 트랜지스터는 상용화가 멀었고, 스핀트로닉스 소자는 근간 메모리 제작 정도에 쓸 수 있는 정도는 될 것으로 예상되지만, 실리콘 트랜지스터보다 속도가 늦다는 단점이 있다.

이런저런 상황을 감안하면 무어의 법칙은 수년 내에 끝날 것으로 보면 된다. 2015년 무어의 법칙 탄생 50주년 기념식을 맞아 인텔은 자신들이 처음 출시한 칩의 발전에 관한 재밌는 수치를 내놨다.[44] 무어의 법칙으로 인해 성능은 3,500배, 에너지 효율성은 9만 배나 향상되었으며, 가격은 6만 배 하락했다는 것이다. 비유도 하나 들었다. 1971년 폭스바겐 비틀(Volkswagen Beetle)에 무어의 법칙이 적용됐다고 가정하고 50년이 지난 때의 자동차의 성능 수치다. 거의 시속 50만 킬로로 달릴 수 있고, 일 리터당

주행거리는 85만 킬로에 달하며, 가격은 1센트 정도가 됐을 거란 계산이다. 노벨경제학상 수상자 마이클 스펜스(Michel Spence)는 무어의 법칙 덕분에 컴퓨터가 등장한 1950년경부터 약 50여 년에 거쳐 정보처리 비용이 대략 100억 배 줄었다고 했다. 모두 다 3차 산업혁명의 IT 활용의 가속화를 뒷받침한 동력들이다. 하지만, IT 활용의 가속화도 더는 기대할 수 없게 된 것이다.

4.4 소프트웨어 기술 진보는 여전히 더딘 상황이다

앞에서 3차 산업혁명 시대의 IT 기기의 한 축인 하드웨어의 기술 진보를 따져봤다. 여기서는 다른 한 축인 소프트웨어의 기술 진보를 살펴볼 것이다. 주안점은 하드웨어와 마찬가지로 그간의 소프트웨어 발전을 실용화 관점에서 해석하고 이해하는 것이다. 이를 위해선 3차 산업혁명 시대에 소프트웨어의 실용화 조건인 '알고리즘'과 '비용' 각각에 대한 기술 진보 추이를 상세히 따져볼 것이다.

먼저 알고리즘을 생각해 보자. 주어진 업무 영역의 문제를 해결하기 위해서는 그에 부합하는 스마트 수준의 역량이 요구된다. 지정된 스마트 수준의 소프트웨어를 구현하기 위해서는 그에 적합한 알고리즘이 있어야 한다. 3차 산업혁명 시대에 사무용, 과학기술계산, 영상처리, 유전자 서열분석 등과 같은 다양한 영역에서 수많은 소프트웨어가 사용되었다. 영역마다 소프트웨어의 구현에 요구되는 스마트 수준이 있을 텐데 그에 부합하는 알고리즘이 갖춰졌던 까닭이다.

하지만, 3차 산업혁명 시대에 높은 수준의 스마트 알고리즘이 부족했다. 소프트웨어 기술 진보가 상대적으로 더뎌진 이유다. 그간 알고리즘에 대한 연구개발은 많이 이루어졌다. 이 과정에 산출된 많은 우수한 알고리즘은 데이터마이닝(Data mining), 데이터 웨어하우징(Data warehousing) 등과 같은 데이터 분석 소프트웨어 실용화의 초석이 되었다. 한편, 비교적 높은 스마트 수준의 알고리즘에 관한 관심도 컸다. 규칙기반 전문가 시스템(Rule-based expert system)이 대표적 사례다. 하지만, 제대로 된 높은 수준의 스마트 기능을 구현하기에는 턱없이 부족했다. 여전히 사람의 음성을 인식하거나, 복잡한 영상을 판독하고, 추론하는 수준에는 미치지 못한 까닭이다.

이번에는 소프트웨어의 실용화 조건의 또 다른 요소인 '비용'을 살펴보자. 알고리즘이 갖춰지더라도 비용이 현실적이지 않으면 실용화를 할 수 없다. 앞에서 봤듯이 3차 산업혁명 시대에 수많은 소프트웨어가 활용될 수 있었던 것은 필요한 알고리즘이 갖춰진 데다가 그 제작비용이 실용화 가능한 수준으로 낮아졌기 때문이다.

그렇다면, 소프트웨어의 비용을 결정하는 가장 중요한 요소는 무엇일까? 바로 소프트웨어 생산성이다. 프로그램 코드를 작성하는 데 걸리는 시간과 관련된 지표다. 프로그래밍 작업도 사람이 하는 노동이므로 소프트웨어 생산성도 일종의 노동생산성이다.

소프트웨어가 있을 때, 그 코드를 작성하는 데 걸리는 시간이 작아지면, 소프트웨어 생산성은 커지게 된다. 일반적으로 응용로직이 복잡할수록 코드의 크기도 커질 수밖에 없다. 실제로 기업에서 사용하는 대부분의 소프트웨어는 수백에서 수천 명의 프로그래머의 작업 결과다. 이런 점을 고려하면, 소프트웨어의 비용을 결정하는 가장 큰 독립변수는 소프트웨어 생산성이 될 수밖에 없다.

그렇다면 3차 산업혁명 시대에 소프트웨어 생산성의 향상은 어떤 양상을 보였는가? 전문가들은 그 증가가 선형적이었다고 보고 있다.[45,46] 지난 60년대에 65였던 생산성은 매년 1% 정도 늘어 90년대에 100 정도가 되고 지금은 120 정도로 증가했을 뿐이라는 것이다. 쉽게 추측할 수 있겠지만, 이런 생산성의 향상은 주로 프로그래밍 언어와 소프트웨어 공학, 개발도구의 발전 덕분이다. 60년대 중반의 3세대 언어와 70년대 초의 구조화 프로그래밍 언어, 80년대의 객체지향개발 방법론, 90년대 말 객체지향 프로그래밍 언어 등의 그런 사례다.

그런데 생산성에 도움을 주는 다양한 프로그래밍 언어와 개발도구에도 불구하고 생산성의 향상이 선형적 추세에 머문 이유는 무엇일까? 프로그래밍 작업 자체의 특성 때문이다. 소프트웨어 생산성은 원래부터 가속적 향상이 어렵다는 뜻이다. 그 이유는 당연히 프로그래밍은 사람이 해야 하는 일이기 때문이다. 어쩌면 자동화가 되지 않은 채 인간의 작업으로 가장 오래 남아있을 작업이 바로 프로그래밍 작업일지 모르겠다.

SW 생산성의 더딘 증가는 종종 'SW 위기'로 웅변된다.[47] 지난 60년간의 컴퓨터 역사를 통해 잊을 만하면 소프트웨어의 위기 (Software crisis)가 제기되었다. 소프트웨어 위기라는 용어는 1972년에 전산 분야의 저명한 학자인 다익스트라(E. Dijkstra)의 튜어링 상 (Turing award) 수상소감에서 처음 등장했다. 그는 "우리는 현재 굉장한 컴퓨터를 가지게 되었지만, 프로그래밍은 그만큼 더 큰 골칫거리다. 바로 소프트웨어가 위기다"라고 한 것이다. 하드웨어의 발전과 견주어 소프트웨어의 발전은 매우 더뎠다는 의미다.

앞서 언급한 것처럼 다양한 개발환경으로 소프트웨어 생산성은 계속 향상되고 있지만, 오늘날에도 여전히 새로운 소프트웨어 위기에 처해 있다. 클라우드 컴퓨팅으로 대변되는 컴퓨팅 인프라의 패러다임 변화로 프로그래밍 작업은 더욱 복잡하고 어려워지고 있다. 현재의 소프트웨어 기술로는 멀티코어와 병렬컴퓨터⑤의 하드웨어의 성능을 제대로 활용할 수 없는 실정이다. 좋은 프로그래밍 언어가 나오면 좋을 텐데, 그런 프로그래밍 언어는 아직 요원하다.

이상과 같은 이유로 소프트웨어는 3차 산업혁명 기간 내내 IT 하드웨어의 기하급수적 진보에는 전혀 미치지 못한 채 자동차 등과 같은 非IT 산업의 발전 정도를 유지했을 뿐이다. 이런 점은 정

⑤ 멀티코어는 한 개의 칩 안에 여러 개의 프로세서를 집적하는 것을 말하며, 병렬 컴퓨터는 여러 개의 프로세서를 장착해 구현한 컴퓨터를 말한다. 둘 다 한 개의 프로그램의 빠른 처리를 위해서는 병렬 컴파일러가 필요하지만, 아직까지 병렬 컴파일러는 유용한 수준에 이르지 못했다.

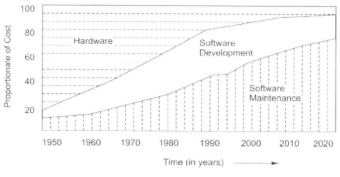

〈정보시스템 구축비용, 출처: 재구성, Hans van Vliet〉

보시스템 구축에 드는 비용에서 하드웨어와 소프트웨어가 각각 차지하는 비중이 어떻게 변화해 왔는지를 보면 더욱 분명해진다.

컴퓨터 활용 초기에는 정보시스템 구축에 하드웨어 비용이 압도적으로 컸다. 1950년에 하드웨어가 전체 비용의 80%를 차지했고 소프트웨어의 비용은 겨우 20%이었다. 소프트웨어 비용이란 개발비와 유지보수에 드는 비용을 말한다. 1970년대에 접어들면서 상황이 역전된다. 소프트웨어 비용이 하드웨어 비용보다 커진 것이다. 이후 그 격차가 꾸준히 벌어졌다. 2000년에는 1960년대와는 완전히 반대상황이 연출된다. 소프트웨어가 약 85%를 차지하고 하드웨어는 15%로 줄어든 것이다. 2020년에는 그 격차가 더 커져 소프트웨어가 90%에 육박할 것으로 전망되고 있다.

지금까지 3차 산업혁명에서 보였던 소프트웨어의 기술진보 추세를 살펴보았다. 기술적 관점에서 정리하면, 두 가지 특징으로 압축할 수 있다. 바로 높은 스마트 수준의 소프트웨어의 구현에 필요한 알고리즘의 부족과 하드웨어와 견줘 상대적으로 느린 소프트웨어 생산성 향상이다. 하나는 소프트웨어 스마트화에 한계로 작용했고, 다른 하나는 대규모 소프트웨어의 제작비용 증가로 이어졌다. 결국, 소프트웨어 기술 진보는 매우 더뎠으며, 앞으로도 특별한 계기가 없으면 그 양상은 계속될 것이다.

05 생산성 향상도 둔화한 상태이다

1장에서 본 것처럼 새로운 산업혁명을 유발하는 범용기술은 산업 전반에 거쳐 생산성을 크게 향상시켜 산업과 경제에 큰 변혁을 가져왔다. 그간 3차 산업혁명의 범용기술인 IT 기술로 인한 생산성 향상은 기업의 가치사슬 전반에도 큰 영향을 미쳐 산업 내의 경쟁 구도를 변화시켰으며, 새로운 산업의 태동도 유발했다. 그런데 1980년대에 IT가 생산성에 미치는 영향이 미미했다는 '생산성의 역설'이 2005년부터 다시 발생하고 있다. 그간 IT가 3차 산업혁명을 이끈 동력이었다는 점에서 이런 현상은 3차 산업혁명이 막을 내리는 전조로 해석될 수 있다. 이 장에서는 그간 3차 산업혁명 시대의 IT와 생산성과의 관계를 추적해서 명확한 해석을 내놓는다.

5.1 생산성의 역설이 발생하고 있다

알다시피 생산성은 경제와 사회 발전의 중요한 핵심요소다. 산업혁명은 새로운 기술의 등장으로 전체 산업의 생산성이 크게 향상하는 것으로 시작된다. 새로운 산업혁명을 논하기 위해서는 반드시 생산성의 변화에 대한 명확한 이해가 선행되어야 하는 이유다. 여기서는 3차 산업혁명 시대에 보인 생산성 향상 양상과 향후 추이를 다뤄보려고 한다.

3차 산업혁명 시대의 생산성 향상 양상부터 살펴보자. 노동은 대분류로 육체노동과 지식노동으로 나뉘지만, 육체노동은 다시 정형(Routine)과 비정형(Non-routine)으로 갈린다. 3차 산업혁명에 접어들면서 노동시장에는 이 세 부문이 주류를 이룬다. 1차 산업혁명 때부터 존재했던 정형, 비정형 육체노동은 계속 유지됐고, 전기력으로 규모의 경제가 본격적으로 가시화된 2차 산업혁명부터 지식노동이 점점 두터워진 탓이다. 부문별로 잠깐 3차 산업혁명 시대의 생산성 향상의 양상을 짚어보자.

육체노동의 생산성 향상은 주로 생산현장에서 이루어졌다. 정형 육체노동에 적용한 생산성 향상의 방식은 여전했다. '자동화'라고 부르는 방식 말이다. 다만 제조설비의 첨단화만 달랐을 뿐이다. 공작기계뿐만 아니라 첨단 산업용 로봇도 제조현장에 투입된 것이다. 1, 2차 산업혁명 시대와 비교해 확연히 작았지만, 생산성은 꾸준히 향상되었다. 한편, 비정형 육체작업은 여전히 개인의 숙련(Skill)에 의존했다. 상대적으로 생산성 향상이 많이 진전되진 않았다. 산업혁명 이전 장인의 숙련 형태와 유사한 모습을 띠었다. 숙련의 범위가 커지면서 임금도 숙련도에 따라 결정되는 추세가 강해졌다.

한편, 지식노동사의 생산성 향상은 주로 IT 기기[6]의 활용을 통해 실현되었다. PC를 통해 다양한 사무업무의 효율이 높아졌으며, 인터넷으로 대변되는 컴퓨터 네트워크를 통해 작업자들 간의 정보교환 효율이 크게 향상되었다. IT 기술이 도입되기 전에도 이미 유선전화로 개인 간 커뮤니케이션이 가능했지만, 아무 데서나 통화가 가능한 휴대폰의 등장은 커뮤니케이션의 효율을 많이 높였다. 다 말하자면 끝이 없을 것이다. 아무튼, IT 기기는 지식노동자의 생산성 향상에 중추적 수단이었다.

지식노동자의 생산성 향상과 더불어 한 가지 더 볼 것이 있다. IT 기술에 의한 기업의 프로세스 혁신은 지식노동자의 생산성 향상에도 크게 이바지했다는 점이다. 프로세스 혁신은 정보를 전략적 자원으로 변환해서 기업의 경쟁우위를 확보하려는 게 주된 목표였다. 이른바 '정보화'다. 기업 전반에 거친 정보화는 궁극적으로 지식노동자의 생산성 향상과 직결되었다. 예컨대 피터 드러커(Peter Druker)가 말하는 이른바 '지식경영'이라는 것도 그런 취지다.[48]

지금까지 살펴본 지난 30여 년 동안 이루어진 생산성 향상을 위한 노력은 4종류의 경주로 요약할 수 있다. 첫 번째는 기계나

---

[6] 이 책 전체에서 IT 기기는 휴대폰과 같이 하드웨어와 소프트웨어로 구성된 기기뿐만 아니라 각종 응용 소프트웨어와 서비스를 포괄하는 개념으로 사용된다.

로봇을 도입해서 더 많은 생산을 가능하게 하려는 노력이다. 지식근로자가 계속 개선되는 컴퓨터와 소프트웨어를 작업도구로써 효과적으로 활용할 역량을 갖추기 위한 노력이 두 번째 경주였다. 세 번째는 기업이 IT 정보화를 통해 프로세스를 혁신하려는 경주였다. 마지막 네 번째는 지식근로자가 쉬지 않고 자기 분야의 지식을 쌓아 전문역량을 확보하려는 노력이다. 위의 네 가지 경주 중에서 첫 번째는 보통 '자동화'라고 부르며, 두 번째와 세 번째는 묶어서 '정보화'라고 부른다. 어색하지만 네 번째는 '전문화'라고 부를 것이다.

이제 생산성에 관한 이야기를 본격적으로 시작할 때가 되었다. 먼저, 지난 30년간에 거쳐 전체 생산성이 어떻게 변화했는지를 보자. 우리의 관심은 나중에 알겠지만, 정보화가 생산성에 미치는 영향이다. 그렇지만 그런 자료는 매우 희소하다. 정보화에 초점을 둔 생산성의 분석 결과는 일부 있지만 크게 신뢰할 만하다고 보기도 어렵다.

일단 미국의 생산성 변동을 참고로 하려고 한다. 알다시피 미국은 IT 활용 수준이 높은 나라이다. 아울러 나중에 다시 보겠지만, 신흥국들과는 달리 미국의 경우 로봇에 의한 자동화 수준이 상대적으로 낮은 상태이므로 IT가 생산성에 미치는 영향이 상대적으로 크다.

US productivity growth

(% change, year on year, five-year rolling average)

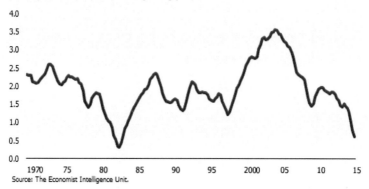

Source: The Economist Intelligence Unit.

〈미국의 연평균 생산성 증가율, 출처: The Economist Intelligence Unit〉

지난 40여 년간 미국의 연평균 생산성 증가율은 증가와 감소를 반복하고 있다.[49] 1970년대 초부터 1980년대 초까지는 감소세를 보인다. 이후 1980년대 후반까지 가파르게 증가하다가 1990년대 중반까지 정체 상태에 머문다. 90년대 후반부터는 다시 가파른 증가세를 보이면서 2005년경에는 연평균 증가율이 3.5%에 이르게 된다. 그 이후엔 다시 급격한 감소세를 보이다 급기야 2015년에는 0.5% 정도까지 떨어진다.

여기서 논의하려는 것은 '생산성 역설(Productivity Paradox)'이다. 1970년 초에 컴퓨터가 본격적으로 도입되자 컴퓨터 혁명이 일어나고 있다며 미국 사회가 들썩였다. 그런데 생산성이 문제였다. 연평균 생산성 증가율은 오히려 감소하고 있었던 까닭이다. 로버트 솔로우(Robert Solow)는 1987년에 이런 현상을 다음과 같은 말로 꼬집었다. "모든 곳에서 컴퓨터 시대가 왔다는 사실을 알 수 있는데, 정작 생산성 통계에서만은 그 점이 보이지 않는다."[50] 이런 현상은 곧 '생산성 역설'이라고 불리게 된다. 이후 생산성 역설은 IT 기술의 경제 성장 기여도에 관한 많은 논란을 불러일으킨다.

5.2 IT의 생산성 기여에 대해 회의론과 낙관론이 있다

생산성 역설 현상으로 촉발된 IT의 생산성 기여도에 관한 논란은 아직 끝나지 않았다. 여러 학자가 나름 논리적인 설명을 내놓고 있지만 아직은 분명한 결론에 이르지 못하고 있다. 여기서는 이런 상황을 자세히 들춰내 보려고 한다.

우선 생산성 역설을 둘러싼 경제학자들의 논쟁을 살펴보자. 두 진영으로 갈려 상반된 해석을 내놓고 있다. 첫 번째 진영은 생산성 역설을 그대로 인정하곤 생산성 향상에 대한 IT 역할을 부정하는 입장을 취하고 있다. IT가 생산성에 별로 기여하지 못했다는 것이다. 이 진영의 대표적인 학자는 조지 메이슨 대학의 경제학자 타일러 코웬(Tyler Cowen)과 바로 노스웨스턴 대학의 경제학자 로버트 고든(Robert Gorden)이다. 코웬은 2011년에 저서 『The Great Stagnation』에서 미국의 기술적 혁신이 고갈되어 성장이 둔화하고 있다고 주장한다.[51] IT 기술은 이전 세대의 기술에 비하면 별로 대단한 것이 아니라는 견해다. IT 산업을 뺀 나머지 산업부문은 IT에 의해 큰 도움을 받지 못했다고도 했다. 이 저서의 부제, '낮은 데 달린 과일은 다 따먹었다'는 이후 성장한계의 상징적 표현으로 사용되기 시작한다.

한편, 고든은 2014년의 논문 「The Demise of U.S. Economic Growth」에서 이전 세대의 증기기관, 전기, 차 같은 것들이 IT 기술이나 자동화보다 더 변혁적인 기술이라고 주장했다.[52,53] 즉, 유선통신과 장거리 이동이 IT보다 사회 진보에 더 많이 기여했다는 것이다. 참고로 2017년 7월, 고든은 4차 산업혁명에 대한 견해도 내놓았다. 4차 산업혁명은 어불성설이라는 내용이다. IT 기술을 그다지 인정하지 않는 입장이니 당연히 그런 견해를 가질 수밖에 없다.

두 번째 진영은 IT 기술이 생산성 향상에 크게 기여했다며 IT의 역할을 적극적으로 옹호하고 있다. IT 기술이 경제, 사회 진보에 크게 기여하고 있다고 믿는 경제학자들은 거의 다 이 진영에 속한다고 보면 된다. '생산성 역설'에 대해서도 적극적으로 해명하고 있다. 가장 주목받는 것은 지연론(Lag phenomenon)이다.[54] 혁신기술이 생산성 향상으로 전환되는 데는 일정한 기간이 소요된다는 게 요지다. 그 이유로 우선 필요한 보완기술이 성숙하는 데 시간이 걸리고, 기업이 혁신기술을 도입했더라도 그에 맞도록 프로세스를 변경하는 데도 일정 시간이 필요하다는 점을 들고 있다.

이런 주장을 뒷받침해주는 근거도 제시하고 있다. 앞에서 본 그림이 그런 근거 중의 하나이다. 그림에 나타나 있는 바와 같이 1970년대 중반부터 컴퓨터 붐이 일기 시작했지만 약 20년이 지난 1990년대 중반에 이르러서야 생산성이 급격한 향상되기 시작한다. 또 다른 근거는 2차 산업혁명에서 발생한 현상이다. 통계에 따르면 공교롭게도 전기가 도입된 지 약 20년이 지난 후부터 생산성이 급격히 향상되었다.

지금까지 IT가 생산성에 미치는 영향에 대한 두 진영의 상반된 입장을 살펴봤다. 경제학자와 전문가들 사이에서는 후자, 즉 생산성 역설은 일시적 현상이며 IT가 생산성 향상에 지속해서 기여했다는 주장이 우세하다. 아마 대다수 독자도 그럴 것이다. IT의 혜택을 입은 세대이므로 그런 주장에 마음이 가는 것은 당연하다.

5.3 IT는 생산성 향상에 더는 힘을 못 쓰고 있다

여러 통계에 의하면 그간 IT가 생산성 향상에 크게 기여한 것이 사실로 드러나고 있다. 70년대의 생산성 역설 현상은 일시적인 현상이라는 주장이 설득력이 있다는 뜻이다. 하지만, 생산성 역설 현상과 IT의 생산성 기여도의 관계는 그리 간단치는 않다. 대부분 70년대의 생산성 역설 현상에 주목하고 있지만, 최근에도 유사한 현상이 발생하고 있기 때문이다. 여기서는 이 문제를 중점적 다뤄본다.

미국을 포함한 전 세계 생산성 추이를 보면 두 번의 생산성 역설 현상이 나타난다. 하나는 이미 앞에서 다뤘듯이 1970년대에 발생했고, 다른 하나는 2005년경부터 나타난다. 이전 그림을 보면, 2000년대 중반부터 생산성의 증가율이 하락 국면에 들어서고, 2015년에 이르러 거의 0.5% 수준까지 떨어지는 것을 확인할 수 있다. 물론 그사이 2008년 금융위기로 대침체가 있었지만, 하락 국면은 그 몇 년 전부터 시작했으며, 금융위기 여파가 가셔진 이후에도 반등의 기미를 보이지 않고 있다. 한편 지난 50년간의 전세계 생산성을 살펴봐도 마찬가지다. 주요 선진국을 대상으로 한 연평균 생산성 증가율은 1965년부터 10년간은 4.0%, 1975년부터 2004년까지는 30년간은 2%, 2005년에서 2014년까지는 1%로 보고되고 있다.[55]

브린욜프슨이 제시한 지연론은 적어도 70년대의 생산성 역설은 설명해 주지만 2005년 이후에 보이는 새로운 생산성 역설 현상을 설명하기엔 역부족이다. 1970년대 중반의 컴퓨터 붐이 있었고 20년이 지난 1990년대 중반부터 본격적으로 생산성 향상이 시작되었다. 혁신기술의 생산성 전환에 일정 기간이 필요하다는 지연론이 매우 잘 맞아떨어지는 상황이다. 하지만, 2005년경에 다시 생산성 증가율이 둔화하여 거의 정체 수준에 이르게 되는 '2차 생산성 역설' 현상은 어찌 된 일일까? 1990년대 이후 줄곧 IT 기술은 한층 더 고도화되었으며, 기업에서도 투자를 아끼지 않았는데 말이다. 2차 생산성 역설까지 설명하기엔 지연론은 역부족이다.

한편, 2차 생산성 역설 현상에 대해 세계 최고 컨설팅 업체인 맥킨지(McKinsey)는 새로운 해석을 내놓는다.[56] 맥킨지는 산업별 디지털화의 수준을 평가를 위한 디지털 지수를 개발한 후에 미국 산업의 평균 디지털화는 약 18% 정도라는 분석을 내놓는다. IT를 많이 활용하는 산업부문은 높은 생산성을 보이지만 그렇지 않은 부문은 낮은 생산성을 보인다는 분석도 함께 내놓고 있다. 2005년부터 보이는 2차 생산성 역설 현상은 이런 격차에 의해 발생한 것으로 설명하고 있다. 그러나 이런 해석에는 두 가지 오류가 있다. 첫 번째는 1995년대의 생산성 향상을 설명할 수 없다는 것이다. 그 당시에도 산업별 IT 활용 격차는 분명히 있었을 것이기 때문이다. 두 번째는 IT를 많이 활용하는 산업은 주로 IT 산업 자체였다는 점이다. 알다시피 IT 산업은 제품의 혁신성이 높은 첨단 산업으로 생산성이 높을 수밖에 없다. 따라서 높은 생산성을 IT 기술 덕으로 돌리는 것은 무리이다. IT 활용 지수에서 많은 차이가 나는 업종들 간에도 생산성 증가율이 거의 유사한 예도 있다. 이것은 IT 활용과 생산성 향상은 별로 상관이 없다는 뜻으로도 해석될 수도 있다. 예컨대 IT 활용 지수가 매우 큰 금융(Finance)이나 전문서비스(Professional service) 업종은 IT 활용 지수가 작은 오일과 가스(Oil & Gas)나 첨단제조(Advanced manufacturing) 업종과 생산성에서 별반 차이가 없는 것으로 나타났다.

일부는 더 근본적으로 GDP의 측정 한계에서 비롯된다는 설명도 있다.[57] 소프트웨어 같은 디지털 제품의 단가가 급속히 낮아지고, 앱이나 검색같이 무료로 사용하는 소비자 잉여가 GDP에서 빠졌기 때문이라는 게 요지다. 최근에는 공유경제도 누락 대상의 사례로 인용된다. 그렇지만 GDP는 단순히 제품의 생산과 부가가치에 대한 척도이고 소비자 잉여에 대한 척도가 아니다. 공유경제의 경우에는 아직 공유경제가 전체 경제에서 차지하는 비중이 아직 미미해서 그런 주장은 설득력이 약하다.

그렇다면 2차 생산성 역설 현상은 무엇을 의미할까? IT가 소비자의 잉여도 향상하고 전반적인 삶의 수준을 높여주는 것은 맞다. 앞으로도 그럴 것이다. 그렇지만 IT에 의한 생산성 향상은 거의 한계에 다다랐다고 봐야 한다는 게 필자의 생각이다. IT에 의한 생산성 향상 기대는 이제 접는 게 좋다는 의미다. 다소 황당한 이야기일 수 있지만 이제부터 그 이유를 살펴보자.

일단 앞에서 살펴본 3차 산업혁명 시대의 생산성 부문을 떠올려 보자. IT가 생산성에 기여한 것은 육체노동보다는 주로 지식노동 부문이었다. 그렇다면, 지식근로자의 생산성만 보면 될 것이다. 지식노동자의 생산성은 '전문성'과 '정보화'에 의존한다. 지식노동의 '전문성'은 교육과 현장 경험을 통해 축적한 지식을 바탕으로 향상되는 법이다. 분야별로 전문지식이 계속 창출되면서 전문성에 대한 요구도 커진다. 이런 전문지식을 습득하는 과정이 개인의 전문성 향상 과정이며, 전문성의 향상은 생산성의 향상으로 이어진다. 따라서 전문화로 인한 생산성은 점진적으로 향상될 수밖에 없으며, IT와는 거의 무관하다.

그렇다면 관건은 '정보화'다. 5.1절의 내용을 떠올려 보자. 정보화는 두 가지 상호 연계된 방면에서 지식노동자의 생산성 향상에 기여했다. 하나는 IT 기기를 업무에 활용하는 것이고, 다른 하나는 기업이 IT 인프라를 구축해서 일궈 놓은 프로세스 혁신이다. 지식노동의 생산성 향상 중 앞엣것은 개인 차원의 노력에서 비롯되고, 뒤엣것은 기업 차원의 노력에서 발생한다. 1970년대 중반부터 시작된 정보화는 지식노동의 생산성 향상을 가져오며 지금에까지 이르고 있다. 그렇다면 정보화가 앞으로도 그런 생산성 향상의 양상을 계속 유지시킬 수 있을지를 따져봐야 한다.

우선 정보화의 개인적 차원을 살펴보자. 역사적으로 지식노동자의 생산성은 정보의 표현과 생산, 전송방식의 효율에 달려있다. 정보표현은 구술, 필사, 인쇄, 디지털에 이르는 방식으로 바뀌어 왔다. 정보를 전달하는 방식도 도보, 말, 교통수단, 인터넷으로 바뀌어 왔다. 한편, 새로운 정보표현과 정보전달 방식은 정보의 생성과 활용을 크게 증가시키는 변곡점으로도 작용했다.

이런 지식노동의 역사에서 정보화는 가장 획기적인 변곡점이었다. 즉 컴퓨터와 인터넷을 통해 지식노동자들이 자료생성 및 교환, 분석, 활용에 이르는 지식작업 전반의 효율성이 획기적으로 증가한 것이다. 따라서 지식노동의 생산성은 PC가 보급되기 시작한 1980년대 후반부터 가파르게 향상된다. 2000년대에 이르러 컴퓨터와 인터넷의 활용이 성숙한 상태에 이르자 생산성 향상은 정점에 도달해 정체국면에 접어든다. 코엔 교수의 표현을 빌자면 정보화로 인한 생산성 향상의 과실 중에서 낮게 달린 것은 다 따먹은 상태가 된 것이다.

이번에는 정보화의 기업 차원을 살펴보자. IT 기반 전사적 프로세스 혁신으로 인한 생산성 향상 추이를 보자는 것이다. 기업의 컴퓨터를 비롯한 IT 인프라 투자는 1970년대 중반부터 시작되지만, 초기엔 고가의 중대형 컴퓨터를 도입할 형편이 되는 기업은 많지 않았다. 하지만 그런 시기는 오래가지 않았다. 컴퓨터의 가격하락으로 1990년대 중반부터 기업의 IT 인프라 구축이 가속화된 것이다. 1990년대 후반에 시작된 Y2K 대비로 IT 인프라 투자는 극에 달했다.

이런 IT 투자에 힘입어 IT 기반 프로세스 혁신의 흐름은 끊이지 않고 이어졌다. 예컨대 60년대 EDPS(Electronic Data Processing System), 70년대 경영정보시스템(MIS, Management Information System), 80년대 중반 전략정보시스템(SIS, Strategic Information System)의 흐름이다. 압축해 표현하면, 이런 흐름은 전사적 자원관리(ERP, Enterprise Resource Planning)를 바탕으로 한 정보의 가치 확대 과정으로 해석할 수 있다.

90년대 중반에 접어들면서 전사적 IT 시스템의 도입과 활용은 제법 성숙단계에 들어선다. 그간 정보의 가치화에 초점을 두었던 기업의 관심도 가치사슬 전반의 프로세스 혁신으로 이동한다. 이른바 BPR(Business Process Reengineering)이 화두로 등장한 것이다. 예컨대 경영전략의 대가인 마이클 포터도 경영전략서인 『경쟁론, 1996』에서 IT 기술이 가치활동의 수행과 연계의 성격을 크게 변화시킨다는 점을 설명하는 데 많은 부분을 할애했다.[58] IT 기술을 활용한 전사적 프로세스 혁신을 경쟁우위를 창출하는 중요한 요소로 규정한 것이다. 실제로 1990년대 중반부터 2000년대 중반까지 많은 기업이 유수 컨설팅 회사의 전문적 경영진단을 거쳐 프로세스 혁신 과정을 밟게 된다. 결국, 적정한 수준의 IT 투자를 한 기업들은 2000년대 중반에는 프로세스 혁신을 통한 생산성 향상을 충분히 실현하는 단계에 이른다.

그럼 이제 지금까지의 내용을 정리해 보자. 지식근로자의 개인 차원 생산성 향상은 어느 정도는 정점에 다다른 상태다. 기업 차원의 프로세스 혁신의 실현으로 인한 생산성 향상도 이미 거의 실현한 상태다. 이 두 가지 사실은 IT를 통해 얻을 수 있는 지식 노동의 생산성 향상은 거의 한계 수준에 다다랐다는 것을 나타낸다. 2차 생산성 역설 현상은 그 방증으로 보면 된다. 기존 IT 기술이 여태까지처럼 생산성 향상의 동력으로 작용할 것으로 기대하기는 어려워진 것이다.

4차 산업혁명의 실체는 '인공지능이 주도하는 스마트화'이다

3차 산업혁명의 시대가 저물어 가고 있다는 뚜렷한 징후가 나타나고 있다. 그간 IT 활용을 가속화했던 무어의 법칙은 거의 끝나가고(4장), IT는 더는 생산성 향상에 힘을 쓰지 못하는 까닭이다(5장). 그런데 근래 IT 기술 진보로 새로운 제품과 서비스가 늘고 있다. 이런 붐을 타고, 4차 산업혁명에 대한 담론들이 많이 나왔다. 그렇지만, 독일의 생산기술혁신 주도론, 슈밥의 과학기술 융합 주도론, 일본의 IT혁신기술 주도론 등과 같은 기존 담론은 새로운 산업혁명의 이론으로 부적합하다(1, 2, 3장). 이런 까닭으로 두 개의 물음이 여전히 남아있다. 과연 4차 산업혁명에 대한 새로운 동력이 나타난 것일까? 만약 나타났다면, 그로 인한 4차 산업혁명의 실체는 무엇일까? 여기서는 그 답을 찾아 내놓으려 한다.

AI가 소프트웨어 기술 진보의 유력한 엔진이다.

IT를 활용할 영역은 아직 엄청나게 많이 남아있다. 4.3절에서 봤듯이 하드웨어 기술은 더는 기하급수적인 발전을 기대할 수 없는 상수가 되었다. 변수로는 소프트웨어 기술만 남았다. 문제는 소프트웨어 기술 진보가 더디다는 것이다. 4.4절에서 봤듯이 3차 산업혁명 시대에 소프트웨어 기술 진보는 일반 산업부문과 마찬가지로 거의 선형적인 수준에 머물러있다. 여기서는 그 이유를 면밀하게 따져보고, 최근 발전하는 인공지능 기술이 비약적인 소프트웨어 기술 진보를 이끌 수 있는 유력한 엔진으로 부상하고 있다는 점을 알아볼 것이다.

일단 기존 3차 산업혁명 시대에 소프트웨어의 기술 진보가 더뎠던 두 가지 이유를 떠올려 보자. 바로 높은 수준의 스마트 알고리즘의 부족과 하드웨어와 견줘 상대적으로 느린 소프트웨어 생산성 향상이다. 그렇다면, 답은 뜻밖에 간단해 보인다. 이 두 가지 문제를 동시에 해결할 소프트웨어 기술을 확보하면 된다. 하지만 소프트웨어 생산성 문제에 대한 혁신적 해법은 기대하지 않는 것이 좋다. 사람이 프로그래밍 작업을 수행하는 한, 소프트웨어가 커지고 복잡해지면, 당연히 시간도 오래 걸릴 수밖에 없다. 점진적 향상은 가능해도 비약적 향상은 기대하기 어렵다는 뜻이다.

그렇다면 우리가 가진 옵션은 하나밖에 없다. 바로 값싸게 구현할 수 있으면서 높은 수준의 스마트 알고리즘을 자유롭게 구사할 소프트웨어 기술의 확보다. 비용 효율적이며 높은 스마트 수준의 알고리즘이 관건이라는 뜻이다. 앞으로 이런 부류의 알고리즘을 줄여서 '경제적 스마트 알고리즘'이라고 하고, 그런 알고리즘을 사용해서 만든 소프트웨어는 '스마트 소프트웨어'라고 부를 것이다.

일단 이런 관점에서 환자의 질병을 진단하는 소프트웨어를 구현하는 전문가시스템을 사례로 들어보자. 이런 기술은 전문가의 지식을 데이터베이스로 만들고 이 지식 데이터베이스를 사용해서 규칙기반 추론방식을 사용한다. 그렇다면 이런 의료용 전문가시스템이 우리가 원하는 경제적 스마트 알고리즘인지 알아보자.

첫 번째는 환자진료가 가능한 수준의 알고리즘을 제작할 수 있는지다. 물론 가능하다. 증상을 가지고 질병을 진단할 규칙만 있으면 된다. 두 번째는 현실적인 비용으로 그런 시스템을 제작하는 것이 가능한지다. 어렵다는 게 답이다. 개념적으로 단순해 보일지 모르지만, 의사가 가진 진단 지식을 규칙화하려면 매우 방대한 규칙이 필요하며, 이 규칙 간에는 서로 충돌하는 문제도 생기므로 수많은 예외 상황도 명시해야 한다. 이런 것들을 다 구현하려면 엄청난 비용이 들게 된다. 뒤에서 다시 보겠지만, 이것이 전문가시스템의 확산을 가로막은 주된 요인이었다.

요약하면, 전문가시스템 기술은 두 번째 조건인 비용 효율성에서 문제가 있는 것이다. 전문가시스템 기술을 사용하게 되면 높은 스마트 수준이 요구되는 응용일수록 코드가 커지고 복잡해지기 마련이다. 기존 소프트웨어 생산성 수준으로는 결국 비용이 커지는 문제가 불거질 수밖에 없다.

앞에서 언급했듯이 IT 기기의 활용이 필요한 새로운 영역은 지금도 수없이 많으며, 앞으로도 계속 증가할 것이다. 이에 필요한 소프트웨어의 요구도 당연히 계속 커질 것이다. 특히 높은 수준의 스마트 소프트웨어의 비중은 점점 더 커질 것이다. 그렇다면 제대로 된 경제적 스마트 알고리즘이야말로 소프트웨어의 비약적인 기술 진보에 꼭 필요하다. 만약 경제적 스마트 알고리즘을 자유자재로 만들 수만 있다면, 막이 내려지는 3차 산업혁명을 이을 새로운 산업혁명이 개막될 수 있다.

그럼 4차 산업혁명의 관건인 경제적 스마트 알고리즘을 가능하게 하는 후보 기술은 무엇일까? 이미 예상하는 것처럼 바로 인공지능 기술이다. 인공지능 탄생한 지는 무려 60여 년이 넘어가고 있다.[59] 다양한 인공지능 기술이 나왔지만, 경제적 스마트 알고리즘에 적합한 인공지능 기술은 거의 없었다고 해도 과언이 아니다. 대부분 잘 나가는 듯싶다가 정체되거나 폐기되었다. 앞에서 살펴본 전문가시스템이 그런 사례다.

그런데 인공지능의 기술 진보는 새로운 전기를 맞고 있다. 딥러닝과 같은 인공지능 기술은 경제적 스마트 알고리즘의 길을 열어 주고 있다.[60] 지금까지 실현하지 못한 높은 수준의 스마트 알고리즘이 딥러닝에 의해 가능해지고 있다. 예컨대 최근 구글이나 페이스북 같은 회사들은 매우 높은 정확도를 가진 얼굴인식이나 영상인식 소프트웨어를 데모로 내놓았는데, 그런 소프트웨어에 적용된 기술이 바로 딥러닝이다. 딥러닝을 사용하면, 모든 처리 절차를 일일이 코드로 명시하지 않아도 돼서 그런 소프트웨어를 비용 효율적으로 구현하는 것도 가능하다. 딥러닝은 그야말로 스마트 소프트웨어의 실용화에 길을 터주는 셈이다.

물론 딥러닝 기술도 아직까진 높은 수준의 스마트 소프트웨어의 제작에 폭넓게 활용하기엔 턱없이 부족하다. 비유하자면 아직 박테리아 수준이다. 그렇지만 적어도 박테리아는 진화가 가능한 유기체다. 인공지능 기술이 다시 진화의 단계에 들어선 것만은 분명하다. 인공지능에 관한 이야기는 이 정도로 마무리하겠다. 인공지능에 관해서는 10장에서 아주 상세하게 다룰 것이다.

아무튼, 지금까지 논의를 요약하자면, 최근의 인공지능 기술은 소프트웨어의 기술 진보를 촉진할 유력한 옵션이다. 여기서 유력하다는 의미는 가능성은 보이지만, 아직 확실히 단정할 순 없다는 의미다. 이 문제도 뒤에서 더 상세히 다룰 예정이다.

6.2 AI는 산업혁명 수준의 생산성 향상의 유력한 옵션이다

앞 장에서 2000년대의 생산성 역설은 IT가 더는 생산성 향상에 크게 이바지할 수 없는 상황에 접어들어서 생긴 현상이라는 점을 보았다. 이런 상황에서 신기술이 출현하고 혁신적 제품이 출시되는 것을 보고 새로운 산업혁명을 기대할 순 있지만 단정하는 것은 지나치게 어리석은 일이다. 그 전에 그런 기술이 △산업혁명에 걸맞은 생산성 향상을 가져오고, △경제·사회적 변혁을 초래할지를 꼼꼼히 따져봐야 한다. 여기서는 첫 번째 사안인 생산성 향상의 문제를 따져보려고 한다.

생산성 향상의 주된 수단이 정보화와 자동화라는 점을 떠올려 보자. 정보화는 한편에서는 지식근로자가 정보도구를 사용해 업무를 능률적으로 수행할 수 있도록 하며, 다른 한편에서는 기업이 모든 전사적 정보시스템을 통해 가치사슬의 프로세스 혁신을 이끌어 경쟁력을 높인다. 자동화는 기계나 로봇으로 노동을 대체한다. 이 세 영역 모두 생산성 향상으로 귀결된다.

생산성과 관련해 인공지능이 특별하다는 것은 위의 세 영역 모두에서 생산성 향상에 기여할 잠재력을 지니고 있다는 점이다. 기존 IT 기술의 생산성 향상의 영역은 주로 정보화였다. IT 기술은 주로 사무업무와 같은 일반적인 지식노동의 생산성 향상에만 기여한 것이다. 하지만 인공지능은 특히, 지식노동 중에서 전문가 영역의 생산성에 큰 영향을 미칠 수 있다는 점에서 충격적이다. 한편, 인공지능은 지식근로의 영역뿐만 아니라 육체노동 영역의 생산성 향상에도 큰 기여를 할 수 있다. 지금부터는 인공지능이 각각의 영역에서 어떤 방식으로 생산성을 향상할 수 있는지를 그려볼 것이다.

첫 번째로 볼 것은 정보화 영역에서 인공지능 가져올 생산성 향상이다. 눈여겨볼 점은 인공지능은 일반 지식근로자는 말할 것도 없고, 그간 자동화의 불가침 영역이었던 전문 지식근로자, 즉 '전문가'의 생산성을 증가시킬 거란 점이다. 인공지능이 전문가를 위한 새로운 차원의 정보도구의 출현을 가능하게 하는 까닭이다. 사무자동화와 그룹웨어 등으로 대변되는 기존 정보도구들은 이미 생산성 향상에 더는 도움이 되지 못한다는 점을 지적한 바 있다. 하지만 인공지능으로 가능해진 도구들은 전문가의 일부 작업을 대신해 줌으로써 전문가가 여분의 시간을 보다 전문적인 작업에 사용할 수 있게 한다. 최근 이런 의미로 '역량증강(Augmentation)'이란 용어가 사용되고 있다. 이런 상황이 되면 당연히 지식근로자의 생산성이 크게 향상될 수밖에 없다.

사례를 하나 들어보자. 주식이나 채권의 주기별 또는 실시간 변동을 파악해서 자산을 관리해 주는 일은 이른바 펀드매니저의 가장 중요한 작업이다. 최근 포트폴리오 이론(MPT, Modern Portfolio Theory) 등과 같은 금융이론과 인공지능이 결합한 '로보어드바이저(Roboadvisor)' 소프트웨어가 등장하고 있다. 로보어드바이저는 단순히 자산배분 및 리밸런싱을 제안하고 거래는 고객이 수행하는 자문형(Self-Executed Trade)부터 소프트웨어가 산출한 자산배분 및 리밸런싱를 인간 전문가가 검증 또는 거래를 수행하는 하이브리드형(Advisor-Executed Trades), 소프트웨어가 직접 자산배분 및 리밸런싱 거래를 수행하는 운용형(Fully-Automated Platform)까지 그 종류가 다양하다.[61] 지금은 초기 도입 단계라 은행과 증권회사가 도입을 망설이고 있지만, 생산성 향상을 놓고 로보어드바이저에 거는 기대는 매우 크다. 미국 실리콘밸리 등지에 이미 200개 이상의 로보어드바이저 회사가 있다는 사실만 봐도 그렇다.

두 번째로 볼 것은 기업의 정보화 영역에서 인공지능이 가져올 생산성 향상이다. 지금까지 기업은 정보화를 통해 내외부의 가치사슬 전반에 거친 프로세스를 정합시키고 통합해서 경쟁우위를 확보하기 위해 노력해 왔다. 이 과정이 기업 구성원과 지식노동자의 생산성 극대화로 이어지는 것은 당연하다. 예컨대 기업에서 현재 사용하는 ERP(Enterprise Resource Planning), SCM(Supply Chain Management)과 같은 수많은 소프트웨어는 따져보면 다 그런 취지에서 비롯된 것들이다.

그러나 비즈니스 통합으로 모든 것이 끝난 것은 아니다. 바로 통합 프로세스에서 산출되는 다양한 정보를 분석하여 필요한 지식을 도출해 의사결정을 수행하는 것은 여전히 기업구성원, 즉 지식근로자의 몫으로 남아있다. 이른바 지식경영을 주창한 피터 드러커도 IT를 활용한 정보를 전략적 자원으로 전환하는 것이 얼마다 중요한지를 설득하려고 노력하는 데는 성공했다. 하지만 정작 정보를 지식으로 바꾸는 문제에 대해서는 아주 얕은 개념적 수준에 머물렀다. 아직도 분명한 방도를 찾지 못하고 있는 상태다.

인공지능은 바로 그런 문제를 해결해 줄 수 있는 잠재력을 지니고 있다.[62] 예를 들어보자. 인공지능이 결합하면 모든 프로세스의 진행상황을 관찰(Monitoring)하면서 이상 상황을 감지하여 필요한 조치를 자동으로 취할 수도 있다. 미국 국방성에서 사이버 테러에 대응하기 위해 인공지능을 적극적으로 활용하는 것도 유사한 취지다.[63] 한편, 인공지능은 개인의 분석 능력을 벗어나는 대규모 정보들을 조직화하여 전략적 요소를 특정화하고 전략적 방안을 제시할 수도 있다. 인공지능이 결합하면서 기존 수동적인 동작 위주의 IT 시스템이 능동적인 모드로 동작하게 되는 것이다. 인공지능이 결합한 미래 IT 시스템은 기업업무 일부를 자동화시킬 뿐만 아니라 신속하고 정확한 전략적 의사결정에 크게 기여함으로써 궁극적으론 생산성의 극대화를 가능하게 한다.

　마지막이자 세 번째로 볼 것은 육체노동 영역에서 인공지능이 가져올 생산성 향상이다. 인공지능이 특별한 것은 비정형 육체노동의 생산성도 향상할 수 있다는 점이다. 이 점은 매우 간단하다. 서비스 로봇을 떠올리면 된다. 로봇은 크게 산업용 로봇과 서비스 로봇으로 구분할 수 있다. 산업용 로봇은 공장에서 정형화된 생산 작업을 수행하는 데 사용된다. 주로 조립, 용접 등과 같은 작업이 그런 작업에 속한다. 서비스 로봇은 최근에 방송을 통해 많이 접한 안내 로봇, 배달 로봇 등과 같이 일반 환경에서 비정형적인 작업을 수행하는 로봇을 말한다. 지금까지는 로봇은 산업현장에서만 사용되어 왔다. 생산성 향상은 산업용 로봇의 몫이었다는 뜻이다. 그렇지만 인공지능을 탑재한 서비스 로봇의 등장은 로봇이 드디어 공장 담을 뛰어넘어 본격적으로 우리 생활로까지 들어오게 되는 것을 말한다. 이런 서비스 로봇의 확산은 공장의 비정형적인 작업은 물론 다양한 분야에서 사람들이 하는 많을 일들을 대신하게 될 것이다. 물론 이로 인한 기술적 실업문제가 발생하는 부작용은 분명 있겠지만, 이로 인해 생산성이 크게 향상될 것만은 분명하다. 로봇은 이쯤으로 간단히 마무리하려고 한다. 8장에 다시 상세히 다루기 때문이다.

　지금까지의 논의를 정리해 보자. 인공지능은 정보화와 자동화 부문 모두에 관여할 것이다. 정보화 측면에서 보면 인공지능은 지식노동자 전문역량을 증강해 줄 수 있고, 기업의 가치 활동의 생산성을 비약적으로 향상할 수 있는 풍부한 잠재력이 있다. 한편 자동화 측면에서는 인공지능이 로봇에 결합하면 다양한 분야에 서비스 로봇을 활용할 수 있게 한다. 이런 서비스 로봇을 통한 다양한 비정형 작업에 전반적인 생산성 혁신을 가져올 수 있다는 것이다. 지금은 IT가 생산성 향상에 별로 힘을 쓰지 못하고 있다. 하지만 위에서 짚어본 점들을 종합해 보면, 인공지능에서 이런 상황을 반전시킬 잠재력이 보인다. 인공지능은 산업혁명 수준의 생산성 향상을 가져올 수 있는 유력한 옵션인 것이다.

6.3 결국 4차 산업혁명은 '인공지능 혁명'이다

새로운 산업혁명을 놓고 벌어지는 여러 논란의 핵심은 IT 활용을 다시 가속해서 생산성 향상에 불을 지필 수 있는 신기술이 존재하는지가 관건이다. 만약 그렇지 않다면, 최근 제기되는 4차 산업혁명은 최근의 기술적 혁신을 상징하는 캐치프레이즈일 뿐이다. 허구라는 얘기다. 반대로, 그런 기술이 존재한다면, 그 기술에 의한 변화가 아직은 작을지라도 우리는 그 변화들을 4차 산업혁명의 전조로 봐야 할 것이다. 이미 6.1, 6.2절을 거쳐 오면서 그런 기술이 존재하며, 그것은 바로 인공지능이라는 점을 알았다.

1장에서 살펴본 산업혁명을 둘러싼 여러 이슈를 떠올려 보자. 산업혁명을 촉발한 범용기술, 보완기술의 발전으로 인한 산업혁명의 발전적 전개, 산업혁명 과정의 생산성의 비약적 향상, 생산성의 향상으로 인한 빛과 어두움 등이 생각날 것이다. 여기서는 인공지능이 펼칠 4차 산업혁명에 대해서도 그런 주제들에 대해 차례로 살펴볼 것이다.

우선, 4차 산업혁명의 범용기술이 무엇인시 알아보자. 두말할 필요가 없이 인공지능 기술이다. 인공지능이 어떻게 동력을 잃고 저물어 가는 3차 산업혁명의 시대를 넘어 새로운 4차 산업혁명의 막을 열 것인지는 이미 앞에서 충분히 살펴봤다. 따라서 부연설명할 것은 별로 없다. 스탠퍼드 교수 겸 바이두(Baidu)의 인공지능을 총괄했던 앤드류 응(Andrew Ng)이 2007년 1월에 스탠퍼드 경영대학원 강의에서 했던 말 하나면 충분할 것 같다.[64] "AI is the New Electricity."

4차 산업혁명의 범용기술인 인공지능 기술은 어떤 형태로 구현되는지도 짚어보자. 인공지능은 일종의 소프트웨어 기술에 속한 분야이므로 당연히 그 체현(體現)은 당연히 소프트웨어일 수밖에 없다. 인공지능 소프트웨어는 두 가지 형태가 될 것이다. 하나는 독립적인 소프트웨어이다. 이전에 살펴본 로보어드바이저가 한 사례다. 다른 하나는 기존 소프트웨어에 추가되는 형태이다. 기존 소프트웨어란 시스템 소프트웨어와 응용 소프트웨어, 서비스와 같이 컴퓨터에서 작동하는 소프트웨어는 물론이고, 일반 IT 기기나 로봇 등에 내장된 모든 소프트웨어를 말한다.

이제 4차 산업혁명의 실체에 명확한 정의를 부여해 보자. 보통 3차 산업혁명은 '디지털 혁명' 또는 'IT 혁명'으로 일컫는다. 3차 산업혁명의 이름으로 범용기술을 사용한 것이다. 그렇다면, 4차 산업혁명의 명칭은 '인공지능(AI) 혁명'이 가장 적합하다. 좀 더 상세히 표현한다면, "인공지능이 주도하는 스마트화"라고 불러도 괜찮을 것 같다. 인공지능 기술의 체현까지 포함한 명칭이다. 인공지능으로 인해 다양한 스마트 소프트웨어들이 가속적으로 출현할 것이며, 이 스마트 소프트웨어들이 3차 산업혁명에 버금가는 새로운 사회·경제의 혁신을 가져올 것이라는 의미이다.

다음으로 살펴볼 것은 인공지능의 보완기술이다. 이전 산업혁명의 범용기술과 마찬가지로 인공지능 혁명은 생산성의 비약적 향상과 산업의 질적 변화와 같은 큰 변혁을 일으킨다. 이런 변혁은 범용기술만으로는 가능하지 않으며, 보완혁신이 함께 이루어져야 한다. 그런 기술이 보완기술이다. 예컨대 증기기관의 경우 철강기술이 보완기술 중의 하나였다. 그런데 인공지능은 그런 보완혁신의 필요가 상대적으로 작다. 증기기관, 전기력, 디지털기술 같은 이전 범용기술과 비교해서 인공지능은 두 가지 면에서 약간 특별한 까닭이다.

첫 번째는 이전 범용기술들은 기존에 존재하지 않았던 새로운 기술이었지만, 인공지능 기술은 기존 존재하는 소프트웨어에 속한 기술이다. 일반 소프트웨어와 마찬가지로 인공지능 기능을 갖는 소프트웨어도 컴퓨터, IT 기기 또는 非IT 기기에 탑재되어 활용될 것이다. 이런 상황에서는 앞으로도 지속해서 발전할 IT의 인프라 자체가 인공지능의 보완혁신이 되는 것이다. 두 번째는 이전 범용기술과는 달리 인공지능 기술은 복합기술이라는 점이다. 증기기관, 전기력, 디지털 기술은 단위기술로 볼 수 있다. 인공지능 자체에 대한 정의와 해석이 분분하지만, 일반적으로 인공지능은 음성인식, 시각인식, 학습(Learning), 추론(Logical inference), 계획(Planning) 등과 같은 인간지능과 연관된 기술들의 총체적 집합이다. 이런 상황에서는 각각의 혁신이 인공지능 전체로 보면 보완혁신에 해당하게 된다.

따라서 인공지능에 대한 보완기술은 따지는 것은 그다지 생산적인 일은 아니다. 굳이 몇 개를 들어보자면, 인공지능을 위한 전용 하드웨어 기술을 들을 수 있다. 전용 프로세서를 비롯한 전용 하드웨어는 인공지능이 탑재될 수 있는 IT 기기의 범위를 확대할 수 있다. 두 번째는 로봇 기술이다. 인공지능이 로봇에 접목되면, 산업의 생산성이 크게 향상될 수 있는 까닭이다.

마지막이자 가장 중요한 주제는 4차 산업혁명의 시작 시점이다. 4차 산업혁명은 아직 시작하지 않았다. 다만 여러 징후가 보일 뿐이다. 현재의 인공지능은 아직 걸음마 단계이다. 인공지능 기술이 더 성숙한 단계에 이르면 본격적으로 4차 산업혁명이 전개될 것이다. 만약 인공지능 기술의 발전이 한계에 부닥치고, 그 한계가 실용화에 장벽이 된다면 4차 산업혁명은 요원할 수도 있다. 결국, 4차 산업혁명의 본격적인 전개는 인공지능 기술의 발전 속도에 달려있다. 이 문제는 10장에서 다룬다.

6.4 인공지능의 기술발전은 3단계로 구분할 수 있다.

4차 산업혁명의 진행속도는 인공지능의 기술진보에 달렸다. 10장에서 자세히 다루겠지만, 인공지능 기술은 일종의 시스템 기술이므로 그 수준을 평가하기가 매우 어렵다. 그렇지만 4차 산업혁명에 대한 논의는 항상 인공지능의 기술진보 문제로 귀결되므로 이런 논의를 위해서는 인공지능의 기술진보를 간단하면서도 직관적으로 가늠할 수 있는 수단이 필요하다. 이런 필요에 따라 인공지능 기술진보를 3단계로 구분한 내용을 소개한다.

인공지능의 기술진보 단계를 구분하는 것은 매우 어려운 일이다. 그 기준이 상당히 방대하기 때문이다. 그렇지만, 이 책의 논의에 필요한 정도로 최대한 개략적인 선에서 기술진보를 3단계로 구분했다. 이러한 인공지능의 기술진보 단계를 정의하는 데에는 두 가지 방식을 적용했다.

첫 번째로 인공지능 기술진보를 기술의 내용보다는 기술의 활용을 기준으로 구분했다. 4차 산업혁명의 전개는 인공지능을 얼마나 많이 활용하는가에 달려있다. 한편, 인공지능의 활용은 인공지능 기술의 진보에 발맞춰 단계적으로 심화한다. 따라서 활용 관점에서 기술진보를 구분하면 4차 산업혁명의 전개를 설명하는 일이 더욱 쉬워진다. 이 점은 뒤에서도 더 상세히 설명할 것이다.

두 번째로 인공지능 기술진보를 구분할 때 인간을 참조모델로 삼았다. 이런 기준은 별로 새로운 것이 아니다. 사실 인공지능 기술을 가늠하는 최종적인 척도는 인간이다. 그간 인공지능 시스템의 수준을 평가할 때, 암묵적으로 인간의 지적능력과 행동을 직접 또는 간접적인 기준으로 사용해 왔다. 예컨대, 휴머노이드 로봇을 설명할 때, 사람의 행동을 나타낼 때 쓰는 표현을 그대로 사용하고 있다. 인공지능 활용의 최종적 단계에는 인간이 하는 모든 일을 인공지능이 대신하고 있을 거란 발상도 거기서 나왔다.

위의 두 가지 방식을 따라 구분한 인공시능 기술신보의 3단계는 각각 '인식수준 인공지능(Perceptional AI)', '인지수준 인공지능(Cognitive AI)', '인간수준 인공지능(Human-like AI)'이다. 아래에서는 각 단계의 인공지능 기술을 차례로 설명한다.

첫째, 인식수준 인공지능은 데이터 안에 들어있는 특징을 추출해서 그 안에 포함된 개체를 식별해 낼 수 있는 인공지능을 말한다. 여기서 개체는 영상데이터로 표현된 사물, 음성신호가 나타내는 단어, 텍스트 문장 내의 문법적 구성요소 등과 같이 유형적인 것만을 나타내는 것이 아니다. 주식거래정보에 포함된 주가변동추세, 바둑판의 흑백 돌의 배치에 숨어있는 형세 등과 같은 무형적 개념까지도 포함한다. 단, 인식수준 인공지능은 개체를 식별해 낼 있지만 식별된 개체가 나타내는 의미를 추출할 능력은 갖추지 못한 상태이다. 예를 들면, 고양이 이미지에서 '고양이'를 식별할 수 있지만, 동물로서 고양이의 뜻을 알지 못한다. 참고로 이런 문제는 심볼 그라운드 문제(Symbol ground problem)라고 한다.

인식수준 인공지능은 자동인식(Automatic perception) 기술만 확보하면 된다. 전통적으로 패턴매칭(Patten matching), 개체인식(Object recognition), 추세예측(Regression) 등과 같은 다양한 영역에서 데이터 기반(Data-driven) 또는 심볼 기반(Symbol-based) 기법이 사용되었다. 가우시안(Gaussian) 분류법, 베이지안(Bayesian) 분류법, K-근접(K-Nearest) 분류법, 다층퍼셉트론, SVM(Support vector machine) 같은 많은 기법이 자동식별에 사용됐다.[65] 물론, 최근의 딥러닝도 그중 하나이다. 하지만 딥러닝은 패턴의 자동학습을 통한 식별능력뿐만 아니라 확장성도 월등히 우수하므로 대부분의 대규모 데이터 환경에서는 거의 딥러닝이 폭넓게 사용되고 있다.

둘째, 인지수준 인공지능(Cognitive AI)은 '인지' 즉 의미를 해석하고 이를 바탕으로 지식을 축적하며, 추론을 할 수 있는 인공지능을 말한다. 간략히 표현하면 의미를 이해하는 인공지능이라고도 할 수 있다. 여기서 '의미'란 영상에서 고양이라는 사물을 식별했을 때, 우리가 아는 고양이에 대한 상식적 지식을 말한다. 인지수준 인공지능은 앞에서 설명한 인식수준 인공지능을 넘어서는 수준으로 이른바 심볼 그라운드 문제가 해결된 단계이다. 하지만, 자의식과 감정을 지니지 못한 상태이며, 능동적인 사고와 자율적인 행동은 수행하지 못한다고 보면 된다. 참고로 알아둘 것은 왓슨으로 대변되는 IBM의 '인지컴퓨팅(Cognitive computing)'은 인지수준 인공지능이 아니다. IBM에서 말하는 인지 컴퓨팅은 기술의 성격 및 수준에 따라 구분하면 인식수준 인공지능에 속한다.

인지수준 인공지능이 가능해지려면 다양한 기술이 필요하다. 많은 연구자는 가장 중요한 것으로 기초적인 수준이라도 언어를 학습하고 이해할 수 있어야 한다고 주장한다. 이들은 언어 기반 소통은 상식(Common-sense knowledge)이 수반되는 매우 모호한 영역이므로 사람이 가진 가장 고난도의 지능적 행위라고 규정하고 있다. 이를 위해서는 지식을 표현하고, 그 지식을 바탕으로 추론하는 기술이 당연히 요구된다. 물론 아직은 이런 모든 기술을 어떻게 개발할지 탐색하는 수준이라고 보면 된다. 그 응용 분야를 논하는 것조차 시기상조이다.

셋째, '인간수준 인공지능(Human-like AI)'은 인간처럼 생각하고, 판단하며, 행동할 수 있는 인공지능을 말한다. 이런 인공지능은 스스로 생각하고 계획하며, 행동할 수 있다는 점에서 기계가 자율성을 가진 단계라고 할 수 있다. 이 단계가 성숙해지면 인공지능은 감정과 의식을 가지며, 그런 인공지능은 이른바 계시록적 미래학자들이 말하는 '범용 인공지능'이라고 할 수도 있다. 이런 수준의 인공지능은 이미 인간 자체로 보면 되므로, 굳이 설명할 필요가 없을 것이다.

위와 같은 3단계 구분방식은 여러 가지 장점이 있다. 단계별로 인공지능의 역량을 구체적으로 이해할 수 있어서 인공지능의 활용 범위를 매우 구체적으로 구분할 수 있다. 예컨대 인식수준 인공지능에 대해 살펴보자. 인식수준 인공지능은 인간의 직업을 대체하여 실업을 유발하기보다는 인간 작업의 일부만을 대체하는 선에 머물 것이다.[66] 그 주된 이유는 심볼 그라운드 문제로 인식수준 인공지능은 인지적 작업 수행하는 데에는 한계가 있으며, 다양한 상황에 유연하게 대처할 인공지능 시스템을 이 단계에서는 기대할 수 없기 때문이다. 하지만, 인간은 인공지능을 일종의 작업 도구로 활용함으로써 작업능률, 즉 노동생산성을 향상할 수 있게 된다.

한편, 인지수준 인공지능 시스템은 인간과 커뮤니케이션을 할 수 있으며, 인간이 요청하는 작업을 무난하게 수행할 수 있게 된다. 인지수준 인공지능의 초기에는 인공지능은 단순히 인간의 역량을 증강하는 역할을 할 것이다. 그렇지만 인지수준 인공지능이 성숙해지면, 인공지능에 의한 지식노동자와 전문가의 업무 대체가 늘어나 실업이 대두하는 상황에 접어들게 된다. 마지막으로 인간수준 인공지능은 인간이 할 수 있는 것은 거의 대신할 수 있으므로 극심한 실업문제가 대두한다. 이런 문제는 이어지는 3부에서 자세히 다룰 것이다.

　4차 산업혁명의 전개 양상을 따지고 분석하는 일에는 위에서 설명한 인공지능 기술발전 3단계를 사용할 것이다. 명칭 자체가 다소 어색하지만 그 뜻 전달엔 이런 표현이 오히려 나을 것이다. 아무튼, 이 표현은 기억하고 넘어가는 것이 이어지는 논의에 도움이 된다.

제3부

4차 산업혁명을 둘러싼
계시록적 담론을 바로 알자

07 싱귤레리티가 일어난다?

인공지능과 함께 심심찮게 거론되는 것이 있다. 바로 싱귤레리티(Singularity)이다. 인공지능이 스스로 자신의 능력을 향상할 수 있는 단계를 말한다. 이런 계시록적 담론이 제법 기세를 올리고 있다. SF 소설이나 영화에 나올 법한 기계가 지배하는 세상에 대한 담론이 거침없이 확산되고 있다. 두말할 필요가 없이 인공지능의 기술발전에 대한 과도한 기대에서 비롯된 현상이다. 문제는 이런 계시록적 담론은 인공지능에 대한 공포를 유발할 수 있으며, 기술진보 자체에 거부감을 느끼는 신러다이트들의 목소리를 키울 수 있다. 인공지능의 발전을 둘러싼 계시록적 담론을 흥밋거리로 치부하기보다는 과학적 합리성을 따져봐야 하는 이유다. 이 장에서는 그런 계시록적 담론의 민낯을 드러내 보이려 한다.

과학기술의 발전은 사람들로 많은 상상을 하게 하다. 이런 상상 중에서 가장 많은 흥미를 끌었던 것을 꼽으라고 하면 단연 외계인의 존재여부와 인공지능 로봇의 출현일 것이다. 외계인의 존재는 잊을 만하면 한 번씩 뉴스가 된다. 하지만 여전히 아무것도 밝혀진 것이 없다. 이른바 실체적 진실이 드러나지 않고 상상 속에 그대로 머물러 있다. 앞으로도 그럴 가능성이 크다.

인공지능 로봇의 경우는 다르다. 지능을 가진 로봇이 인류를 위협하고 나아가 인간을 굴복시키고 지구를 다스린다는 이야기는 이제 더는 SF 영역의 시나리오만은 아니다. 최근 들어 이런 시나리오가 현실의 문제로 논의되고 있다. 일반인은 물론 전문가, 학계까지도 진지하게 생각하기 시작했다. 사람과 같이 생각하고 판단하는 능력을 갖춘 이른바 "범용 인공지능"에 대한 담론이 본격적으로 시작된 것이다. 일각에서는 범용 인공지능을 장착한 로봇으로 인해 바뀔 세상의 모습을 그려내는 작업도 한창이다.

그런데 한 가지 문제가 있다. 인간의 지능을 뛰어넘는 로봇이 출현한다면, 인류는 큰 혼란에 빠지고 인류 존립도 위기에 직면할 수 있다. 범용 인공지능이나 인공지능 로봇에 대한 근거 없는 담론은 사람들에게 기술 진보에 대해 경계심과 거부감을 부추길 수 있다. 이른바 기술공포론(Technophobia)이다. 신러다이트 세력이 발호해서 기술 진보를 가로막을 수도 있다. 최근 세계적으로 인공지능과 로봇 기술에 대한 연구개발과 실용화가 한창이다. 조만간 인류가 큰 혜택을 입게 될 것이란 장밋빛 기대가 커지고 있다. 하지만, 이런 기대에 앞서 인공지능에 대한 막연한 거부감이나 공포감을 걷어내는 일이 우선일 것 같다. 적어도 인공지능에 대한 허황한 담론의 실체를 밝혀놓아야만 제대로 된 기대가 가능한 까닭이다.

일단 인공지능 로봇과 같은 공상만화에 나올 법한 이야기가 오늘날 진지한 담론으로 발전하는 데 큰 영향을 끼친 주장들을 몇 개 살펴보자. 물론, 가장 먼저 봐야 할 사람은 미래학자이며 발명가인 레이 커즈와일(Ray Kurzweil)일 것이다. 이 주제에 관한 한 일반인들에게 가장 많이 알려진 사람이기 때문이다. 커즈와일은 2005년에 저서 『The Singularity is Near: When Humans Transcend Biology』를 출간해 이른바 '싱귤레리티(Singularity)'신드롬을 일으킨다.[67] 싱귤레리티는 인공지능이 비약적으로 발전해 인간의 지능을 뛰어넘는 시점을 말한다. 그간 오늘날의 컴퓨터 모델을 처음 고안한 폰 노이만(Von Neumann), 전설적인 컴퓨터 과학자이자 수학자인 앨런 튜링(Alan Turing) 등이 이 개념을 창안하고 다듬어 왔다. 커즈와일은 이를 한층 더 구체적으로 발전시킨 것이다.

주목할 것은 커즈와일은 단순히 미래를 예측하는 데 그친 것이 아니라 실제로 시점까지도 명확히 못 박아 놓았다는 점이다. 2029년에 범용인공지능(AGI, Artificial Intelligence)에 도달해 인공지능은 보통사람의 지능을 가지게 된다고 예고했다. 기억할지 모르겠으나, 영화 『터미네이터』에서 인공지능 전략방어 네트워크인 '스카이넷'이 인간수준의 지능을 획득한 해가 1997년이니, 커즈와일의 버전에서는 이보다 32년 늦게 기계가 지능을 획득하게 되는 셈이다. 한편, 2045년에 이르면 초인공지능(ASI, Artificial Super Intelligence), 즉 싱귤레리티에 도달한다는 것이다. 싱귤레리티에 도달하면, 컴퓨터는 인간보다 십억 배 우수한 지능을 갖게 되며, 인간은 인공지능을 더는 통제할 수 없는 상황에 빠진다는 것이다.

앞에서 가장 오래된 사례를 하나 들었으니 이번에는 가장 최근 사례를 하나 들어보겠다. 조지 메이슨 대학교의 경제학 교수인 로빈 한슨(Robin Hanson)은 2016년에 출간한 저서 『The Age of EM』에서 인간의 뇌를 로봇에 심는 브레인 에뮬레이션(Brain emulation) 방식을 제시하고 있다.[68] 그의 주장은 인간 뇌의 내용을 기계에 이식하는 방식으로 스마트 머신을 탄생시킬 수 있다는 것이다. 이 방식은 인공지능 알고리즘을 개발하는 기존 방식보다 훨씬 빨리 스마트 머신을 만들 수 있으며, 무한히 복제할 수 있다는 장점도 가진다는 것이다. 한슨은 이런 방식이 한 세기 안에 실현될 것으로 내다보고 있다. 한편, 한슨은 EM의 시대는 인간이 생산 수단을 제한에서 벗어나 노동에서 자유로운 유토피아의 시대가 될 것으로 전망하고 있다.

흥미롭게도 소개한 커즈와일과 한슨의 주장은 모두 궁극적으로 인간과 기계가 서로 결합한다는 점에서는 일치한다. 하지만 인간 능력의 증강에서는 차이는 있다. 레이 커즈와일의 경우 나노과학의 발전으로 인해 인간의 지능을 컴퓨터에 다운로드해 놓을 수도 있으며, 그 반대로 기계의 초지능도 인간의 뇌에 복제해 놓을 수도 있다고 한다. 인간은 각자 초지능적 존재와 일반 인간의 모드를 선택할 수 있게 된다. 한슨은 기계에 인간의 뇌를 이

식해서 기계가 인간의 지능을 모사(Emulation)하는 방법만 제시한다. 인간 자체의 지능과 능력의 증강보다는 인간을 육체적 노동에서 해방할 수 있도록 인간의 능력을 갖춘 기계를 만들어 내는 데 주안점을 두고 있다.

위에서 소개한 커즈와일과 한슨의 주장은 모두 인공지능에 대한 일종의 계시록적(Apocalyptic) 담론이다. 인간과 동등하거나 인간보다 우월한 존재의 등장을 예고한다는 점에서 말이다. 물론 일반인들뿐만 아니라 전문가들도 계시록적 주장에 흥미를 느낄 수는 있지만, 무언가 석연치 않다는 느낌에 액면 그대로 받아들이기는 쉽지 않을 것이다. 그런데도 이들의 주장은 수많은 책에서 인용되고 있다. 특히 인공지능이 일부 실용화 단계에 접어들면서 이런 계시록적 담론에 힘이 실리고 있다. 최근 인터뷰를 보면, 커즈와일은 여전히 자신의 입장을 고수하고 있으며, 오히려 더 확신에 차 있다는 것을 알 수 있다.[69]

인류역사에서 최근 200년은 격변의 시대였다. '2만 년의 느린 진화와 200년의 경이로운 발전'이라는 표현이 달리 생긴 것이 아니다. 사회·경제적 구조와 인류의 삶의 양식의 급격히 변화했다. 인터넷, 웹, SNS 등과 같은 다수의 변혁적인 기술로 대변되는 최근의 디지털 혁명으로 그 변화의 기울기는 더욱 가팔라지고 있다. 전혀 들어보지 못한 작은 기업이 예상치도 못한 제품과 서비스를 갖고 등장해서 기존 시장의 판도를 깨고 새로운 강자로 부상하기도 한다. 이런 과정은 사람들에게 충격은 물론 기술에 대한 경외감까지 불러일으켰다. 기술적 난세라고 불러도 무방할 정도다.

  기술적 난세에는 많은 새로운 혁신가가 세상을 놀라게 하는 것
만큼 기술적 미래학자들도 득세한다. 시대적 상황을 반영하듯이
미래학자들의 예측은 더욱 대담하고 급진적인 경향을 띤다. 실제
로 오늘날 이른바 미래학자들이라고 부르는 사람들은 많다. 미래
학이 하나의 전문 학문분야로 인식되는 것 같기도 하다. 그렇지
만 미래학은 과학은 아니다. 과학은 가설을 세워놓고 객관적 분
석체계나 실험을 통해 그 가설을 입증해 보이는 방식에 기초한
다. 미래학은 당연히 미래에 대한 가설이므로 예측할 뿐 달리 입
증해 보일 방법이 없다. 그 어떤 미래학적 주장도 과학적 반열에
올려놓을 수는 없다는 의미다.

  그렇다고 미래학적 주장의 합리성을 따져 볼 방도가 전혀 없는
것은 아니다. 여러 가지 방법을 동원할 수 있다. 예컨대 전문가
들에 의한 평가에 의존하는 것도 한 방법이다. 일단, 커즈와일이
나 한슨의 주장과 같은 인공지능을 둘러싼 계시록적 담론에 대한
전문가들의 평가를 알아보자. 결론부터 이야기하면, 다분히 상상
이며, 과학적 합리성이 떨어지는 것이 요지다.

  여러 가지 이유가 있겠지만, 가장 근본적인 것은 미래학자들의
과학적 지식 부족이다. 커즈와일을 예로 들어보자. 사실 그는 매
우 훌륭한 발명가이다. ≪타임(Time)≫지로부터 "과학을 실제의
삶에 적용해내는 커즈와일의 폭넓은 경력과 성향은 토머스 에디
슨(Thomas Edison)과 비교될 만하다."라는 극찬을 받을 정도였다.
그는 전미 기술 메달(National Medal of Technology)을 받았고, 발명가들

의 명예의 전당(National Inventors Hall of Fame)에 헌액되었으며 많은 훈장도 받았다. 그렇지만 인공지능의 계시록적 주장을 뒷받침할 만큼 뇌에 대한 과학적 지식은 지니지 못했다. 일부 과학자들은 커즈와일의 전망이 뇌와 사람의 의식에 대한 무지에서 비롯되었다고 비판하고 있다. 예컨대 버클리대 철학과 존 설(John Searle) 교수는 2016년에 커즈와일의 전망을 한 문장으로 일축했다.[70]"의식을 지닌 기계를 만드는 법은 뇌를 복제하는 방법밖에 없는데 아직 우리는 뇌가 어떻게 동작하는지조차도 모른다." 앞에서 본 로빈 한슨도 이런 비판에서 자유롭지 않다.

또 다른 이유는 일부 기존의 가속적 진보 양상을 수치적 관점에서 맹신하는 데서 비롯된다. 다시 커즈와일을 보자. 그가 믿고 있었던 것은 자신이 '수확가속의 법칙(The Law of Accelerating Returns)'이라고 명명한 일종의 무어의 법칙이다. 이 법칙을 따라 앞으로 100년간의 진보의 총량은 기존 20,000년간의 진보와 맞먹는다고 보고 있다. 이런 진보를 굳게 믿었기 때문에 2045년경에는 나노, 생물, 로봇, 기술이 결합된 초지능(Super Intelligence)의 구현이 가능하다고 예측한 것이다. 그렇지만 이미 4.3절에서 본 바와 같이 무어의 법칙 자체가 저물고 있기 때문에 커즈와일 담론은 전제 자체가 허물어진 상태이다.

계시록적 담론이 최근에만 있었던 것은 아니다. 1930년대에 로봇이라는 개념이 등장하자 곧바로 인간을 정복하는 로봇의 시대가 올 것이라는 담론이 무성해졌다. 심지어는 1942년에 이르러 보스턴 대학 생화학과 교수이자 공상과학 작가인 아이작 아시모

프(Issac Asimov)는 자신의 소설에서 로봇공학 3원칙(Three laws of robotics)을 제안한다. 당시의 기술로는 로봇이라고 해봐야 지금으로 치면 거의 장난감 수준에도 미치지 못했다. 그런데도 그런 담론은 현실로 이어져 로봇 3원칙을 제안하는 상황으로까지 이어졌다. 참고로, 그 내용은 오늘날 유럽에서 추진하는 로봇헌장과 거의 유사한 수준이다.[71] 계시록적 미래학이라는 것이 참고는 할 순 있어도 믿을 것은 못 된다는 것을 제대로 보여주는 대목이다.

7.2 기하급수적 기술발전 전망도 무모하다

앞에서 인공지능을 둘러싼 계시적록 미래 예측에 대해 살펴보았다. 대개 이런 예측은 너무 급진적이며, 이른바 기술적 유토피아 또는 디스토피아를 단정하고 있다. 이런 수준의 비합리적 담론은 아니지만, 일부 경제학자나 전문가들은 실용적 관점에서 기술발전에 따른 미래예측을 내놓고 있다. 하지만 이런 '실용적 미래예측'도 문제가 있으며, 여전히 대중을 오류에 빠뜨릴 소지가 많다. 여기서는 실용적 미래예측을 자세히 살펴본다.

지난 두 세기 동안의 기술 진보가 가져다준 사회, 경제적 변화를 되짚어 본 사람들이라면 당연히 미래의 변화도 궁금해할 수밖에 없다. 그간 기술의 발전과 사회의 변화상을 예측하려는 시도가 잇따랐던 이유이다. 이런 시도는 대부분 과학기술의 진보에 대한 지나친 비약에 함몰되지 않고 기술이 가져온 경제, 사회, 문화에 미치는 영향을 이해하려고 노력했으며, 이를 토대로 될 수 있으면 실용적이며 객관적인 미래예측을 내놓으려고 노력했다. 앞 절에서 본 계시록적 미래 담론과는 달리, 이런 미래예측은 일종의 실용적 미래 담론인 것이다.

실용적 미래 담론에 해당하는 오랜 사례를 몇 개 들어보자. 엘빈 토플러(Alvin Toffler)가 1970년에 출간해 전 세계 1,500만 부나 팔린 『미래의 충격』을 가장 먼저 꼽아야 할 것 같다. 그는 이 책에서 기술의 발달을 현대를 움직이는 엔진으로 보고, 지식을 연료에 비유하면서 사회의 급격한 발전 궤도에 대한 매우 실용적 예측을 내놨다. 버클리대 마누엘 카스텔스(Manuel Castells) 교수도 빼놓을 수 없을 것이다. 그는 정보기술로 인한 미래의 변화상을 경제, 사회, 문화적 측면에서 차례로 그려냈다. 이를 위해 1996년 『네트워크 사회의 출현(The Rise of the Network)』을 시작으로 『정체성의 권력(The Power of Identity)』, 『밀레니엄의 종말(End of Millennium)』을 매년 연달아 출간해 낸 것으로도 유명하다.

물론, 이런 실용적 미래 담론은 최근에도 계속 나오고 있다. 이런 미래 담론들을 펼치는 학자나 전문가들이 가진 관심 영역은 매우 다양하다. 인류의 삶의 문제는 빠질 수 없는 문제다. 전문 작가인 피터 디아만디스(Peter Diamandis)와 스티븐 코틀러(Steven Kotler)가 2012년 출간된 저서 『Abundance: The Future Is Better Than You Think』에서 기술적 유토피아를 그려냈다.[72] 그들은 컴퓨터, 에너지, 약학 등 많은 분야의 기술이 기하급수적으로 발전할 것으로 전망한다. 그들은 자원이 생각보다 빨리 고갈되고 있으며, 부의 격차는 점점 커지는 어두운 현실을 명확하게 인식하고 있다. 하지만, 세상을 보다 살기 좋은 곳으로 바꾸려는 DIY(Do It Yourself) 기반 혁신과 기술 박애주의자들의 노력이 지속될 것이며, 이런 노력은 마침내 미래의 90억 명의 인류에게 여태까지 누리지 못했던 풍요를 가져온다고 주장하고 있다.

한편, 미래 사회의 모습을 그려내거나, 그런 사회에서 제기될 수 있는 문제에 대한 구체적 해법을 제시하는 학자도 많다. 실리콘 밸리의 최고 전문가 중에 한 명인 마틴 포드는 『로봇의 부상, 2016』에서 로봇이 지배하는 미래사회를 세심하고 실감 나게 그려내고 내고 있다.[73] 버지니아 대학 경영학 교수인 에드워드 헤스(Edward Hess)와 캐서린 루드위그(Catherin Rudwig)는 『Humility is New Smart, 2017』에서 앞으로 직장에서 사람보다 더 똑똑한 로봇과 공생하는 데 필요한 새로운 직업적 전문소양을 다루고 있다. 리처드 서스킨드(Richard Susskind)와 그의 아들 다니엘 서스킨드(Diniel Susskind)는 저서 『The Future of the Profession, 2015』에서 전문직의 문제를 다룬다.[74] 이 책은 전문지식과 일반인을 연결해 주는 접점인 전문가들이 과연 미래에 그 직을 유지할 것인지, 유지한다면 그 업무의 형태는 어떻게 변할지를 철저하게 분석하고 있다.

미래의 기업의 모습과 경쟁력 모델에 관한 문제도 당연히 중요한 주제이다. 미국 싱귤래리티 대학의 글로벌 대사인 살림 이스마엘(Salim Ismail) 외 2명의 저자는 『Exponential Organization, 2012』에서 유니콘 기업과 전 세계 시장에서 성공한 스타트업 백여 곳을 분석한 후 그 성장전략인 '기하급수 기업 모델'을 설파하고 있다.[75] '기하급수 기업'은 인터넷상의 정보와 기술을 적극적으로 활용하고, 자산과 직원을 최소화하며, 크라우드 소싱(Crowdsourcing)으로 공급비용도 최소화하는 기업을 말한다. 실리콘밸리에서는 이런 기업들이 늘고 있다고 한다.

위에서 본 사례는 일부에 불과하지만 위와 같은 담론에서 한 가지 공통적인 점을 발견할 수 있다. 바로 그 주장의 바탕에 기술이 기하급수적으로 발전할 것이라는 전제가 깔려있다는 점이다. 사실, 기술, 공학, 사회학, 경제학 등 분야에 상관없이 기술이 가속적으로 발전할 것이라는 입장을 가진 전문가나 학자들이 최근 부쩍 늘고 있다. 그렇다면 전제가 되는 기술과 혁신의 기하급수적 진보가 관건이다. 만일 그런 진보가 이루어지지 않는다면 위와 같은 담론들은 설 자리를 잃는 상황에 처하게 된다.

그렇다면 기술은 가속적으로 진보할 것인가? 수많은 학자들이 기술이 가속적으로 진보할 것이라고 굳게 믿는 이유는 무엇일까? 물론 최근에 보인 많은 기술혁신이 가장 클 것이다. 그렇지만 이전 시대에도 항상 새로운 혁신기술의 등장은 끊이지 않았기 때문에 충분한 이유는 될 수 없을 것 같다. 이런 질문에 가장 구체적으로 답한 서적은 『제2의 기계시대, The Second Machine Age, 2014』이다. 이 책은 2014년 출간되자마자 ≪뉴욕타임지≫, ≪월스트리스 저널≫, ≪워싱턴 포스트≫ 동시 베스트셀러로 선정될 정도로 세계적인 주목과 각광을 받았다. 사실 주류 학자들을 기술가속화 쪽으로 기울게 한 데에 가장 큰 역할을 한 것이 바로 이 책이며, 지금까지도 기술 진보에 대한 가장 합리적인 근거를 제시하고 있다고 여겨지고 있다.

일단 『제2의 기계시대』에 나온 기술가속화에 대한 내용을 간략히 살펴보자. 저자인 MIT 슬로언 경영대학원 교수 에릭 브린욜프슨(Erik Brynjolfsson)과 앤드루 맥아피(Andrew McAfee)는 이 책을 통해 기술발전의 가속화가 현재 진행 중이며 앞으로도 지속할 것이라고 주장했다. 저자들은 '무어의 법칙에 기초한 컴퓨팅 파워의 가속적 성능 향상', '디지털화의 확산', '기존 기술들의 재조합'을 기술 가속화의 세 가지 요인으로 내놓고 있다. 이런 세 가지 요인이 버무려져 기술혁신이 가속화된다는 것이다.

그렇다면 브린욜프슨과 맥아피가 제시한 근거들은 과연 합리적일까? 그렇지 않다. 겉으로 보면 문제가 없어 보이지만, 하나하나 꼼꼼히 따져보면 이 근거들은 각기 과학적 합리성이 결여됐다는 점을 발견하게 된다. 첫 번째 근거인 무어의 법칙을 보자. 이미 4.3절에서 충분히 설명했다. 다시 떠올려 보면, 무어의 법칙의 법칙은 이미 끝나고 있다. 특히 무어의 법칙은 하드웨어 세계에서 작용하는 법칙이다. 인공지능이 속한 소프트웨어 세계에서는 전혀 관련이 없다.

두 번째 근거인 디지털화의 가속화도 문제가 있기는 마찬가지다. 지금까지 디지털화가 큰 변혁을 가져온 것은 부인할 수 없다. 하지만 디지털화 자체에 한계가 있는데 가속화를 기대하는 것은 무리다. 디지털화가 진행되어도 우리는 여전히 물리적 세계에 산다. 우리의 의복, 음식, 아파트 같은 의식주뿐만 아니라 교통수단 등 사회의 기반시설 등과 같은 물리적 세계를 구성하는 대부분은 여전히 디지털화의 대상이 될 수 없다. 디지털 경제의 규모가 아무리 커져도 전체 경제의 25%를 넘을 수 없다고 경제학자들이 전망하는 것도 그런 이유다.

마지막으로 수십억 명의 혁신가가 기존 디지털 기술들을 재조합하여 혁신을 가속할 것이라는 것도 설득력이 없다. 이런 혁신에 대한 전망도 비약이 섞여있다. 미국 싱크탱크 ITIF(Information Technology & Innovation Foundation)의 로버트 아킨슨(Robert Atkinson) 소장은 만약 그런 혁신이 일어나고 있다면 미국의 연간 특허의 개수가 지수함수적으로 증가했어야 하며, 최근에는 연간 440만 개 정도씩 증가해야 한다고 꼬집었다.[76] 미국의 연간 특허 등록개수는 1990년(10만 건)부터 2010년(20만 건)에 이르는 20년간 단지 2배 정보 늘었을 뿐이다.[77]

위에서 기술적 가속화에 대한 회의적 시각과 비판은 별로 새로운 것은 아니다. 조금만 생각해 보면 알 수 있는 사실이다. 사실 엄밀히 따지고 보면 저자들이 가속적 기술 진보를 주장하고 그 근거를 제시할 위치에 있지는 않다. 이들은 주로 경제학자라서 과학기술의 전문 지식은 제대로 갖추지 못한 때문이다. 극단적 사례로 제레미 리프킨을 꼽을 수 있다. 그는 분명 탁월한 사상가인 것만은 분명하다. 과학과 인문을 넘나들며 자본주의 체제의 문제부터 현대과학기술의 폐해에 이르는 다양한 문제를 날카로운 시각으로 바라보았다. 우리나라도 많이 알려진 『한계비용 제로사회』, 『3차 산업혁명』, 『노동의 종말』 등을 포함한 거의 20여 권에 달하는 책을 출간했는데 다수의 저서가 출간 즉시 화제를 모으며 뜨거운 논쟁을 불러일으켰다. 그런데 반전이 있다. 경제학자인 리프킨은 과학에 대한 부족한 식견으로 혹독한 비판을 받기도 했다. 1989년 《타임지》 기사는 리프킨(Rifkin)을 과학계에서 가장 싫어하는 사람으로 표현했다. 심지어 그를 과학적 합리성이 모자란 사이버 저술가라고 조롱한 학자도 있다.[78]

이제 이 절을 마무리하자. 최근 쏟아지는 실용적 미래예측도 신뢰하기에는 아직 이르다. 이른바 브린욜프슨과 맥아피가 말하는 '유능한 기계'로 대변되는 미래는 언젠가 펼쳐질 것이다. 심하게 이야기하면 이건 삼척동자도 다 예측할 수 있다. 앞서 1930년대에 광풍처럼 불어 닥친 로봇병정이나 1960년대 초의 일본의 아톰로봇 이야기처럼 말이다. 관건은 합리적 근거인데, 실용적 미래예측도 대부분 합리적 근거가 결여된 상태다.

7.3 기술적 유토피아와 디스토피아 모두 경계의 대상이다

예전부터 기술발전은 사람들로 많은 것을 생각하게 했다. 어떤 이들은 이런 기술이 가져올 풍요를 꿈꿨다. 다른 이들은 기술발전이 가져올 인간실존에 대한 위협이나 심지어는 인류의 종말까지도 염려했다. 달리 표현하지만, 한 진영은 기술적 유토피아를 꿈꾸고, 다른 진영은 기술적 디스토피아의 공포에 빠지는 것이다. 정도의 차이는 있지만, 최근의 인공지능 기술 진보를 둘러싼 담론도 이런 맥락이다. 인공지능이라는 기술의 특성상 최근의 기술적 유토피아와 기술적 디스토피아는 그 강도가 세다. 지금은 4

차 산업혁명을 준비하는 시점이다. 극단적 담론에 휘둘리면 균형을 잃게 된다. 여기서는 이 문제를 다룬다.

기술적 유토피아와 디스토피아의 그간 이력과 현황을 잠깐 살펴보자. 소설이나 영화에서 나오는 공상과학은 당연히 배제한다. 먼저, 기술적 유토피아를 살펴보자. 기술적 유토피아가 싹트기 시작한 것은 알다시피 기계에 의한 대량생산 체제가 본격화하면서부터다. 예컨대, 포드의 모델-T가 1913년에 역사상 최초로 컨베이어벨트를 통해 대량생산에 들어가자 자동차는 일반 노동자들도 구매할 수 있을 만큼 저렴해졌다. 모델 - T 자동차는 한창때 24초마다 한 대씩 제조되었고 1927년 단종될 때까지 누적 생산량은 무려 1,500만대가 넘었다.[79] 이렇게 대량생산과 대량소비의 시대, 소비가 미덕인 시대로 접어들면서 기술적 유토피아의 꿈이 무르익게 된다.

그 유명한 경제학자 존 메이너드 케인스(John M. Keynes)는 이런 기술적 유토피아를 구체적으로 언급했다. 1930년에 발표한 「Economic Possibility for our Grandchildren」이라는 기고에서 기술로 인한 실업발생 가능성을 예견하면서 이런 유토피아적인 세계를 예견한 것이다.[80] 당시 기준으로 100년이 지난 2030년이 되면 주당 평균노동시간이 15시간으로 줄어들게 되어 많은 여가를 갖게 될 것으로 전망했다. 경제문제의 족쇄에서 풀린 사람들은 인류 역사상 최초로 자유를 누리는 방법과 현명하게 삶을 영위하는 근본적인 물음에 답을 찾아야 하는 시점에 도달하게 된다는 것이다. 가히 유토피아적인 발상이다.

하지만, 1945년에 이르러 일본 히로시마와 나가사키에 떨어진 핵폭탄은 유토피아에 대한 기대를 산산이 부숴버린다. 사실 1차 세계대전을 거치면서 인간의 이성이 질주하는 기술의 속도를 따라가지 못하고 있다는 의심과 불안이 맴돌고 있었다. 일본에 떨어진 핵폭탄은 그런 의심과 불안에 쐐기를 박으며, 유토피아라는 순진한 이상론에 대한 회의와 반성, 더 나아가서 불길한 예감을 낳았다. 기술이 인류를 파멸에 구렁텅이로 몰아넣을 것이라는 디스토피아가 힘을 받기 시작한 것이다. 하지만, 인류의 기술 통제에 대한 믿음만은 잃지 않아서 유토피아라는 낙관적 미래상은 겨우 숨만 쉬는 상태지만 여전히 유지되었다.

그렇게 한동안 뜸해지더니 십여 년 전부터 기술적 유토피아가 다시 고개를 들기 시작했다. 로봇과 인공지능의 붐을 타고 기술적 낙관론자(Techno-optimists)이 다시 미래를 낙관하는 주장을 내놓기 시작한 것이다. 앞 절에서 살펴본 디아만디스, 브린욜프슨, 한슨, 코틀러도 이 부류에 속한다. 주장하는 요지는 같다. 기술발전으로 인한 자동화로 생산성이 크게 향상되어 사람들이 물질적 풍요를 누릴뿐더러 노동에서 해방되어 더 많은 여가를 즐기게 된다는 것이다.

그와 동시에 다른 한편에서는 디스토피아도 만만찮게 세가 불어나고 있다. 로봇이나 인공지능은 특별한 기술이다. 이른바 '이번에는 다를 것이라'라는 시나리오를 상상하게 만드는 기술이다. 산업혁명으로 농업의 생산성이 높아져 많은 농부는 일자리를 잃었지만, 곧 공장에 취업할 수 있었고, 기계가 공장의 일자리를 빼앗자 인간은 서비스업의 일자리로 옮겨갔다. 하지만, 로봇과 인공지능은 비정형(Non-routine) 육체노동뿐만 아니라 지식노동과 서비스업의 일자리마저 빼앗을 텐데, 이젠 갈 곳이 없을 거란 시나리오다. 결국, 기술적 디스토피아에 대한 시나리오인 것이다.

이렇게 기술적 유토피아와 디스토피아가 서로 세를 불리며 공존하는 시점에 우리가 서 있는 것이다. 당분간 대중을 혼돈에 빠뜨릴 수 있는 많은 담론이 떠돌 것이다. 둘 다 4차 산업혁명 시대의 주도기술인 인공지능의 급격한 발전을 전제하는 까닭이다. 이미 앞 장에서 논의했듯이 분명한 것은 아직은 기술적 유토피아와 디스토피아를 지지할 정도의 급격한 발전을 기대하는 것은 무리이고 기술적 유토피아와 디스토피아 둘 다 미지의 상상에 불과하다는 것이다. 괜히 소모적인 담론에 휩쓸리면 결국 4차 산업혁명에 대한 대비에 균형을 잃을 수도 있다.

하지만, 기술적 유토피아와 디스토피아 경계를 한다는 것은 말처럼 쉬운 일이 아니다. 균형적 시각을 갖추기 위해서는 지금부터 설명하는 세 가지 정도는 염두에 둘 필요가 있다. 첫 번째는 이런 담론들은 대개 진위를 분별하기가 어렵다는 점이다. 교묘한 모습으로 위장하거나 논리로 무장한 경우가 있기 때문이다. 대표적인 것이 기술적 낙관론자들의 주장이다. 이런 학자는 기술 가속화에 의한 기술적 유토피아를 전제하면서 그 실현 방안도 함께 제시한다. 기술적 유토피아는 기술의 문제가 아니라 정책의 문제로 귀결된다고 주장한다. 기술발전이 가져오는 경제적 풍요를 골고루 나눌 수 있는 정책의 묘수를 찾아 구현해야 가능하다는 것이다. 바로 경제학자 브린욜프슨을 비롯한 많은 기술적 낙관론자들의 논리다. 얼핏 매우 합리적으로 보이나 그렇지 않다. 기술적 유토피아를 실현할 상황이 조만간 도래할 것이라는 전제 자체에 합리성이 모자란 까닭이다.

두 번째는 대중은 '공포팔기'에 더 눈길을 준다는 점이다. 디스토피아에 현혹되기 쉽다는 뜻이다. 극단적인 계시록적 담론이 그런 사례다. 전문가뿐만 아니라 일반인들도 레이 커즈와일이나 로빈 한슨의 주장에는 뭔가 석연치 않은 구석이 있다는 것을 느낀다. 그런데도 대중은 그런 것을 개의치 않고 오히려 더 눈길을 더 주고 있다. 특히 기술에 관한 한 더 그렇다.

아주 오래된 '공포팔기' 사례를 하나 더 들어보자. 앞에 나온 1930년대의 로봇에 관한 이야기다. 당시 로봇의 개념이 등장하자 곧바로 인간을 정복하는 로봇의 시대가 올 것이라는 담론이 매우 무성해졌다는 것은 앞 장에서 설명했다. 해리 메이(Harry May)라는 미국 루이지애나 지역의 발명가가 총을 격발할 수 있는 로봇을 만들었으며, 오발로 사고가 날 뻔했던 사건이 발생했다. 물론 그 로봇이라는 것이 지금으로 치면 단순한 기계장치 정도였다. 그 다음 날인 1932년 9월 22일 자 지역 신문에는 '로봇의 공포(Dread of Robot)'라는 제목의 사설이 실린다. 1930년대에는 이런 기사가 수없이 등장한다.[81] 최근 우리 사회에도 공포팔기에 나서는 기사가 점점 늘고 있다.

세 번째는 대중은 기술발전에 관한 한 '범주의 오류(Category error)'에 빠지기 쉽다는 점이다. 로봇연구자 로드니 부룩스(Rodney

Brooks)의 지적이다.[82] 좀 새로운 차별화된 기술 진보를 보면 비약해서 과대평가하는 경향을 보인다는 의미다. 예컨대 약간 새로운 엔진개발 뉴스가 나오면, 대중은 곧 '워프 드라이브(Warp drive)'의 시대가 열릴 것이란 기대를 한다는 것이다. 참고로 워프 드라이브는 빛보다 빠른 속도로 이동한다는 이론이다. 범주의 오류에 대한 브룩스의 지적은 일리가 있다. 지금도 인공지능에 대한 범주의 오류를 부추기는 기사와 방송 뉴스가 넘쳐나고 있으니 말이다. 참고로 브룩스는 2008년에 MIT의 교수직을 던지고 아이로봇(iRobot) 사를 공동창업해서 그 유명한 청소로봇 룸바(Roomba)를 대중화하고, 리팅크 로보틱스(Rethink Robotics)와 공동으로 협업로봇 백스타(Vaxter)를 내놓으며 로봇 분야에서는 일가를 이룬 전문가이다.

이제 이 절을 마무리하자. 최근 쏟아지는 기술적 유토피아와 디스토피아 모두 신뢰하기에는 아직 이르다. 다 최근에 부는 인공지능의 붐이 파생시킨 성급한 예측들이다. 지금은 그런 비생산적인 담론에 휘말리기보다는 냉철한 상태에서 인공지능의 기술 진보의 향방을 철저히 분석해서 준비해야 하는 단계다. 현 단계의 인공지능 기술을 최대로 활용할 방도를 강구하는 노력도 필수다.

08 로보칼립스가 곧 닥쳐온다?

　최근 '로보칼립스'가 멀지 않았다는 인식이 점점 확대되고 있다. 로봇과 묵시록의 합성어인 로보칼립스(Robocalypse)는 로봇이 대부분의 인간 노동을 대체할 때 발생하는 노동시장의 재앙을 의미하는 말이다. 싱귤레리티가 인공지능의 급격한 기술 진보에 대한 맹신에서 비롯되었다면, 로보칼립스는 로봇 활용이 급격히 증가하는 현실에 바탕을 두고 있다. 실제로 2017년 6월 27일 세계 각국 중앙은행 수장들이 포르투갈 신트라에서 열린 포럼에서 로보칼립스에 대해 논쟁을 벌인 바도 있다. 로보칼립스를 둘러싼 담론도 따져볼 필요가 있다. 잘못하면 실업에 대한 과도한 부각으로 생산성 향상의 기회를 날려 버릴 수 있기 때문이다. 이 장에서는 로봇 보급의 추세와 로봇으로 인한 생산성과 실업의 관계를 짚어 볼 것이다.

로봇의 진군(進軍)은 계속된다

최근 인공지능과 함께 부상하는 것이 로봇 기술이다. 방송과 매체에서 로봇을 다루는 횟수는 점점 증가하고 있다. 전통적으로 로봇은 일자리 대체의 상징처럼 여겨져 왔다. 3차 산업혁명 시대에도 로봇의 도입을 통한 자동화는 여전히 계속됐다. 3차 산업혁명 시대에 주로 활용된 로봇은 개별 단위공정 같은 단순한 작업만 하는 스마트 수준이 그리 높지 않은 로봇이었다. 4차 산업혁명 시대에는 당연히 인공지능으로 무장한, 보다 스마트한 로봇이 주로 활용될 것이다. 그렇지만 간과해서는 안 될 것이 있다. 아직 3차 산업혁명 시대의 로봇은 힘을 잃지 않았다는 점이다.

먼저 간단히 로봇을 구분할 최소한의 지식을 알아보자. 최근의 로봇은 크게 산업용 로봇과 서비스 로봇으로 나뉜다. 산업용 로봇은 이름에 나타나 있듯이 주로 제조업의 생산현장에서 사용하는 로봇이다. 더 정확하게 국제로봇연맹(IFR, International Federation of Robotics)은 산업용 로봇을 프로그래밍을 통해 사람의 개입 없이 생산 관련 작업을 수행할 수 있는 기계라고 정의하고 있다. 한편 국제표준 'ISO 8373'에서는 고정 또는 이동형이고, 자동화 응용에 사용되며, 자동 제어와 재프로그래밍(Reprogramming)이 가능한 3축 이상의 장치(Manipulator)라고 정의하고 있다.

한편, 서비스 로봇은 제조업을 제외한 나머지 분야에 특화된 로봇을 말한다. 현재 물류 이송, 국방, 필드, 의료 분야에서 활용되는 전문 로봇과 청소, 잔디 깎기 로봇과 같은 가정용 로봇, 휴머노이드 형 동반자 로봇 같은 개인용 로봇 등이 서비스 로봇에 속한다. 서비스 로봇에 대해서는 다음 절에 상세히 다룬다.

그럼 산업용 로봇을 살펴보자. 산업용 로봇은 오랜 역사를 가지고 발전해 왔다.[83] 1956년 세계 최초의 로봇 전문기업인 유니메이션(Unimation)이 설립되면서 산업용 로봇 역사가 시작된다. 1961년에는 '제너럴 모터스'의 뉴저지 공장에 최초의 유압식 산업용 로봇인 유니메이트(Unimate)가 설치된다.[84] 이후 유압식 모터에서 전기모터로 로봇의 동력이 바뀌는데, 1973년에 전기모터로 구동되는 산업용 로봇인 KUKA Formular가 세상에 나온다. 어찌 보면 산업용 로봇과 컴퓨터의 역사는 얼추 비슷하다고도 볼 수 있다. 1950년에 디지털 컴퓨터가 나오고 나서, 바로 이듬해에 로봇의 전신인 수치제어머신이 개발되었으니 말이다.

산업용 로봇의 실용화는 미국과 일본이 주도했으며 여러 단계를 거쳐 왔다. 1970년대에는 센서기술에 힘입어 정밀 감지 기능을 갖춘 로봇이 등장했다. 이런 로봇들은 주로 용접, 도장, 물류 취급용으로 개발되었다. 1980년대에 접어들면서 이런 로봇들은 더욱 다양한 기능을 갖추게 되며, 대량생산이 가능한 생산자동화 라인에 투입된다. 1990년대 들어서는 초정밀 감각과 비전 기능에 힘입어 정밀 조립이 가능한 자율로봇이 등장하며, 이를 바탕으로 한 서비스 로봇의 개발도 본격적으로 시작된다.

한편, 산업용 로봇과 가장 밀접한 분야는 자동차산업이다. 산업용 로봇이 처음 사용된 분야가 바로 자동차산업이었다. 자동차산업의 초창기에는 산업용 로봇은 이른바 위험하고, 더럽고, 힘들다는 3D 환경의 작업에 활용되었다. 자동차 스폿용접, 아크용접, 도장이 그런 작업이다. 시간이 지나면서 산업용 로봇 기술의 발전으로 핸들링, 조립, 검사, 분배 등의 대부분 생산과정이 산업용 로봇에 의해 수행되는 단계까지 이르게 된다. 1980년을 전후해서 자동차 업계의 치열한 경쟁에 힘입어 산업용 로봇의 도입이 많이 늘어나게 된다. 이후 20여 년간의 산업용 로봇의 발전은 자동차 산업과 함께 발전해 왔다고 해도 과언이 아니다.

무어의 법칙이 지배하는 디지털 제품과는 달리 산업용 로봇은 일단 기계 장치이므로 기술발전이 매우 완만했다. 로봇의 성능은 매년 5% 정도 향상되었을 뿐이다. 가격 하락도 마찬가지였다. 2005년부터 2015년에 이르는 10년간 전체 가격하락은 겨우 27%에 불과했다.[85] 예컨대, 용접로봇(Robotic welder)은 2005년 1억8천만 원 선이었으나, 2014년에는 1억3천만 원정도로 큰 차이를 보이지 않는다. 전문가들은 2015년부터 다음 10년 동안에도 이런 가격하락 추세는 많이 변하지 않을 것이며, 가격하락 폭은 22% 정도가 될 것으로 전망하고 있다. 이런 추세라면 2025년의 용접로봇 가격은 약 1억3백만 원이 된다.[86]

사실 산업용 로봇은 매우 고가이므로 규모의 경제가 형성되지 않았으면 산업용 로봇에 대한 대규모 투자가 가능하지 않았을 것이다. 하지만 대량 생산으로 자동차 산업은 조기에 규모의 경제에 이르렀기 때문에 고가의 산업용 로봇을 다른 산업보다 먼저 도입할 수 있었다. 2000년대에 들어서면서 산업용 로봇의 보급은 자동차 산업을 넘어 전기·전자 산업 등의 일반 산업으로 확대되기 시작했다. 최근에는 산업용 로봇의 도입이 생산성과 품질의 향상에 가장 실효적인 방안으로 여겨지는 단계에 이르렀다.

산업용 로봇과 함께 최근 서비스 로봇도 큰 성장을 보이고 있다. 일각에서는 본격적인 로봇의 시대가 열리고 있다고 예고하고 있다. 신문, 방송 등의 매체에서는 연일 서비스 로봇을 소개하면서 일자리의 미래를 걱정하고 있다. 3차 산업혁명 시대를 넘어 4차 산업혁명 시대에서도 로봇의 진군은 계속되고 있는 것이다.

8.2 서비스 로봇은 아직 멀었다

서비스 로봇은 제조와 관련이 없는 분야에 특화된 로봇을 말한다. 산업용 로봇과 비교해 볼 때, 서비스 로봇은 신생 분야이며, 4차 산업혁명과 관련해 많은 상상을 불러일으키는 분야가 바로 이 서비스 로봇이다. 산업용 로봇과는 달리 서비스 로봇은 비정형 육체노동을 주로 대체한다. 비정형 육체노동은 18세기 산업혁명 이래로 기계가 전혀 침투하지 못했던 영역이라 서비스 로봇의 일반화는 노동시장에 큰 충격을 줄 수 있다. 최근 많은 방송 및 매체들이 서비스 로봇을 앞다퉈 다루는 이유다. 관건은 서비스 로봇의 확산속도이다. 여기서는 이 문제를 다룬다.

일단 서비스 로봇의 유형을 구분하는 분류 체계를 먼저 살펴보자. 서비스 로봇의 형태와 용도는 다양하며, 관점에 따라 그 분류는 다양할 수밖에 없다. 이 책에서는 국제로봇연맹의 시장보고서에서 채택하는 분류방식을 따를 것이다. 단순하지만 비교적 로봇 시장 상황을 잘 나타내고 있기 때문이다. 국제로봇연맹은 서비스 로봇을 '전문 서비스 로봇'과 '일반 서비스 로봇'으로 구분하고 있다. 전문 서비스 로봇은 물류 이송, 국방, 필드, 의료와 같은 특정 분야에서 전문적인 작업을 수행하는 로봇이다. 일반 서비스 로봇은 개인이나 가정에서 사용하는 로봇이라고 보면 된다. 주로 진공청소기, 마루청소기, 잔디깎기 같은 가정용 로봇과 엔터테인먼트나 보조로봇(handicap assistance) 등과 같은 개인용 로봇으로 구성된다.

우선 서비스 로봇의 잠재력을 잠깐 느껴 볼 수 있도록 전문 서비스 로봇의 도입 사례를 하나 살펴보자. 바로 우리가 잘 아는 아마존 물류창고에서 사용하는 로봇이다. 아마존은 세계 곳곳에 20여 개의 물류센터를 운영하고 있다. 2016년 말 기준으로 이 물류센터에는 2종의 로봇, 4만5천 대가 사용되고 있다. 2015년 말에 3만 대였으니까 1년 만에 50%가 증가한 것이다.[87] 아마존이 물류센터에 로봇도입을 시작한 시점은 2011년에 보스턴의 키바(Kiba)라는 신생회사(Start-up)에서 키바 로봇 1,300대를 구입해 사용하면서부터다. 키바 로봇의 잠재적 가능성을 확인한 아마존은 이듬해인 2012년에 아예 키바를 약 8,000억 원(7억7,500만 불)에 인수해버린다.

겉면이 주황색을 띠고 있어 '오렌지 로봇'이라고 불리는 아마존의 키바 로봇은 매우 단순한 화물운반대(Pallet) 운송용 로봇이다. 가로, 세로 각각 1.2m, 높이 38.4cm 사각형 모양이며, 무게는 145kg 정도 나간다. 최대 317kg 정도의 짐을 싣고 시속 8km 정도로 움직일 수 있다. 중앙 컴퓨터와 무선으로 통신하며 물류센터 바닥에 깔린 코드 스티커를 이용해 위치를 인식한다. 화물 운반대의 아래 부문에는 바닥에서 40cm 정도 높이의 틈이 있어 키바 로봇은 그 사이로 들어가 짐을 들어 올리는데, 이때 화물 운반대 밑에 부착된 바코드로 화물을 식별한다.

또 다른 종류의 로봇은 노란색을 띠고 있어 '옐로 로봇'이라고 부르는데, 창고의 고객이 주문한 물건을 물품선반에서 골라 화물 운반대에 집어넣는 고정형 로봇이다. 이 로봇은 우리가 아는 일반 산업용 로봇과 유사한 모양의 다관절 로봇이다. 아마 지금쯤이면 오렌지 로봇과 옐로 로봇의 모양과 기능, 동작이 대략 그려질 것으로 생각한다. 이런 로봇의 덕분에 아마존의 물류센터는 연말성수기에 몰리는 10억 건의 택배 주문을 처리할 수 있었다고 한다.

지금부터는 서비스 로봇이 어떤 영역에서 얼마나 사용되는지 알아보자.[88] 전문 서비스 로봇의 경우에 당분간은 물류센터와 군사 분야가 주 사용처이다. 국제로봇연맹에 따르면 전문 서비스 로봇은 2016년부터 2019년까지 4년 동안 333,200대가 판매될 것으로 전망하고 있다. 이 중에서 물류센터의 물품 수송용 로봇(53%)과 군사용 로봇(22%)이 전체의 75%를 차지하고 있다. 서비스 로봇 4대 중에서 3대는 이 두 분야에서 사용되는 것이다. 한편, 목장에서 우유를 짜거나 청소를 하는 등 야외에서 활용하는 필드로봇과 전문청소로봇은 전체 15% 정도로 물류로봇과 군사로봇의 뒤를 잇고 있다. 나머지 10%는 의료로봇, 수송로봇(Mobile platform), 장애보조로봇, 안내로봇 등이 점유하는 것으로 나타났다.

일반 서비스 로봇은 그 활용 분야에 있어 전문 서비스 로봇보다도 일부 분야에 대한 편중도가 더 심하다. 2016년부터 2019년까지 4년 동안 전문 서비스 로봇은 4천2백만 대가 새로 설치될 것으로 전망된다. 이 중에서 진공청소기와 마루청소기가 3천만대로 약 72%, 잔디깎기 로봇은 2%로 가정용 로봇이 전체 74%를 차지하고 있다. 한편 개인용 로봇의 경우에는 장난감과 취미 로봇이 8백만 대, 교육 및 연구용 로봇이 3백만 대로 나머지 26%를 점유하는 것으로 나타났다.

앞에서 본 데이터를 가지고 전문 서비스 로봇과 일반 서비스 로봇의 시장과 판매량을 비교해 보자. 2016년부터 2019년까지 판매량은 일반 서비스 로봇이 전문 서비스 로봇의 130배 정도가 된다. 이미 2015년 한 해에도 그런 추세가 역력한데, 이 기간 전문 서비스 로봇은 4만여 대, 일반 서비스 로봇은 5백 5십 만대 정도가 보급된 것으로 집계됐다. 한편, 2016년부터 2019년까지 전문 서비스 로봇과 일반 서비스 로봇의 판매액을 보면, 오히려 전문 서비스 로봇(약 23조 원)이 일반서비스(약 14조 원)보다 약 1.65배가 더 큰 것으로 나타났다.

위의 자료에 따르면, 전문 서비스 로봇이 판매량은 훨씬 적은데 총 판매액이 더 크다. 전문 서비스 로봇의 대당 가격이 일반 서비스 로봇보다 훨씬 비싸다는 뜻이다. 2016년부터 2019년까지 판매될 전문 서비스 로봇의 평균 단가를 계산해 보면 7,000만 원 수준이며, 일반 서비스 로봇의 평균 단가는 35만 원 정도이다.

전문 서비스 로봇이 일반 서비스 로봇보다 대당 가격이 200배나 비싼 것이다.

이미 앞에서 일부 보았지만, 전문 서비스 로봇과 일반 서비스 로봇의 확산 대상 분야에 대해 살펴보자. 2016년부터 2019년까지 4년간 전문 서비스 로봇은 약 4대 중에서 3대가 물류 수송 분야와 군사 분야에서 사용된다는 점을 보았다. 일반 서비스 로봇도 마찬가지다. 거의 4대 중의 3대가 실내용 청소기인 것으로 집계되고 있다. 나머지도 거의 완구나 단순한 취미 로봇 정도이다. 우리가 아는 소방로봇, 간호로봇, 나아기 휴머노이드 같은 것들은 아직 목록에 진입하지도 못하고 있다.

지금까지 살펴본 서비스 로봇의 시장전망 자료를 가지고 서비스 로봇이 단기적으로 생산성과 실업에 어떤 영향을 주는지 따져보자. 숫자상으로는 수백만 대의 서비스 로봇이 사용되는 것은 사실이다. 그런데 대부분 가정용 청소기 로봇이며, 기업 현장에서 활용하는 로봇은 아마존과 같은 물류센터에서 활용하는 수준을 벗어나지 못한다는 점을 보았다. 물류센터 로봇의 보급은 2016년에서 2019년까지 사이의 4년 동안 약 17만5천 대로 전망되는데, 이것은 기존 아마존에서 사용하는 로봇 총량의 4배에도 못 미치는 수량이다. 아직 물류센터 로봇도 투자회수율의 문턱이 높다는 것이다. 한편, 서비스 로봇의 증가율은 연간 약 15% 정도로 그리 인상적이지도 않다.

위와 같은 점들을 두루 고려한다면 당분간은 서비스 로봇이 생산성 향상에 미치는 영향은 그다지 크지 않을 것으로 예상된다.

따라서 서비스 로봇에 의한 실업은 아직 당면한 문제는 아니다.

지금까지 살펴본 내용을 종합해 보면, 서비스 로봇이 산업 전반의 생산성 향상에 미치는 영향은 당분간은 매우 미미할 것이라는 점을 지적했다. 전문 서비스 로봇은 대부분 지난 수십 년 동안 보급되던 추이에 그대로 머물 것으로 보인다. 눈에 띄는 점은 일부 업체가 물류창고에 로봇을 도입하여 생산성을 크게 향상하고 있지만, 이마저도 대규모 투자 여력을 가진 대형 업체에나 가능한 일이다. 그 도입은 점진적으로 이루어질 것이란 뜻이다. 일반 서비스 로봇 부문의 경우에는 가정용 청소기, 완구 등과 같이 생산재라기보다는 소비재적 성격에서 벗어나지 못하고 있다. 우리가 아는 휴머노이드 로봇도 개인생활의 도우미는 될 수 있어도 산업 생산성과는 거리가 멀다. 더군다나 본격적인 실용화는 아직 먼 미래의 이야기이다. 당연히, 현재 방송 매체에서 주목받는 서비스 로봇에 의한 실업의 문제가 실질적으로 불거지려면 아직 한참 있어야 한다.

그렇지만, 서비스 로봇과 관련해서 한 가지 염두에 둘 것이 있다. 서비스 로봇의 대중화는 인공지능의 발전에 달려있다는 점이다. 최근 딥러닝과 같은 인공지능 기술의 많은 성과는 서비스 로봇에 대한 발전에 대한 기대도 과열시키고 있다. 지금부터 6억 년 전경인 캄브리아기에 생물의 종과 수가 급격히 팽창한다. 이를 두고 캄브리안 대폭발(Cambrian Explosion)이라고 부른다. 최근 로봇의 캄브리안 대폭발이 멀지 않았다는 얘기도 들린다.[89] 그렇지만 로봇의 캄브리안 대폭발은 순수 로봇 영역의 문제가 아니라 인공지능의 기술 진보와 결부된 사안이다. 인공지능의 기술 진보는 10장에서 다룰 것이며, 서비스 로봇과 관련해서 미리 말하면, 서비스 로봇의 캄브리안 대폭발은 아직까지는 상상 속의 사건이며, 아직 현실과는 큰 괴리가 있다.

8.3 산업용 로봇 확산이 가속화한다

앞에서 산업용 로봇과 서비스 로봇의 개념과 활용 현황을 간략하게 살펴보았다. 사실 우리의 관심은 가까운 장래에 로봇이 산업과 경제에 미칠 영향을 가늠하는 일이다. 현재, 산업용 로봇보다는 서비스 로봇이 더 많은 조명을 받고 있지만, 산업과 경제에 미칠 영향 측면에서 보면 그 반대다. 여기서는 산업용 로봇의 확산 현황과 앞으로의 추세에 대해 상세하게 알아본다.

현재, 제조업 전반에 산업용 로봇의 도입 여건이 마련되고 있다. 그 여건은 크게 두 가지로 요약할 수 있는데, 하나는 기존 산업용 로봇의 투자회수기간(Payback period)이 짧아지고 있다는 점이고, 다른 하나는 협동로봇이 등장하고 있다는 점이다. 이 두 가지는 각기 고유한 특성으로 서로 보완적이며, 산업용 로봇의 보급을 증폭시키는 요소로 작용할 것이다.

먼저 첫 번째 여건을 살펴보자. 그간 산업용 로봇의 투자회수기간은 계속 짧아지고 있다. 여러 가지 요인이 복합적으로 작용했는데, 매우 완만했지만, 산업용 로봇의 가격은 지속해서 하락하고 성능도 끊임없이 향상된 것도 한몫했다. 더 중요한 것은 임금상승이다. 지속적인 임금상승으로 자동화로 인한 인건비 절감 효과가 점점 커진 것이다. 임금 수준과 작업의 자동화 용이성 같은 요소들의 차이로 인해 산업간 투자회수기간은 큰 편차를 보이지만 일부 산업에서는 이미 투자회수기간이 거의 실용적인 수준에 이르렀다. 중국의 자동차 산업이 그런 사례다. 165kg 용접로봇(Spot Welding Robot)의 투자회수기간은 2010년 5.3년에서 2015년에는 1.7년으로 많이 떨어졌다.[90]

두 번째 여건인 협동로봇(CoBot)은 인간과 공동으로 작업을 수행할 로봇이다. 협동로봇은 기존 숙련 작업자가 하던 작업 중에서 인간은 로봇이 할 수 없는 고도작업만을 수행하고 부대작업은 가능한 한 로봇이 담당하도록 해서 숙련 작업자의 생산성을 향상할 수 있다. 생산성 향상의 새로운 지평이 열린 것이다. 하지만 협동로봇의 보급에는 걸림돌이 있었다. 바로 안전 위협 때문에 산업용 로봇은 사람과 분리된 공간에 배치하게 되어 있기 때문이다. 인간과 로봇이 협동하기 위해서는 안전인증과 같은 안전관리 규정이 필요했다. 그런데 2016년 초에 협동 로봇 안전 요구조건인 ISO/TS 15066 표준안이 확정되면서 사람과 협동로봇이 한 공간에서 작업할 환경도 마련되었다.

투자회수기간의 단축에 의한 로봇의 보급은 시장 추이에도 그대로 나타난다. 2013년을 기점으로 산업용 로봇의 보급이 이전과 비교해서 빠르게 증가하기 시작했다. 국제로봇연맹의 발표에 따르면 2005년에서 2008년 사이에 산업용 로봇의 판매 개수는 연평균 11만5천 대인데 2010~2015년에는 59%가 증가한 연평균 18

만3천 대로 집계되었다.[91] 성장률을 보면, 2005년에서 2008년에는 거의 정체 상태에 있다가 2010~2015년에는 연평균 16%씩 가파르게 성장했다. 실제로 전 세계에서 사용되는 산업용 로봇은 2015년 말에 총 180만 대로 추산되는데 2019년 말에는 260만 대로 크게 증가할 것으로 전망된다.

앞으로 산업용 로봇은 더욱 가파른 증가율을 보일 가능성이 크다. 앞에서 본 투자회수기간의 단축과 협동로봇의 등장이 주된 이유다. 이런 로봇의 확산은 산업 차원 '수평적 확산'과 대기업에서 중소기업으로의 '수직적 확산'이라는 두 가지 특징을 갖는다. 먼저 수평적 확산을 살펴보자. 지금까지 로봇의 도입은 주로 자동차산업이 가장 앞서 있고, 전기 · 전자산업 등 일부 산업이 뒤따르는 형세였다. 2010년부터 2014년까지 5년간 자동차산업의 로봇도입은 매년 20% 증가했다. 로봇 활용이 거의 포화 수준에 도달하면서 2015년에는 크게 줄어 겨우 4% 정도밖에 증가하지 않았다. 반면에 상대적으로 로봇 활용도가 적었던 산업에서 로봇 도입이 증가하기 시작했다. 2015년에 전기 · 전자 산업, 금속기계 산업, 화학, 플라스틱, 고무 산업은 각각 41%, 39%, 39%의 높은 증가율을 보였다. 로봇도입이 자동차에서 일반 산업으로 옮겨 간 것이다. 보스턴 컨설팅을 비롯한 많은 전문 컨설팅 기관은 이런 상황이 앞으로 더욱 활발하게 전개될 것으로 전망하고 있다.

이번에는 로봇의 수직적 확산을 살펴보자. 수직적 확산은 로봇 도입이 기존 중견 · 대기업 위주에서 중소기업으로까지 확대될 것이란 뜻이다. 중소기업은 취약한 재무구조로 로봇 도입을 위한 자본 투자와 장기적 투자액회수기간을 감당하기 힘들었다. 일반적으로 산업용 로봇을 도입하여 운영하기 위해서는 로봇 자체 가격의 약 3배에 해당하는 비용이 든다. 각종 소프트웨어와 운영에 필요한 교육, 유지보수 등과 같은 부대비용이 로봇 가격의 2배에 해당한다는 의미이다. 이런 상황은 중소업체가 산업용 로봇을 도입하는 것을 더욱 어렵게 만들었다.

하지만, 산업용 로봇의 투자회수기간의 단축뿐만 아니라 협동로봇의 등장으로 로봇의 도입이 점점 더 가능해지고 있다. 특히 협동로봇의 장점 중의 하나는 가격이 일반 산업용 로봇보다 저렴하다는 점이다. 인간 작업을 보조하는 역할을 하므로 당연히 일반 산업용 로봇보다 저렴할 수밖에 없다. 최근 다양한 협동로봇이 중소기업을 대상으로 출시되고 있으며, 매년 관련 시장이 50% 이상 성장하고 있다. 대표적인 사례로 덴마크 업체인 유니버설 로보틱스가 출시한 UR 로봇을 꼽을 수 있다. 이 로봇은 사용하기 쉬우며, 부대비용이 일반 산업용 로봇의 거의 절반으로 수준으로 낮으며, 가격도 대부분 이천만 원 이하로 많은 인기를 얻고 있다. 실제로 이 협동로봇이 구입처는 거의 중소기업이라고 한다. 참고로 유니버설 로보틱스는 2015년 미국 IT 업체인 테라다인(Teradyne)이 약 3,000억 원에 인수했으며, 양사의 결합은 관련 업계의 게임 체인저가 될 것이라는 기대를 받고 있다.

마지막으로 산업용 로봇의 확산 사례를 하나 들어보고 이 절을 마치도록 하자. 중국 장쑤 성의 쿤산 첨단산업단지이다.[92] 쿤산은 이웃에 있는 상하이보다는 인구 규모가 7분의 1 정도로 작지만, 중국에서 일인당 소득 4,000불을 가장 먼저 달성한 도시이다. 중국 전자조립산업의 허브라고 보면 된다. 최근에는 수요 감소로 5천만 대 정도로 줄었지만, 한때 연간 1억2천만 대의 노트북을 생산하기도 했다. 현재는 스마트폰 생산으로 주 생산품이 이동하고 있다. 사실 이곳은 대만 업체들이 주도하고 있다. 1989년부터 진출을 시작해 현재 4,800여 개에 달하며, 우리가 아는 애플의 스마트폰을 제조하는 폭스콘도 이곳에 있다. 쿤산 전체 GDP 생산액에서 대만 업체가 차지하는 비율이 무려 60% 정도에 달하고 있다.

2016년 중반부터 쿤산 시는 산업용 로봇의 도입 열풍이 불고 있다. 폭스콘을 포함한 35개의 대만 업체는 2015년에만 6,000억 원 이상을 로봇에 투자했다. 이런 자동화의 결과로 2016년에 중반 기준으로 폭스콘의 근로자 수는 당초 11만 명 규모에서 6만 명이 줄어든 5만 명 수준으로 낮아졌다는 것은 널리 알려진 이야기다. 현재 600개 이상의 다른 업체들도 속속 로봇에 투자하고 있다고 한다. 비록 단편적이지만, 쿤산 시의 사례는 로봇의 활용이 자동차산업 위주에서 일반 산업으로 또한 대형·중견 기업에서 중소기업으로까지 퍼지고 있다는 점을 잘 보여준다.

8.4 산업용 로봇이 노동시장에 더 위협적이다

언론 매체의 초점이 서비스 로봇에 집중되고 있지만, 당분간 더 주목해야 할 것은 산업용 로봇이다. 조만간 산업용 로봇은 산업 전반에 두루 퍼져 생산성이 크게 향상하며, 이로 인해 기술적 실업의 문제가 대두할 것은 분명하다. 여기서는 산업용 로봇을 둘러싼 생산성과 실업 문제를 살펴볼 것이다.

IT 기술과는 달리 산업용 로봇이 생산성에 미친 영향을 분석한 연구는 많지 않다. 본격적인 연구가 시작된 것이 그리 오래되지 않은 까닭이다. 대표적인 것으로 웁살라대학(Uppsala University)의 경제학자 게오르그 그레츠(Georg Graetz)와 런던 경영대학(The London School of Economics)의 경제학자 가이 마이클스(Guy Michaels)의 연구를 꼽을 수 있다.[93] 두 경제학자는 산업용 로봇이 경제에 미치는 영향을 분석했으며, 특히 GDP와 노동생산성의 성장률에 대한 로봇의 기여도에 주목했다. 이 연구는 매우 방대한 자료를 분석대상으로 삼았다. 1993년부터 2007년에 거친 15년간을 분석 대상 기간으로 했으며, 미국, 유럽, 오스트레일리아, 한국 등을 포함한 주요 17개국에 대해 제조업을 포함한 14개 산업부문을 분석했다.

이런 그레츠의 연구는 로봇가격의 하락부터 앞에서 말한 로봇이 GDP와 노동생산성에 끼친 영향까지 매우 다양한 결과를 산출했다. 이 결과에 따르면, 해당 기간 동안 산업용 로봇의 가격은 80% 하락했으며, 산업용 로봇의 총 활용시간은 1.5배 증가하였다. 이미 앞 장에서 본 것처럼 주로 사용된 산업 분야는 자동차, 화학, 금속 분야이다. 한편 실업에 대한 간접적인 결과도 산출하였는데 로봇의 활용과 직업 대체 사이에는 뚜렷한 상관관계가 보이지 않았다고 밝혔다. 로봇을 사용했어도 전체 노동량은 줄어들지 않았다는 것이다.

그레츠의 연구에서 눈여겨볼 사항은 로봇이 GDP와 생산성에 끼친 영향이 기대한 대로 상당하다는 점이다. 분석기간 동안 산업용 로봇이 기여한 연간 GDP 성장률은 0.37%로 로봇이 연간 GDP 성장률의 십 분의 일 정도 기여한 것으로 나타났다. 한편, 연간 생산성 증가율에 대한 기여분은 0.36%로 나타났는데, 이는 대략 전체 생산성 증가율의 육분의 일에 해당하는 양이다. 아마 이런 수치로는 그 기여도가 얼마나 되는지 명확하지 않을 것이다. 산업혁명 시대 증기기관의 연간 평균 생산성 증가율 기여분은 0.35%이므로 로봇이 거의 증기기관에 맞먹는 수준을 기여한 것이다.[94] 한편, 19세기 기차나 20세기 미국의 고속도로가 경제에 기여한 정도도 거의 유사한 수준이다. IT의 기여도는 로봇보다 약 두 배가 크지만, 최근에 와서 둔화한 IT 기여도를 기준으로 하면 거의 유사한 수준인 것으로 나타나고 있다. 하지만, 로봇은 투자 대비 생산성 측면에서는 단연 독보적이다. 로봇에 대한 자본 투자량은 기차, 고속도로, IT 투자량보다 훨씬 작았기 때문이다.

　앞으로 로봇의 도입이 가속화되면 생산성이 크게 향상될 것은 틀림이 없다. 일부 컨설팅 회사는 로봇으로 인한 연간 생산성 증가율이 30%선까지 증가할 것이란 전망도 내놓고 있다. 시장예측에 근거한 값이라 신뢰하기는 쉽지 않다. 그렇지만 이미 로봇 확산의 가속화 조짐이 보이고 있어, 생산성 증가율이 점점 더 커질 것이라는 점만은 분명하다. 미래의 상황이라 앞에서 본 것과 같은 실증적 분석은 가능하지 않으니 그냥 사례만 하나 살펴보고 넘어가자.

또 중국 기업 이야기다. 중국 둥관 시(Dongguan)에 소재한 창잉 정밀기술(Changying Precision Tech.)은 휴대폰을 생산하는 회사이다.[95] 자동화를 위해 로봇 60대를 도입하면서 당초 650명의 종업원이 60명으로 줄었다. 로봇 60대가 전체 종업원의 90%인 590명을 대체한 것이다. 로봇 도입으로 인한 생산성의 향상과 불량률의 감소는 상당한 것으로 나타났다. 2016년 말 기준 모바일폰 일인당 월 생산량은 8,000대에서 21,000대로 늘어났으며, 생산성이 250% 증가했다. 한편, 불량률은 25%에서 5%로 줄어들어 80% 개선된 실적을 보였다고 한다.

지금까지 로봇에 의한 생산성 향상이라는 긍정적 영향을 알아보았다. 그러면 산업용 로봇의 활용으로 인한 실업 문제는 어땠을까? 앞에서 본 그레츠 연구에도 일부 간접적인 결과를 내놓았지만, MIT의 경제학자 다론 아세모그루(Daron Acemoglu)와 보스턴 대학의 파스퀄 레스트레포(Pascual Restrepo)는 2017년 초에 이 문제에 대한 제대로 된 연구결과를 내놓았다.[96] 현재 이 결과는 로봇과 관련해 발생하는 실업 문제를 다룰 때 가장 많이 인용되고 있다.

두 경제학자가 분석한 것은 1990년부터 2007년에 이르는 기간 동안 로봇이 미국의 고용과 임금에 미친 영향이다. 결과는 매우 간단하다. 근로자 천 명당 한 대꼴로 로봇이 설치될 경우, 총 인구의 최소 0.18%에서 최대 0.34%의 실업이 발생하고, 임금은 최소 0.25%에서 최대 0.5%까지 감소한다는 것이다. 로봇의 보급률을 근로자 천 명당 로봇의 대수라고 가정하자. 고용 부문의 결과만 살펴보면, 미국 전체인구와 근로자 수를 각각 2억 명, 1억2천만 명으로 봤을 때, 로봇의 보급률이 1이라면, 실업은 최소 36만 명에서 최대 67만 명 발생한다는 뜻이다. 물론 이때 전체 로봇의 대수는 12만 대가 된다. 이 수치를 사용해서 계산하면 로봇 한 대당 최소 3명에서 최대 5.6명의 실업자가 발생하는 것으로 나타난다.

위 아세모그루의 연구는 앞으로 미국 사회에서 발생할 로봇에 의한 잠재적 실업발생인구에 대한 전망도 포함하고 있다. 보스턴 컨설팅 그룹에서 2015년에 발표한 미래 로봇보급 전망 수치를 입력으로 사용했다. 보스턴 컨설팅 그룹은 2015년부터 2025년까지의 기간에 세계적으로 로봇의 판매량은 매년 평균 10%씩 가속적으로 증가할 것으로 전망하고 있다.[97] 2014년 20만 대가 판매되었는데 2025년이면 약 3배가 커져 60만 대가 판매된다는 것을 뜻한다. 이런 평균치와 함께 급진적 전망치로 70만 대도 제시하고 있다. 이 수치를 사용해 계산하면, 2015년에서 2025년까지 총 10년 동안 미국의 로봇 보급률은 5.25만큼 늘어나는데, 이 값은 급진적인 시나리오의 경우에 최소 330만 명에서 최대 610만 명의 실업인구가 발생한다는 것을 뜻한다.

언론과 온라인 매체에서는 위 결과를 매우 엄청난 것으로 보도하는 경우가 많다. 하지만 우리가 알아야 할 것은 실제로는 그렇지 않다는 점이다. 300만에서 610만은 수치로만 보면 매우 큰 값이다. 하지만 전체 근로자의 비율을 봐야 정확한 의미를 알 수 있다. 앞의 잠재적 실업발생인구의 계산에서 사용한 2025년 예상인구는 미국 노동통계국이 발표한 약 3억 4천7백만 명을 기준으로 하고 있다. 미국의 인구 대비 고용률 60%를 고려하면 전체 근로자의 1.5%에서 2.4%가 실업의 위험에 빠진다는 의미이다. 이 비율은 과연 많이 걱정해야 하는 수준인가? 꼭 그렇지는 않다고 생각할 수도 있다. 그 근거로는 미국 근로자의 월간 평균 노동이동(Turnover rate) 비율을 들을 수 있다. 여기서 노동이동은 자발적 이직과 해고 등과 같은 비자발적 이직을 말한다. 2014년에서 2017년까지 3년 동안 월평균 노동이동비율은 약 3.4%이며, 신규 취업률은 약 3.5% 정도 된다. 다시 말해서 앞으로 10년간 로봇에 의해서 발생하는 실업총량은 월간 노동이동량에도 못 미치는 수준이다.[98]

앞에서 향후 10년간은 실업을 많이 걱정할 사안은 아니라는 점을 보았다. 미국에서도 로봇에 의한 실업 문제가 과대평가되는 것을 경계하는 목소리가 높다. 일부 전문가들은 실업에 대한 우려보다는 오히려 로봇 도입을 통한 생산성 향상에 더 관심을 둬야 할 때라고 주장하고 있다.[99] 제조업 국내회귀(Reshoring)도 본격화하고 있어 취약한 제조업 경쟁력을 향상하는 데 더없이 좋은 기회인 까닭이다. 그건 우리나라도 마찬가지다. 우리나라는 전 세계에서 가장 로봇의 밀도가 높은 국가이지만, 아직도 산업 간, 대기업과 중소기업 간 로봇 격차는 상당히 큰 상황이다. 자동화로 인한 실업을 걱정해서 산업용 로봇의 확산을 주저할 상황이 아직은 아니다.

하지만 향후 10년 이후에는 산업용 로봇에 의한 실업이 큰 사회문제가 대두될 수도 있다. 주된 이유는 바로 산업용 로봇의 증가율이 가속적이라는 점이다. 보스턴 컨설팅 그룹은 로봇이 매년 10%씩 증가한다고 전망했는데, 이는 7년마다 연간 증가량이 2배가 된다는 것을 의미한다. 앞으로 7년이면 2배, 14년이면 4배, 21년이면 8배로 지수적으로 증가하게 된다. 낮은 수준이지만 로봇의 확산에도 일종의 무어의 법칙이 적용되는 것이다. 참고로 우리가 아는 무어의 법칙은 연평균 증가율이 약 46.7% 정도가 된다.

하지만, 더 주목할 점이 있다. 현재 10%에 불과한 로봇 증가율의 전망치가 앞으로 훨씬 더 커질 가능성이 있다는 점이다. 이는 현재 제조업 전반에 거쳐 로봇이 담당하고 있는 제조공정 비율은 10% 정도밖에 되지 않아 로봇을 도입할 여지가 아주 충분하며, 앞에서 본 협동로봇 같은 신개념의 로봇이 중소기업에 본격적으로 확산되는 시나리오를 목전에 두고 있는 까닭이다.

09 급진적 기술적 실업이 발생한다?

전 세계적으로 기술적 실업(Technological unemployment)을 전망하는 다양한 통계수치가 발표되고 있다. 일부 자료는 앞으로 10년에서 20년 이내에 미국 전체 일자리의 47%가 고위험군, 즉 기계로 대체되거나 없어질 것이라는 급진적 전망도 담고 있다. 신문, 방송 등 언론은 말할 것 없고 경제학자들까지도 이 문제를 앞다퉈 다루고 있다. 다가올 미래에 일어날 수 있는 문제를 전망하고 준비하는 것은 바람직하다. 하지만, 이런 통계수치의 객관성을 따져볼 필요는 있다. 지나치게 과장된 수치라면 우리 사회의 발전 곡선을 심하게 왜곡시킬 수 있는 까닭이다. 이 장에서는 기존 기술적 실업통계의 산출 과정을 자세히 분석해서 그 통계들이 신뢰할 만한 것인지를 따져볼 것이다.

앞으로 4차 산업혁명에서의 노동과 직업은 어떻게 변할 것인가? 사실 이 질문은 가장 첨예하고 민감한 의제 중의 하나지만 현재는 일치된 답이 없는 상황이다. 이에 대한 답에 접근해 가기 위해서는 우선 지난 두 세기 동안 노동의 성격이 어떠한 변천 과정을 걸어왔는지를 아는 것이 필요하다. 여기서는 그 내용을 간략히 소개한다.

농경사회에서는 농산물이 주된 생산물이었으므로 직업의 종류는 현재와 비교해 볼 때 당연히 매우 단조로울 수밖에 없었다. 직업의 종류가 본격적으로 다양화하기 시작한 시점은 산업혁명으로 거슬러 올라간다. 기계를 사용한 생산성의 증대로 다양한 산업이 태동하며, 이로 인해 노동과 직업의 역사가 본격적으로 변천 궤도에 진입한다. 노동과 직업이 당대 번창했던 산업과 밀접하게 관련되므로 산업의 변천에 따라 노동과 직업도 함께 변천해 왔다.[100]

우선, 노동의 성격이 어떻게 변천했는지 알아보기 전에 노동의 유형을 살펴보자. 일반적으로 노동은 여러 가지로 기준에 의해 다양하게 분류할 수 있다. 가장 잘 알려진 것은 수행하는 신체 활용에 따라 구분하는 것으로 '육체노동'과 '지식노동'이다. 한편, 숙련도에 따라 '비숙련(Low-Skilled)'과 '숙련(Skilled)' 노동으로 구분할 수도 있다. 작업의 정형성에 따라 '정형(Routine) 노동'과 '비정형(Non-routine)' 노동으로도 구분된다. 앞으로 노동 유형에 대한 표현은 그 맥락에 따라 위에서 적합한 것을 골라 사용할 것이다.

여기서는 노동의 변천을 1, 2, 3차 산업혁명의 전개에 따라 세 단계로 나눠 차례로 살펴볼 것이다. 먼저, 산업혁명 초기 중기기 관의 사용으로 생산에 공장제도가 도입되었다는 점은 1장에서 소개했다. 공장제도가 도입되면서 숙련기술을 가진 장인이 운영 하는 소규모 자영업은 모두 사라지게 된다. 공장에서는 비숙련 일반 작업자가 제품 제작의 한 공정을 담당하면서 생산의 주역으 로 떠오른다. 이런 과정을 더욱 공고히 만든 것은 프레더릭 윈슬 러 테일러(Frederick Winslow Taylor, 1856~1915)가 연구하고 적용한 과업 관리(Task Management)이다.

과업관리는 당초 육체노동의 생산성을 향상하기 위해 시작되 었다. 그 내용은 의외로 매우 단순하다. 육체작업을 자세히 관찰 한 후에 그 구성 동작을 분석하는 것으로 시작한다. 이 분석을 바탕으로 필요가 없는 동작을 제거한 후에는 남은 것들 각각을 직무로 정의한다. 마지막으로 직무에 필요한 도구를 제작한다. 과학적 관리는 실제로 육체노동의 생산성을 크게 향상시켰으며, 각 직무를 일반 비숙련 노동자도 손쉽게 수행할 수 있도록 해서 육체적 숙련에 대한 미련을 완전히 없애주었다고도 볼 수 있다. 따라서 산업혁명 시절에는 비숙련 육체노동자가 이전 시대의 숙 련노동자인 장인을 제치고 노동시장의 주역으로 자리 잡는다. 그 런데 아이러니하게도 과학적 관리는 이어진 2차 산업혁명 시기 에 비숙련 육체노동자의 시대가 막을 내리는 데도 중요한 역할을 한다.

19세기 말 전기력에 의한 2차 산업혁명 시기에는 생산 방식은

'자동화'라는 다른 양상이 전개된다. 컨베이어벨트 등과 같은 조립라인을 이용한 연속공정(Continuous process) 생산구조로 본격적인 대량생산 시대가 시작된 것이다. 알다시피 대표적인 사례가 헨리 포드의 조립라인이다. 이런 조립라인을 가능하게 한 이론적 바탕도 바로 테일러의 과학적 관리였다. 과학적 분석에 의한 직무 세분화로 각 직무의 기계화가 손쉬워진 것이다. 이에 따라 비숙련노동자보다는 기계장치를 능숙하게 다룰 줄 아는 숙련노동자가 더 필요한 시대가 된다.

한편, 전기력으로 인한 대량생산은 상품 가격하락을 가져오고, 이로 인한 수요의 증대는 기업의 규모 확대로 이어져 중화학공업 등의 많은 산업이 새로 생겨난다. 이로 인해 이른바 경영, 관리, 사무 관련 업무를 수행하는 이른바 지식노동자들의 수요가 급증하게 된다. 노동시장에서는 생산직의 숙련노동자와 지식노동자로 구성된 중간계층이 주역으로 부상한다.

이윽고, 20세기 중반에 이르러 컴퓨터를 비롯한 IT가 등장하면서 본격적인 3차 산업혁명 시대에 진입하게 된다. 이 시대의 기술발전과 산업 지형의 빠른 변화는 노동시장에도 큰 변화를 촉발한다. 우선 제조업이나 서비스 분야 모두 노동에 필요한 새로운 전문지식이 급격하게 증가한다. 서비스업을 포함한 지식노동자의 규모는 제조업의 육체노동자를 능가하는 단계에 들어선다. 산업용 로봇에 IT 기술이 접목되면서 제조업의 자동화는 심화한다. 노동시장에서는 전문가를 포함한 숙련 지식노동자가 확고한 우위를 점하게 된다.

이상과 같이 노동시장은 산업혁명을 기점으로 차례로 그 주역이 바뀐다. 증기기관으로 촉발된 1차 산업혁명 시대에는 노동시장의 주역이 기존 숙련 육체노동자인 장인에서 비숙련 육체노동자로 바뀐다. 전기력으로 촉발된 2차 산업혁명에서는 다시 숙련 육체노동자가 노동시장의 주역으로 떠오르고, 지식노동자도 새로운 노동시장의 주체로 등장한다. 디지털 기술로 촉발된 3차 산업혁명 시대에서 숙련 지식노동자가 노동시장의 주역이 된다. 상당히 압축해 놓아 다소 피상적일 수도 있지만, 이런 노동시장의 변화 양상은 이어질 기술적 실업을 이해하는 데 도움이 될 것이다.

9.2 급진적 기술적 실업에 대한 우려가 쏟아지고 있다

기술적 실업(Technological unemployment)은 경기의 부침으로 생기는 일반적인 실업 현상과는 달리 기술 진보에 따른 '자동화'가 초래하는 실업이다. 4차 산업혁명의 대표적인 역기능이 바로 기술적 실업이다. 현재 다양한 실업전망 수치가 나오는데 다 기술적 실업에 관한 것들이다. 그중 일부는 가히 재앙에 가까운 수준의 내용을 담고 있는데 그런 통계 수치가 주로 인용되고 퍼지고 있다는 게 문제다. 여기서는 그런 통계를 꼼꼼히 살펴볼 것이다.

일단 기술적 실업의 연혁을 짚고 넘어가는 것이 좋겠다. 기술적 실업은 최근 새로운 등장한 것이 아니라 오래된 경제학의 주제였다. 앞에서 본 바와 같이 19세기 말 제창된 테일러의 '과업관리'가 20여 년에 거쳐 '과학적 관리'로 발전하는 과정에 육체노동의 '생산성'의 향상에는 한계가 있다는 점이 부각된다. 이에 따라 생산성 향상을 위한 관심은 생산도구, 즉 기계장치의 개선과 개량으로 이동한다. 이로써 '인간노동의 기계에 의한 대체'라는 피곤한 주제가 수면 위로 부상하게 되며, '기술적 실업'이라는 전문용어도 함께 등장한다.

지난 역사를 살펴보면 경제가 성장하는 상황에서는 기술적 실업은 크게 주목을 받진 못했다. 더 큰 주목을 받은 것은 1930년대의 대공황이나 2008년 금융위기로 인한 대침체(The great depression)와 같은 '경기침체로 인한 실업'이다. 앞 절에서 본 바와 같이 증기기관, 전기, IT 기술과 같은 변혁기술(Transformative technology)이 노동의 성격을 변화시켜 당대에 기술적 실업을 발생시킨 것은 사실이다. 그렇지만, 대부분 일시적인 실업에 그쳤을 뿐 바로 새로운 고용시장으로 흡수되는 과정을 밟는다. 이른바 '보상이론(Compensation theory)'이라는 것이 작동해서 이런 변혁기술이 대부분 새로운 산업뿐만 아니라 기존 타 산업부문에서 고용시장을 탄력적으로 생성해 낸 까닭이다.

그렇지만, 기술적 실업에 대한 최근의 우려는 이전의 낙관적인 것과는 정반대로 매우 심각하다. 이번 것은 마치 인간을 노동시장에서 휩쓸어 내버릴 쓰나미처럼 파괴적으로 여겨지고 있다. 지금부터는 이런 우려를 낳게 한 실업통계를 본격적으로 살펴볼 것이다.

사람들은 최근에 불거진 기술적 실업에 대한 우려가 2016년 1월 다보스 포럼에서 발표한 실업전망 자료에서 시작했다고 생각하고 있다. 이 발표 내용은 선진국과 신흥국을 포함한 15개국에서 약 200만 개의 일자리가 새로 생기지만 약 700만 개의 일자리가 사라져 전체적으로는 약 500만 개의 일자리가 없어질 것이라는 게 요지다. 전 세계 정치, 사회, 경제의 거목들이 참석하는 다보스 포럼인지라 그 내용은 당연히 세계적 이목을 끌었다.

그렇지만, 최근의 기술적 실업에 대해 전 세계에 가장 널리 알린 것은 2013년 영국 옥스퍼드 대학교의 마틴 경영대학교의 칼 프레이(Carl B. Frey)와 마이클 오스본(Michael A. Osborne) 교수의 연구이다.[101] 이것도 주저자인 프레이 교수의 이름을 따서 간단히 '프레이의 연구'라고 부를 것이다. 프레이의 연구는 앞으로 10년에서 20년 이내에 미국 전체 일자리의 47%가 고위험군, 즉 기계로 대체되거나 없어질 것이라는 게 요지이며, 여태까지 기술적 실업에 관한 한 난공불락으로 여겨졌던 숙련 지식노동자도 이번 기술적 실업에는 예외가 아니라고 밝혔다. 발표하자마자 당연히 전 세계가 경악했다.

곧이어 프레이 연구 방법을 적용한 다른 국가의 일자리 대체 비율의 발표도 이어졌다. 이런 결과는 프레이 연구의 산출방식에 단순히 미국의 직종별 구성비를 해당 국가의 직종별 구성비로 교체해서 얻은 값이다. 당연히 미국을 대상으로 한 프레이의 실업 전망치와 유사한 수준의 수치가 산출될 수밖에 없다. 파자리넨(Pajarinen)과 루비넨(Rouvinen)이 산출한 핀란드는 34%로 나타났고[102], 브제스카(Brzeski)와 벅(Burk)이 산출한 독일의 경우는 59%가 나왔다.[103] 유럽 전체를 대상으로 한 볼스(Bowles)의 연구에서는 가장 낮은 지역의 경우 45%, 가장 높은 지역은 60%로 나타났다.[104] 우리나라에서도 한국노동연구원에서 이런 연구를 수행했으며, 2014년 하반기 고용 인구를 기준으로 한국은, 미국의 47%보다도 훨씬 높은, 전체 일자리의 57%가 고위험군에 속하는 것으로 나타났다.[105]

한편, 프레이 연구와 유사한 실업전망치도 여러 기관에서 발표됐다. 2015년 매킨지(McKinsey)는 기존 기술 수준에서 자동화가 가능한 인간 작업의 비율이 프레이의 수치와 유사한 45%가 된다는 발표를 내놓았으며,[106] 세계개발은행(World Development Bank)은 2016년 OECD 국가에서 57%의 일자리가 자동화의 위험에 빠져있다고 예측했다.[107]

이런 수치를 내놓지는 않았지만 많은 학자가 프레이의 급진적 실업에 동조하는 정성적 자료를 내놓았다. 마틴 포드(Martin Ford)는 2015년 출간한 『로봇의 부상, The Rise of the Robots』에서 로봇으로 인해 전통적인 직업은 종말을 맞이하고 중간계층 근로자의 공동화가 진행된다고 경고하고 있다. 정교성, 이동성, 창의성, 사람 간의 상호작용을 포함한 직업은 사람들의 몫으로 오랫동안 남겨지겠지만, 정형적(Routine) 일자리는 궁극적으로 자동화되며, 대부분 분야에서 교육과 훈련은 로봇과의 경쟁에 거의 소용이 없다는 것이다. 한편, 이전에 언급한 에드워드 헤스(Edward Hess)와 캐서린 루드위그(Cathern Ludwig)도 2017년 내놓은 저서 『Humility Is The New Smart』에는 지식근로자의 실업을 기정사실화하고 있으며, 이런 시대에 인간이 갖추어야 직업적 덕목을 제시했다. 게오르그 그레츠(Georg Graetz)와 가이 마이클스(Guy Michaels)는 「Robots at Work」 보고서에서 1993년부터 2000년까지의 17개국의 산업용 로봇의 활용 실태를 분석했는데, 로봇에 의한 직업 대체 위협에 가장 많이 노출된 노동계층은 초급과 중급노동자들이라는 점을 강조하고 있다.

프레이의 연구에서 나타난 직업 대체 전망치가 가진 의미를 제대로 파악하기 위해서는 프레이의 실업통계가 산출된 방법을 알아야 한다. 일반적으로 직업(Job)은 작게는 몇 개에서 많게는 수십 개의 업무(Task)[⑦]로 구성된다. 기술에 의한 직업대체의 분석 틀로는 두 가지 모델이 있는데 하나는 '직업 단위 모델(Occupation-based model)'이고 다른 하나는 '업무 단위 모델(Task-based model)'이다. 말 그대로 직업 단위 모델은 직업 단위로 자동화 가능성을 분석하는 것이고, 업무 단위 모델은 업무 단위로 자동화 가능성을 분석하는 것이다. 프레이의 연구는 직업 단위 모델을 채택하고 있다.

프레이의 연구는 미국의 직업 데이터베이스인 O*NET 2010 버전의 총 903개 직업을 미노동청 702개 표준 직업 분류체계에 정리하여 맞춘 후에 그 702개의 직업을 분석 대상으로 삼고 있다. 각 직업의 대체 가능성을 계산하는 데는 일종의 확률적 기계학습 방식을 사용한다. 자동화가 가능하지 않은 70개 직업을 선정해서 학습용으로 사용했는데 이 70개 직업은 옥스퍼드 대학의 공학

[⑦] 업무(Task)는 보통 '작업'이라고 부르는데 이 절에서는 '직업'과 '작업'의 발음이 유사해 '업무'로 통일해 표기했다.

분야 연구자 몇 명이 미국의 702개 직업 중에서 자동화가 가능하지 않다고 판단한 직업들이다.

한편, 확률적 기계학습 방식에서는 로봇이 하기 어려운 3대 작업 성격 - △수작업 정교성, △창의성, △지각능력 - 에 대해 정의한 9개의 속성을 사용했다. 70개 직업 각각에 부여한 이 속성들의 가중치를 학습 자료로 사용해서 기계학습모형을 만들었으며, 이 모형을 사용해서 나머지 632개의 직업에 대한 직업 대체확률을 결정했다. 이때, 각 직업에 대한 속성의 가중치는 연구자들이 정성적으로 판단해서 결정한 값을 사용했다.

9.3 급진적 기술적 실업의 우려를 반박하는 진영도 있다

앞에서 기술적 실업을 주장하는 학자들이 제시한 실업에 대한 전망치를 살펴보았다. 이런 전망치는 대략 20년 이내에 빅뱅 수준의 기술적 실업을 예고하고 있다. 이런 논의가 학계 내의 폐쇄된 논의가 아니라 일반인에게 퍼지면서 일반 대중들의 실업에 대한 우려가 커지고 있다. 하지만 우리가 알아야 할 것이 있다. 바로 이런 충격적인 기술적 실업을 반박하는 체계적인 연구결과도 있다는 점이다. 여기서는 그 내용을 살펴본다.

가장 대표적인 연구결과는 2016년에 발표된 OECD의 워킹 논문이다. 이 연구는 독일 하이델베르크 대학 교수 멜라니 안츠(Melanie Arntz)와 독일 만하임에 본사를 둔 경제 연구 기관인 ZEW 연구소의 두 연구원 테리 그레고리(Terry Gregory)과 울리히 지란

(Ulrich Zierahn)이 공동으로 수행했다.[108] 이 연구도 앞으로 주연구자인 안츠 교수의 이름만을 사용해서 간단히 '안츠의 연구'라고 부를 것이다.

안츠의 연구는 미국을 포함한 OECD 21개국을 대상으로 직업의 자동화 위험도를 산출하였다. 이 연구 결과는 프레이의 연구와 아주 대조적인 내용을 담고 있다. OECD 21개국의 전체 일자리 중에서 전체의 9%만이 자동화 고위험군에 속한다는 것이다. 프레이가 전망한 값(47%)의 1/5분 정도밖에 되지 않는 작은 수치다.

그렇다면, 안츠의 전망치와 프레이의 전망치가 큰 차이를 보이는 이유는 무엇일까? 바로 기술적 실업에 대한 분석 틀의 차이다. 직업 단위의 모델을 사용한 프레이의 연구와는 달리 안츠의 연구는 업무 단위 모델을 채택했다. 이를 위해 안츠의 연구는 PIAAC(The Programme for the International Assessment of Adult Competencies) 데이터베이스를 사용하고 있는데 PIAAC 데이터베이스는 유일하게 국가별 작업 레벨의 직업구성, 작업별 요구스킬 및 역량 등과 같은 미시적 지표들에 대한 데이터로 구성되어 있다. 사실 안츠의 연구가 가능했던 것은 이 PIAAC 데이터베이스 덕분이라고도 볼 수 있다.

안츠의 연구가 수행된 이유는 프레이의 연구결과를 보다 정확하게 검증하기 위해서였다. 업무 기반 접근방식을 채택하고 있지만 안츠의 연구는 프레이의 연구에서 사용한 9개의 자동화 지표를 그 결과를 산출하는 데 적용한 것도 그 때문이다. 이후에 다시 언급하겠지만 이런 점 때문에 프레이의 결과치와 안츠의 결과치를 객관적으로 비교하는 것이 가능하다.

안츠의 연구에서 고위험군의 비율은 큰 차이를 보인다. 21개 OECD 국가 중에서 가장 낮은 국가는 한국으로 6%이며 가장 높은 국가는 독일과 오스트리아로 12%로 나타났다. 안츠의 연구는 국가별 일자리의 자동화 위험비율뿐만 아니라 이 위험비율들을 국가별 교육수준, 자동화 기계 활용 정도, 직업의 구성 등과 관련한 결과도 내놓고 있다. 그 내용을 여기서 따로 설명하지 않는다.

일부 다른 연구에서도 안츠의 연구와 유사한 결과를 산출하고 있다. 예를 들면 미국의 ITIF(Information Technology & Innovation Foundation)은 미국 노동청의 자료를 바탕으로 분석한 미국의 자동화 고위험 직업의 비율을 9%로 전망하고 있다.[109] 2017년 1월, 매킨지 (MaKinsey)는 2015년에 발표한 기술적 실업 전망치와 상당한 차이가 나는 새로운 자료를 내놓았다.[110] 800개 직업(Job)을 구성하는 2,000개 이상의 업무(Task)를 분석한 결과, 기존 기술수준으로 완전히 자동화할 수 있는 직업의 비율은 5% 이하라는 게 골자다. 전체 직업의 60%는 최소한 30%의 업무가 자동화가능하다는 분석도 포함하고 있다. 한편, 많은 직업이 사라져 버리기보다는 작업내용만 변할 것이라는 점도 덧붙이고 있다.

9.4 아직은 기술적 실업을 걱정할 단계는 아니다

앞에서 기술적 실업에 대한 두 가지 대표적인 전망을 살펴보았다. 하나는 향후 20년 이내에 미국의 일자리의 47%가 사라질 수 있다는 경고성 전망이고, 다른 하나는 위험도가 10% 이하로 기술적 실업을 많이 걱정할 수준이 아니라는 상반된 전망이다. 그렇다면 과연 우리는 어느 쪽의 손을 들어줘야 할까? 여기서는 이 문제를 따져볼 것이다.

기술적 실업 전망에 대한 입장을 정하는 것도 쉬운 일은 아니다. 일단 미래에 진행될 기술 진보를 예측할 수 있어야 하는데 그것부터 쉽지 않다. 실업은 기술적 요소 외에도 경제 및 정치 상황 등 다양한 요소들에 의해서도 결정되므로 더욱 그렇다. 그렇지만 여러 근거를 놓고 보면, 현재로는 프레이의 비관적 전망보다는 안츠나 ITIF, 매킨지와 같은 다소 낙관적인 전망이 더 합리적일 수밖에 없다. 주요 근거는 다음과 같다.

첫 번째로 꼽을 수 있는 근거는 기술에 대한 과대평가다. 현재의 기술적 실업에 대한 논의는 인공지능을 둘러싼 기술 진보에서 비롯되었다. 이 책에서 거듭 강조하지만, 아직 인공지능은 실질적인 기술적 실업을 초래할 수준이 아니며, 누구도 그 기술 진보의 속도를 가늠할 수 없는 상태이다. 참고로 10장에서 이 문제를 상세히 다룰 것이다. 역사적으로도 파격적인 기술적 실업에 대한 전망은 인공지능 분야의 학계로부터 종종 나왔다. 당연히 기술분야의 학자 또는 전문가들의 기술 진보 속도에 대한 과도한 자신감에 비롯됐다. 예컨대, 인공지능의 대가인 마빈 민스키(Marvin Minsky)는 1970년에 향후 3년에서 8년 안에 보통 인간의 지능을 가진 기계와 함께할 것으로 예측했다. 1982년에 게일 슈왈츠(Gail G. Schwartz)는 한 세대 안에 20%의 일자리가 사라진다고 전망한

바 있다. 이런 전망이 큰 틀에서 기술적 실업에 대한 경각심을 불어 일으키는 데는 도움이 되었다. 그렇지만 그 전망 자체는 완전히 틀린 것으로 판명됐다.

두 번째는 실업통계의 정확성이다. 사실 프레이의 전망치는 통계 자체의 정확성에 결함이 있다. 앞에서 일자리의 자동화 분석 방법으로 프레이는 직업 단위 모델을 채택하고 있다는 점을 설명했다. 직업 단위 모델의 일자리 분석은 크게 두 가지 결점을 지니고 있다. 일반적으로 직업은 수많은 작업들로 구성되어 있다. 비록 자동화가 손쉬운 정형적 직업으로 보여도 그 직업은 자동화가 가능하지 않은 업무를 일부 포함한 경우가 많다. 첫 번째 결점은 위와 같은 직업을 구성하는 업무들의 다양성이 충분히 고려되지 못한다는 점이다. 한편, 같은 직업이라 할지라도 그 업무 구성이 획일적으로 다 같지 않고 개인, 지역 또는 국가 간에 일부 차이가 있다. 위와 같이 직업의 다양성 및 업무 자체의 이질성에 대한 고려가 부족한 직업 단위 모델의 통계는 부정확할 수밖에 없다.

예를 들어 사무, 회계 또는 감사업무의 행정직원을 보자. 프레이의 연구에서는 이런 직업의 자동화 가능성이 98%로 높게 나타나고 있다. 물론 이 직업들을 규칙기반 반복(Routine) 작업으로 분류했기 때문이다. 하지만, 업무 단위로 살펴보면 이런 직업에 종사하는 사람 중에서 협동작업과 대인업무(Human interaction)를 수행해야 하는 사람들도 76%인 것으로 나타났다. 사실, 프레이의 연구에서도 이런 업무들은 자동화가 가능하지 않은 업무로 분류되어 있다. 하지만 직업 단위 분석 틀을 사용하고 있어서 그런 부류의 업무는 고려되지 않았다. 실제로 업무 단위 분석 틀을 사용한 앤츠의 연구에서는 이 직종의 자동화 위험비율은 상대적으로 낮은 24%로 나타나고 있다.

세 번째로 제기할 근거는 지금까지 경험한 기술적 실업에 대해 작동한 경제 역학이다. 일반적으로 기술 진보에 따른 생산성 향상은, 정도의 차이는 있지만, 기술적 실업을 낳는다. 노동 총량이 불변한다는 전제로는 이 실업은 영구적일 수밖에 없다. 하지만 과거의 200여 년 동안은 기술 진보에 의해 노동 총량이 증가해서 기술적 실업이 탄력적으로 보상되었다. 이른바 보상이론(Compensation Theory)이란 것이 작동한 결과다.[111] 기술 진보에 의한 생산성의 향상은 제품의 가격하락과 고품질화를 가져오고, 이는 수요증가로 이어져 해당 산업의 고용 증가를 가져온다. 수요증가는 해당 산업의 장비수요도 증가시켜 이 장비생산 산업의 고용증가도 발생시킨다. 가격하락에 따른 근로자의 구매력 향상은 다른 산업의 생산증가로도 이어진다는 것이 골자다. 최근에는 이런 보상이론이 잘 작동하지 않는다는 지적은 있지만, 아직은 제대로 검증된 것은 아니다. 여전히 기대해도 된다는 뜻이다.

위에서 제시한 근거 이외에도 기술적 실업에 대해 가장 잘 아는 사람은 그 일에 종사하는 사람일 수도 있다는 점을 생각해 볼 수 있다. 가까운 장래에 닥칠 일자리 자동화에 우려의 목소리가 커지는 상황에도 적어도 자신의 직업은 아닐 것으로 생각하는 사람이 많다는 것이다. 20년 후에 자신의 직업이 기계로 대치될 것이라는 질문을 받았을 때 진지하게 "예."로 대답하는 비율은 프레이가 전망한 것처럼 50%에 육박하지는 않을 거란 뜻이다.

실제로 2016년 미국의 PEW 연구센터에서 성인 2,000명을 대상으로 심층 설문조사를 수행한 바 있다.[112] 질문에서는 프레이의 대체기한인 20년 대신 50년으로 늘려 잡았다. 먼저, 컴퓨터와 기계가 현재의 미국사회의 직업을 대체할 것인가에 대한 긍정적 답변은 65%로 나타났다. 15%는 확실히 "그렇다."이고, 나머지 50%는 "아마 그럴 수도 있다."이다. 그렇지만 자기 자신의 직업이 50년 후에도 남아있을 것인가라는 질문에는 26%는 확실한 긍정을, 44%는 "아마 그럴 것"이라는 약한 긍정을 나타냈다. 70%의 사람들이 자신들의 직업은 자동화가 되지 않는다고 생각하고 있다는 의미다.

이제 기술적 실업 문제를 정리할 시점이다. 1930년대에 이른바 경제학의 전설인 존 메이나드 케인스(John Manard Kanes)는 '기술적 실업'이라는 용어를 처음 사용하며 이른바 손자 세대의 실업을 전망했다. 하지만, 그 손자 세대를 한참 지났지만, 인류는 여전히 재앙적인 기술적 실업은 아직 경험하지 않은 상태다. 하지만, 크고 작은 실업문제는 항상 있었다. 지금까지 그래 왔던 것처럼 그런 문제들에 더 관심을 두고 최선을 다하는 것이 생산적일 선택일 것이다. 아직은 대규모 실업에 대한 심각한 우려에 함몰될 이유가 없는 까닭이다.

이 절을 마치면서 기술적 실업과 관련해 몇 가지 더 짚고 넘어갈 것이 있다. 첫 번째는 앞에서 살펴본 두 진영은 기술적 실업 전망 값에 대해서는 상반된 결과를 보였지만, 한 가지 일치하는 점이 있다. 저임금 비숙련 일자리가 자동화의 위험에 상대적으로 많이 노출되어 있다는 점이다. 이런 현상은 여기서 다룬 대규모 충격적인 기술적 실업과는 다른 것이다. 이미 수십 년 전부터 있어 온 현상이지만, 산업용 로봇의 도입이 늘면서 최근에 더욱 현저하게 나타나고 있을 뿐이다.

두 번째는 장기적인 산업의 재편에 따른 직업 재편은 대비해야 한다는 것이다. 최근의 인공지능 기술발전은 실질적인 생산성 향상과는 거리가 멀지만, 일부 산업의 재편을 유발할뿐더러 직업의 새로운 변천 기회도 제공하고 있다. 알다시피, 그간의 역사에서와 마찬가지로 기술 진보로 인한 기술과 교육의 경쟁은 계속될 것이다. 이런 상황변화를 면밀히 분석해서 직업교육 강화에 힘써야 할 것이다.

마지막은 기술적 실업의 문제는 인공지능의 발전 속도에 의해 결정된다는 점이다. 만약 인공지능이 인지능력을 갖는 수준의 기술에 도달한다면 첫 번째 진영에서 제기한 기술적 실업 문제가 본격적으로 불거질 것이다. 물론 그런 상황이 조만간 닥칠 거란 전망은 아직 이르다. 아무튼, 인공지능이 얼마나 빨리 발전할 것인가가 관건이다. 이 문제는 다음 장에서 살펴볼 것이다.

10 인공지능 시대가 곧 열린다?

분명 인공지능에 대해 전례가 없는 과열상황(Hype)이 나타나고 있다. 조만간 인공지능 시대가 열릴 것이라는 목소리도 커지고 있다. 하지만, 이런 주장이 여과 없이 수용되어서는 곤란하다. 인공지능 기술 진보의 급격한 진행은 우리 사회를 뒤흔들어 놓을 기술적 실업 문제로 곧바로 직결되기 때문이다. 일부 전문가 그룹도 현재의 인공지능이 과대평가되고 있다는 우려를 내놓고 있다. 인공지능 기술의 현주소를 살펴보고 인공지능 기술 발전의 방향과 속도를 따져볼 필요가 있는 것이다. 이 장에서는 인공지능 과열현상의 진위를 집중적으로 따져보고 인공지능이 얼마나 빨리 발전할 것인지도 전망해 볼 것이다.

인공지능은 부침이 심한 기술이다

앞에서 오늘날 실용적 미래학자들이 그려내는 '스마트 머신의 시대'가 도래하는 시점은 인공지능의 발전 속도에 달려있다는 점을 지적했다. 스마트 머신에 관한 담론의 가장 중요한 키는 바로 인공지능 발전에 대한 분명한 이해이다. 이에 대한 본격적인 논의에 앞서, 이 절에서는 인공지능 기술에 대한 합리적 시야를 확보하기 위해 그간의 발전과정을 추적할 것이며, 이 역사 통해 얻을 수 있는 교훈도 한번 생각해 보려고 한다.

인공지능은 새로운 것이 아니며, 매우 오래된 학문 분야이다. 인공지능이라는 용어는 지금부터 60여 년 전인 1956년 미국 아이비리그 대학 중 하나인 다트머스대(Dartmouth University) 워크숍에서 수학자 존 매카시(John McCarthy) 박사가 처음 사용했다. 이 워크숍은 기계가 지능을 모사할 방법을 탐구하기 위한 목적으로 개최되었다. 당시는 1946년 최초의 컴퓨터인 애니악(Eniac)이 개발된 지 겨우 10년밖에 되지 않아 상용 컴퓨터가 막 출시되기 시작한 때였다. 소프트웨어는 기술적으로 매우 미약한 상태지만 컴퓨터에 대한 커다란 기대가 인공지능이라는 새로운 학문을 낳았던 것이다.

초기의 큰 기대만큼 인공지능 연구는 다양한 방향으로 진행되었다. 대표적인 것으로 컴퓨팅 모듈들을 네트워크 형태로 연결하여 지능적 동작을 모사하려는 연결주의(Connectionism)를 들 수 있다. 물론 이런 시도는 우리 뇌를 구성하는 뉴런과 뉴런들을 연결하는 시냅스에 대한 신경과학 분야의 연구결과에 많은 영향을 받은 것이다. 1950년대 말부터는 효율적인 탐색방식과 논리학을 바탕으로 한 추론에 주목했으며, 이를 공식증명(Theorem proving)이나 여러 영역의 문제해결(General problem solving) 도구의 구현에 활용했다. 이런 접근방식을 후대에 심볼 기반 추론(Symbolic reasoning) 또는 심볼주의(Symbolism)라고 부른다.

1960년에 접어들면서 인공지능 연구가 본격적으로 활성화했으며, 일부 성공적인 결과로 인공지능에 대한 기대가 커지게 된다. 하지만, 여러 문제점이 불거지면서 이런 기대는 오래가지 못했다. 대표적인 사건으로 1960년대 중반 기계번역 프로젝트가 실패로 판정이 난 것을 들 수 있다. 당시는 냉전시대이므로 러시아 문서를 영어로 자동으로 번역하는 기계번역은 인공지능 분야의 일종의 킬러 애플리케이션이었다. 문제는 여기서 그치지 않았다. 오늘날 뉴럴 네트워크(Neural network)의 원조로서 기계학습의 메커니즘을 제공한다는 점에서 큰 관심을 받아왔던 데이비드 로젠블랫(David Rosenblatt)의 퍼셉트론(Perceptron)이 갑자기 바닥으로 떨어지는 상황이 발생했다. 1969년에 마빈 민스키(Marvin Minsky)와 세이모어 페펏(Seymour Papert)이 그 학습 능력에 한계가 있다는 점을 수학적으로 증명해 보인 것이다.[113] 물론 지금의 뉴럴 네트워크와는 달리 단층으로 구성된 퍼셉트론은 일종의 선형적 분류기이므로 그런 한계는 당연했다.

이런 일련의 사건들은 이른바 인공지능의 역사에서 '1차 인공지능 겨울(1974년~1980년)'이 도래하는 계기가 된다. 미국에서 인공지능 분야에 가장 많은 연구비를 지원하는 미국 국방성에서는 인공지능에 대한 의구심이 커지고, 영국에서마저 인공지능은 장난감 수준의 문제밖에 풀지 못하다고 혹평하는 라이트힐 보고서(Lighthill report)가 1973년 의회에 제출된다. 결국, 1974년부터 인공지능 분야는 국가적으로 외면을 받게 되고 연구비 지원이 많이 삭감되는 상황으로 이어진다.

그런데도 일부 연구자들은 인공지능에 대한 희망을 버리지 않고 열악한 상황에서도 연구의 끈을 놓지 않고 불씨를 살려 놓는다. 이 시기에는 심볼주의의 연장선인 전문가 시스템(Expert system)의 연구가 매우 활발하게 진행되었다. 산업체에서도 전문가 시스템의 실용화가 가능하다고 전망하고 의료 등과 같은 여러 응용 분야에 대한 엄청난 투자가 진행되었다. 전문가 시스템의 구현에 사용했던 Lisp 언어에 특화된 컴퓨터를 개발하는 회사도 생겼다.

한편, 한동안 침체기에 빠졌던 단층 뉴럴네트워크인 퍼셉트론을 확장한 다층 뉴럴네트워크에 대한 연구도 다시 활기를 띠었다. 1974년에 폴 웨보스(Paul Werbos)는 제어이론에 기원을 둔 오류역전파 알고리즘(backpropagation algorithm)를 다층 뉴럴네트워크의 학습방법으로 제시해 다층 뉴럴네트워크의 학습 가능성을 열어 놓았다. 1986년에 연결주의의 대표학자인 러멜하트(David E. Rumelhart)와 힌톤(Geoffrey E. Hinton), 윌리엄스(Ronald J. Williams)가 실험을 통해 이를 검증하였다.[114] 오늘날 유행하는 딥러닝(Deep learning)에 가장 많이 사용되는 뉴럴 네트워크 모델인 컨볼루션 뉴럴 네트워크(Convolutionary neural network)나 순환 신경망(Recurrent neural network)도 모두 이 당시의 연구 결과물이다.

이런 결과로 IBM 등과 같은 기업들은 요란한 인공지능 전시회를 개최하였다. 수많은 언론과 잡지에서는 인공지능 시대가 성큼 다가왔다는 기사를 쏟아냈다. 하지만 이런 분위기는 오래 가지 못하고 다시 꺾이게 된다. 1980년대 말부터 심볼주의와 연결주의 모두 시련을 맞게 되는 '2차 인공지능 겨울(1980년대 말~1990년대 초)'에 접어들게 된 것이다. 모든 규칙을 사람이 작성해야 하는 전문가 시스템은 기본적으로 비용이 많이 들며, 실 환경에 맞는 규칙을 총망라하는 것은 거의 불가능에 가깝다는 이른바 품질 문제(Qualification problem)에 봉착하게 된다. 결국, 전문가 시스템은 일부 특별한 응용 분야에만 적합할 뿐이라는 결론에 도달하게 된다. 물론 Lisp 회사들은 모두 망하게 되며, 전문가 시스템 기업들도 사업 축소의 길로 접어든다.

한편 연결주의의 뉴럴 네트워크도 비슷한 처지에 놓이게 된다. 당시의 컴퓨팅 환경에서는 실환경에 부합하는 대규모 뉴럴 네트워크의 학습에 지나치게 많은 시간이 걸렸으며, 계층의 크기가 커지면서 역전파가 희석되어 학습의 효과가 떨어지는 학습 알고리즘 자체의 한계에 봉착하게 된 것이다. 결국 뉴럴 네트워크도 일부 특정한 분야에만 사용될 수밖에 없는 처지에 놓이게 된다. 물론 그 이후 인공지능 연구에 대한 국가적 차원의 관심과 기대는 다시 줄어들고, 막대한 연구비 지원도 일부 응용 분야로 축소된다.

그렇지만, 1차 인공지능 겨울에서와 마찬가지로 인공지능 연구는 계속 진행되었다. 주로 기존 연구 분야를 응용에 접목하는 데 더 치중했다. 고급 통계 분석과 모델링 기법을 적용하여 데이터 내에 숨겨진 유용한 패턴과 관계를 찾아내는 데이터마이닝(Data mining) 기술은 기업의 정보시스템 일부로 확산되었다. 다층 뉴럴 네트워크를 제치고 우월적한 위치를 점한 서포트 벡터 머신 (Support vector machine)과 같은 기계학습 기술도 자연어 처리 등에 활용되었다. 컴퓨터 비전 기술은 자동차 번호판 자동인식, 감시 정찰(Surveillance), 자동검사 로봇 등 다양한 분야에 널리 사용되었다. 특히 2004년의 모자브 사막 횡단 무인 자동차 경주 대회부터 시작된 미국방성 연구지원기관(DARPA)의 그랜드 챌린지 프로그램은 기초기술에 대한 투자보다는 인공지능 기술의 활용에 초점을 둔 연구비 지원의 대표적 사례이다. 실제로 이 프로그램으로 인해 인공지능 기술 기반 자율운전(Autonomous driving) 기술은 괄목할 만큼 발전했다. 하지만 이런 인공지능 연구도 2010년 초까지는 그다지 주목을 받지 못했다. 대부분은 기존 인공지능 기술의 실용화를 둘러싼 연구였으며, 그 실용화의 파급효과도 여타 기술 수준 정도밖에 되지 않아 큰 인상을 남기지 못했기 때문이다.

2010년대에 들어서면서 그간 조정기를 거치던 인공지능은 다시 역전 상황을 맞는다. 2011년 2월 IBM의 인공지능 왓슨이 미국 퀴즈쇼인 '제퍼디'에서 우승했고, 구글 자율 주행차가 주행 허가를 받았으며, 애플이 아이폰에 인공지능 비서 '시리'를 탑재하면서 인공지능에 대한 대중적 관심이 다시 커진 것이다. 이듬해인 2012년에는 이런 분위기를 한층 더 부추기는 일이 벌어진다. 바로 딥러닝(Deep Learning)이라는 새로운 인공지능 기술이 등장한 것이다. 이 기술은 나오자마자 기존 인공지능 기술의 한계를 뛰어넘을 수 있는 기술로 주목을 받았다.

2013년에 접어들면서는 글로벌 정보기술(IT) 기업들도 인공지능에 눈독을 들이기 시작한다. 자체 연구소를 설치하고 글로벌 인재를 유치해 본격적으로 딥러닝 기반 인공지능 연구를 착수하는 기업들이 하나둘씩 늘어났다. 벤처캐피털의 투자도 점점 더 커졌다. 기업들은 그간 기술의 한계로 정체되어 있던 영상인식, 다국어 번역 등 다양한 분야에서 괄목할 만한 연구성과도 앞다투어 내놓게 된다. 바로 딥러닝 알고리즘의 차별화된 우수성이 여지없이 입증된 것이다. 이를 목격한 학계, 산업계의 전문가들 사이에서는 조만간 인공지능의 시대가 펼쳐질 것이라는 목소리가 한껏 높아졌다. 새로운 봄이 시작된 것이다.

이상과 같은 인공지능의 역사는 우리에게 몇 가지 귀중한 사실을 알려준다. 첫째는 인공지능은 부침이 매우 심한 기술이라는 점이다. 인공지능의 개념이 세상에 나온 이래 최근까지 근 60년에 거쳐 두 번의 붐(Hype)과 두 번의 침체기(Winter)를 겪었으니 말이다. 두 번째는 인공지능은 불멸의 기술이라는 점이다. 인공지능은 여러 번 깊고 오랜 침체기를 맞았지만 한 번도 그 불씨가 완전히 꺼진 적은 없다는 것이다. 오히려 다시 고개를 내밀어 부상하고는 곧 더 큰 주목과 기대를 모았다. 기술의 역사에서 좀처럼 찾아보기 힘든 현상이다.

한편, 인공지능의 역사는 우리에게 귀중한 교훈도 전해준다. 인공지능 봄이 왔을 때, 결코 과대평가에 빠져서는 안 된다는 점이다. 과대평가는 인공지능에 대한 지나친 기대로 이어지고, 이는 곧 독이 되어 돌아오기 때문이다. 주식시장에서 추격매수를 경계시킬 때 흔히 인용하는 "산이 높으면 골도 깊은 법"이라는 표현과 일치하는 대목이다.

10.2 인공지능은 합의된 정의가 없다

4차 산업혁명이 주도기술이 인공지능이라면 당연히 인공지능의 정의쯤은 꿰고 있어야 할 것이다. 최근 벌어지고 있는 인공지능에 대한 계시록적 담론, 기술로드맵의 수립과 같은 연구개발 의제, 최근 논란이 되는 무차별적 인공지능 포장의 문제와 같은 실용적 논의는 모두 인공지능의 명확한 정의가 전제돼야 한다. 그런데 신기하게도 아직 인공지능에 대한 지배적인 정의가 존재하지 않는다. 이런 상황에서는 주관적이나 작위적으로 인공지능으로 포장해도 그 진위를 명확하게 가려내기 어렵다. 이른바 상상의 자유에 함몰되기 좋은 상황이다. 여기서는 인공지능이 무엇을 의미하는지 그 정의를 알아볼 것이다.

먼저, 인공지능에 대한 지배적인 정의가 존재하지 않는 이유를 알아보자. 인공지능은 정확하게 정의 자체를 내리기가 힘들거나, 정의를 내렸더라도 그 정의가 다소 모호할 수밖에 없는 여러 여건을 갖고 있다.

인공지능(Artificial Intelligence)의 의미가 인공지능의 정의 자체를 내리기 힘들게 한다. 인공지능이라는 표현을 말 그대로 해석해 보자. 인공지능은 인공적인 지능이다. 여기서 인공(Artificial)이라는 단어는 물리, 화학, 생물적 현상이나 법칙이나 동작의 인위적으로 모사하는 것을 나타낸다. 예를 들어, 인공심장이라는 것을 떠올려 보면 쉽게 이해가 될 것이다. 이런 용어의 의미를 적용하면, 인공지능은 인간의 지능을 모사하는 것이라고 할 수 있다. 만약, 지능(Intelligence)이 무엇인지에 대한 명확한 이해와 어떻게 모사할지에 대한 구체적인 방법을 찾아내면 인공지능에 대한 명확한 정의에 도달할 수 있다.

그런데 우리는 아직 인간 '지능' 자체에 대한 명확한 이해에 도달하지 못했다. 애초에 인간의 지능은 다양한 요소를 가진 매우 복잡한 현상이다. 이런 현상은 다양한 학문분야와 연관되어 있다. 심리학, 경제학, 신경과학, 생물학, 공학, 통계한, 언어학 등과 같은 많은 학문분야에서 각기 서로 다른 방식을 사용해서 지능이라는 공통적인 과제에 접근하는 이유이다. 앞으로도 당분간은 '지능' 또는 '지능적'이라는 것에 대해서는 일치된 해석이나 설명에 다다를 가능성이 적다. 연구를 하면 할수록 오리려 새로운 의문이 꼬리를 물고 생겨나기 때문이다. 과학기술적 상황이 이러하니 인공지능 분야에서 실현하고자 하는 지능에 대한 해석은 천차만별일 수밖에 없다. 예컨대, 인공지능 분야에서도 '지능적'이라는 것에 대한 해석은 간단한 자동 제어에서 인간수준의 인지적 동작에 이르기까지 큰 스펙트럼을 갖는다.

한편, 지능을 인공적으로 모사할 수 있을지도 아직 미지수다. 인공적 모사에는 두 가지 접근방법이 있다. 일단 물리, 생물, 화학적 실체를 인공적으로 모사하기 위해선 먼저 그 실체를 지배하는 원리를 규명해야 한다. 그다음 실물 그대로 재현하거나 단지 원리만 빌리고 나머지는 공학적으로 가용한 기술을 사용해서 재구성하면 된다. 전자는 절벽에서 떨어지는 물의 힘을 그대로 재현해 동력을 얻는 방법인 수력발전이 한 사례다. 후자의 경우, 새와 동물을 모사한 이동 수단인 비행기나 자동차가 그 사례다. 비행기에는 날개가 없고 자동차에 다리가 없다. 단지 공기의 부력이나 근력이라는 물리적 원리만 차용한 것이다.

지능을 인공적으로 모사하려는 시도에도 그런 두 가지 접근방법을 적용하고 있다. 신경과학 분야에서는 인간의 뇌의 메커니즘을 그대로 복제하려고 시도하고 있으며, 컴퓨터과학 분야에서는 수학, 통계학, 컴퓨터 알고리즘과 같은 학문지식을 활용해 뇌의 동작 원리를 재구성을 통해 구현하려고 한다. 그런데 두 접근방법 모두 아직 수준이 낮아 거의 오리무중인 상태다. 참고로 컴퓨터과학 분야에서 나온 뉴럴 네트워크는 뉴런(Neuron)과 시냅스(Synapse)라는 뇌의 구조에서 일부를 따왔다고는 하지만 단순히 동시에 발화(Excitation)하는 연결된 뉴런 간의 시냅스들은 장기적으로 강화된다는 헤브 원칙(Hebb principle) 정도를 단순한 형태로 모사한 것일 뿐이다. 실제로는 뉴런의 동작은 물론 뇌의 동작원리와도 거리가 멀다. 이런 이유로, 딥러닝의 대가 중의 하나인 얀 레쿤(Yann LeCun)은 자신의 논문에서 뉴런이란 용어 대신 컴퓨팅 수행

단위를 나타내는 유닛(Unit)을 주로 사용한다.[115] 아무튼 지능에 대한 이해가 부족하고 지능을 모사하는 수준도 매우 낮은 상황에선 인공지능에 대한 정의 자체를 내리기가 쉽지 않다.

한편 인공지능의 정의를 내렸더라도 그 정의가 다소 모호할 수밖에 없는 여건이 있다. 이른바 'AI 효과' 또는 'AI 파라독스'라고 부르는 현상이다. 인공지능의 개념은 시대에 따라 달라진다는 것이 요지다. 인공지능의 특징이 강한 것부터 약한 것까지 다양한 스펙트럼으로 나타날 것이며, 기술이 발전하면서 예전의 인공지능은 더는 인공지능으로 불리지 않으며, 그 대상도 변화한다는 것이다. 한때, 특정 목표에 도달하기 위한 효율적인 탐색(Heuristic)이 인공지능의 핵심으로 여겨지던 시대가 있었다. 하지만 지금은 그런 시도를 일반 컴퓨터 알고리즘으로 여겨지고 있으며, 더는 인공지능으로 간주하고 있지 않다.

예를 하나 더 들어보자. 1997년에 IBM 딥블루가 체스 세계 챔피언 개리 카스파로브(Garry Kasparov)를 이겼을 때, 딥블루는 인공지능의 정수로 여겨졌다. 시간이 지나면서 사람들은 딥블루는 실제 지능은 아니고 단순한 무차별 대입적(Brute force) 탐색모델로 간주하기 시작했다. 실제로 IBM 자체도 딥블루의 탐색과 평가 절차를 설명하는 논문에서 지능이라는 용어를 한 번도 사용하지 않았다. 딥블루는 인공지능의 정의가 지속해서 갱신된다는 점을 바로 보여준다.

앞에서 인공지능은 정의 자체를 내리기 힘들거나 정의를 내렸더라도 모호할 수밖에 없는 점을 살펴보았다. 이런 점 때문에 인공지능에 대한 정의도 다양하다. 지금부터는 인공지능에 대한 기존 대표적인 정의나 정의를 하려는 시각에 대해 알아볼 것이다.

첫 번째는 학문적으로 가장 유력한 정의다. 명목상 가장 많이 인용되는 것은 2010년에 출간한 『The Quest for Artificial Intelligence: A History of Ideas and Achievements』란 저서에 나오는 미국 컴퓨터과학자 닐스 닐슨(Nils Nilsson)의 정의이다.[116] 이 정의에 따르면, 인공지능은 기계가 지능을 갖도록 하는 것이며, 여기에서 '지능'은 주변 환경 속에서 기계가 적절하고 예측 가능한 방식으로 동작하게 하는 특성이라고 설명하고 있다. 물론 지능을 설명하는데 적절성과 예측가능성이라는 개념을 도입했지만, 이 정의도 여전히 분명치는 않다.

두 번째는 결과물을 보고 인공지능을 정의하려는 시각이다. 지능(Intelligence)에 대한 정의는 분명하게 표현할 수는 없지만, 적어도 지능이 어떤 것인지에 대한 개념자체는 존재한다. 인간과 동물을 학문적 용어로 그 지능 수준을 명확하게 구별해 설명할 수 없더라도 인간이 동물보다 지능적이라는 사실은 모두 수긍하고 인정한다. 그러므로 지능에 대한 명확한 정의에 따르기보다는 목표하는 결과물의 성격을 가지고 인공지능을 정의할 수는 있다는 것이다. 이 진영은 인공지능이라는 분야를 지능적으로 동작하는 기계의 제작을 연구하는 학문으로 규정하고 있다. 예를 들면 '동작'이 어떤 것을 의미하든 간에 지능적으로 동작하는 기계를 제작하거나 연구하는 것은 인공지능에 해당하는 것이다. 실제로 이런 견해는 유명한 스탠퍼드 대학의 보고서 「인공지능 2030」에도 나타난다.[117] 이 보고서에는 인공지능의 정의 중의 하나를 인공지능이란 인공지능을 연구하는 학자들이 수행하는 연구라고 적시하고 있다.

마지막이자 세 번째는 인공지능의 구성요소를 가지고 인공지능을 정의하려는 시각이다. 앞에서 봤듯이 인공지능에 대한 해석이 분분해도 인공지능과 관련해 한 가지 변치 않는 것이 있다. 바로 인간지능은 궁극적인 벤치마킹 대상이 있다는 것이다. 벤치마킹 대상이란 기능이나 성능의 비교 대상을 말한다. 그 벤치마킹 대상은 바로 인간이다. 인간을 기준으로 인공지능을 정의하려는 시도가 바로 구성적인 접근방법이다. 인간은 보고, 듣고 말하며 지식을 쌓고 추론하며, 계획해서 행동한다. 바로 이런 일련의 기능이나 단계를 인공지능을 구성하는 기능적 요소로 보려는 것이다.

이런 시각은 전통적으로 컴퓨터 학문 분야에서 주로 취한 방식이다. 실제로 컴퓨터 분야에서는 컴퓨터 비전(Computer vision), 자연어 처리(Natural language processing), 스피치 인식과 생성(Speech recognition & processing), 지식표현(Knowledge representation), 추론(Reasoning), 계획(Planning)과 같은 세부 구성요소에 대한 많은 학문적 연구가 진행돼 왔다. 이런 요소 중에서 일부 기능을 조합해서 만든 시스템은 모두 인공지능 시스템으로 보고 있다.

지금까지 개략적으로 인공지능에 대한 정의를 살펴보았는데, 일단 유력하다는 학문적 정의는 그다지 유용할 것 같지 않다. 그 나머지는 인공지능에 대한 결과물 위주의 정의든 구성적 정의든 간에 모두 귀납적인 방법에 속한다. 이 두 방식에서는 명확한 정의에 따라 판단하는 것이 아니라 보이는 결과물이나 구성요소에 따라 인공지능의 여부를 따져야 하기 때문이다. 긍정적으로 보면, 인공지능을 정의하는 것 자체를 피하고, 주로 실용적 측면에 집중하려는 의도에서 비롯된 것으로 이해할 수 있다. 하지만 부정적인 면도 있다. 인공지능의 귀납적 정의는 인공지능의 과대포장 현상에 한몫을 단단히 하고 있다. 귀납적 정의로는 인공지능 여부를 판단하기가 어려워 인공지능의 실체와 허구를 가리는 문제는 쉽지 않은 까닭이다. 아무튼, 인공지능에 대한 정의는 이런 실정이다.

10.3 딥러닝은 과대평가 상태다

이미 10. 1절에서 언급한 바와 같이 새로운 인공지능의 봄을 이끈 것은 딥러닝 기술이다. 그간 전 세계 학계 및 연구기관을 비롯한 미국 GAFA(구글, 애플, 페이스북, 아미존)와 중국의 BAT(바이두, 알리바바, 탄센트), 우리나라의 네이버, 카카오톡 등 국내외 굴지의 IT 기업들이 딥러닝 기술을 두고 치열한 경쟁을 벌이고 있다. 2017년 현재 딥러닝 기술은 상당한 수준에 도달했으며, 이를 바탕으로 많은 실용적 성과도 쏟아지고 있다. 이런 성과에 힘입어, 딥러닝이 진정한 인공지능의 시대를 열어 놓을 '흑기사'라는 인식이 팽배해지고 있다. 인공지능의 발전궤도를 논의하기 위해서는 과연 그런 인식이 타당한지를 먼저 따져보는 것이 순서일 것 같다. 이 절에서는 딥러닝 기술의 기술적 위치, 역량과 한계를 자세히 살펴볼 것이다.

사실 딥러닝이라는 기술은 그 등장부터 범상치 않았다. 바로 2012년 국제 영상 인식 대회(ILSVRC)에서 믿을 수 없는 일을 벌인 것이다. 매년 열리는 이 대회는 전 세계 내로라하는 영상인식 연구팀이 참가해 십오만 장의 사진 중 자동차, 강아지 등 1,000여 가지 종류의 물체를 얼마나 정확하게 분류할 수 있는지를 겨루는 대회이다. 사실 오랫동안 답보 상태에 머물러 있었다. 그 전까지 75%의 정확도가 최고 기록이었는데 일 년에 1~2%의 성능을 올리기도 쉽지 않았다. 그런데 이 대회에 처음으로 참가한 토론토 대학의 슈퍼비전 팀이 경쟁자와 격차를 10% 이상 벌린 85%의 정확도로 우승을 차지한 것이다. 더욱 놀라운 것은 이 팀이 적용한 기술은 기존 영상인식 분야의 기술이 아닌 딥러닝(Deep Learning)이라는 인공지능 기술이었다. 학계와 IT 업계가 술렁거린 것은 당연했다.

일단, 배경지식으로 딥러닝이 어떤 기술인지 알아보자. 눈여겨 봐야 할 것은 '딥러닝'이 새로운 기술은 아니라는 점이다. 딥러닝에서는 많은 계층으로 구성된 대규모 뉴럴 네트워크를 사용한 점을 빼고는 기존의 뉴럴 네트워크와 다를 바 없다. 일반적으로 뉴럴 네트워크는 계층이 많아질수록 입력데이터에 대해 출력 함수의 표현력이 크게 증가하기 때문에 높은 학습 성능을 얻을 수 있다. 패턴을 찾아내고 분석해서 결과를 예측하는 정밀도가 높아지는 것이다.

하지만 딥러닝을 이전에는 사용하지 못한 이유가 있다. 바로 기존 뉴럴 네트워크의 학습 알고리즘의 한계 때문이다. 이 문제는 이미 앞 절에서 언급했다. 다시 말하면, 일반 다층 뉴럴 네트워크를 학습하는 방법으로 주로 사용한 오류역전파 학습방법은 네트워크 계층의 개수가 늘어나면 그 실효성이 떨어지는 문제를 안고 있다. 오류를 바로잡기 위해 네트워크의 최종 출력계층에서 발생한 오류의 기울기(Gradient)를 반대 방향으로 전파하는 과정에 그 크기가 점점 희석되어 오류정정 효과가 떨어지는 현상 때문이다.

　이런 문제점을 해결한 사람이 바로 2012년 국제 영상인식 대회 우승팀을 이끈 캐나다 토론토 대학 제프리 힌턴 교수이다.[118] 그는 일종의 비감독 학습(Unsupervised training) 방법인 사전학습(Pre-training) 방식을 도입해서 이런 문제점을 해결했다. 아울러 RBM(Restricted boltzmann model)과 CD(Contrastive divergence) 기법을 도입한 이론적 근거도 제시해 일약 딥러닝의 개척자가 됐다.[119] 참고로 힌턴 교수는 박사과정 학생 2명과 '디엔엔리서치'(DNNresearch)라는 기업을 창업했으며 이후 구글은 힌턴 교수를 영입하기 위해 회사를 인수하게 된다. 한편, 인터넷 덕분에 구할 수 있었던 대규모 이미지 학습데이터도 딥러닝의 실용화에 크게 기여했다.

　지금부턴 딥러닝의 역량(Potential)과 한계를 알아볼 것이다. 논의에 앞서, 인공지능의 기술골격을 잠깐 살펴보는 것이 필요하다. 인공지능의 골격은 인식(Perception), 학습(Learning), 추론(Inference)으로 나타낼 수 있다. '인식'이란 외부 환경으로부터 획득한 데이터를 처리해서 구별해 내는 능력을 말한다. 사람이 시각을 통해 외부 세계의 사물을 구별하거나 소리를 통해 단어를 구별해 내는 것을 생각하면 된다. 인공지능이 활용할 세계(World)에 대한 모델은 인식 능력에서 시작한다. 두 번째 요소인 '학습'은 인식한 데이터를 처리해서 인공지능의 동작에 필요한 전문지식을 생성해서 축적하는 것을 말한다. 학습을 위해서는 지식의 형태와 종류, 데이터를 조직화하여 지식을 만드는 방법, 그 표현 및 축적방식 등 다양한 기술적 요소와 체계가 필요하다. 마지막으로 '추론'은 인공지능이 특정 상황에서 지정된 목표에 부합하는 동작을 해야 할 때, 그 동작의 도출에 필요한 모든 사고와 판단 과정을 말한다. 추론은 인식된 외부정보와 축적된 지식 등 다양한 정보를 바탕으로 수행된다.

그럼 위에서 살펴본 인공지능의 골격에 따라 딥러닝 기술을 평가해 보자. 그 첫 번째로 '인식' 부문을 보자. 이 부문에서는 딥러닝은 기존 기술보다 월등히 우수한 것으로 나타났다. 딥러닝은 사실 기계학습에 바탕을 둔 패턴인식 기술에 가깝다. 딥러닝의 뿌리가 뉴럴 네트워크라는 점을 생각하면 이런 시각은 당연하다. 전통적으로 뉴럴 네트워크의 가장 중요한 용도는 패턴인식 분야였기 때문이다. 기계학습 기반 패턴인식은 분류된 학습 데이터에 대해 공통된 특징(패턴)을 찾아낸 후에 이 특징을 바탕으로 일반 데이터를 분류해 내는 기술이다. 단, 기존 뉴럴 네트워크뿐만 아니라 SVM(Support vector machine)과 같은 대부분의 기계학습 기반 패턴분류 기술이 소규모 데이터 환경에서 아주 제한적으로 사용할 수밖에 없었지만, 딥러닝은 대규모 데이터 환경에서 매우 효과적이라는 장점이 있다.

실제로 딥러닝은 인식 부문에서 놀라운 성능을 보였다. 영상 이미지 내의 사물을 인식하는 영상인식, 음성신호를 분류해서 텍스트로 변환하는 음성인식, 문장의 문법적 요소들을 분류해 내는 구문인식 등이 그런 사례다. 최근 인기 있는 사진 분류, 얼굴인식, 영상 내의 개체인식, 번역 서비스, 인공지능 비서의 음성인식 기능의 구현에는 모두 딥러닝 기술이 사용되었다. 물론, 영상과 음성 등과 같은 일반적 분야 말고도 딥러닝의 패턴인식 기능을 활용할 사례는 많다. 수천, 수만 대의 데이터 센터의 장비들 상태를 유형별로 패턴화하고, 패턴별 장애, 전력소모 등과 같은 상태 항목을 라벨화하여 학습시키면 데이터 센터의 실시간 자동제어가 가능하다. 예컨대, 2016년에 구글은 딥러닝 기술을 활용해서 자사의 데이터센터의 냉각 시스템 전력소모를 40% 절감해서 전체 에너지의 15%를 절감할 수 있었다고 발표하고 있다.[120]

두 번째로 딥러닝의 '학습' 측면을 살펴보자. 일반적으로 데이터를 대상으로 하는 학습방식은 크게 두 가지로 감독학습(Supervised learning)과 비감독학습(Unsupervised learning)이 있다. 이 두 학습 방법은 학습할 데이터의 성격에 의해 구별되는데, 사람이 미리 학습데이터별로 학습결과를 정해 놓은 것을 사용하는 것이 감독학습이며, 그렇지 않은 것이 비감독학습이다. 딥러닝은 감독학습을 채택하고 있으며 그 성능은 이미 상당한 수준에 도달했다.

하지만, 실환경에서 실효성 있는 인공지능 시스템의 구현에는 감독학습만으로는 한계가 있다. 그 주된 이유는 사람은 상식(Common knowledge)을 주로 비감독학습 방식을 통해 습득하며, 전체 지식에서 감독학습을 통해 취득하는 지식의 양은 매우 미미하기 때문이다. 이런 주장을 하는 대표적인 학자는 딥러닝 연구를 선도하는 연구자로 현재 딥러닝의 모델로 가장 많이 사용하는 컨볼루션 뉴럴 네트워크의 실용화에 가장 큰 기여를 한 뉴욕대 교수이자 페이스북 인공지능 연구소를 이끌고 있는 얀 레쿤(Yann LeCun) 교수이다. 비감독학습이 꼭 필요한 이유로 그는 종종 어린 아이는 2살 전후가 되면 아이작 뉴턴의 만유인력법칙이나 미적분을 가르치지 않아도 물건은 위에서 아래로 떨어진다는 것을 자연적으로 이해하게 된다는 점을 사례로 들곤 한다.

마지막으로 '추론' 부문 측면에서 딥러닝을 살펴보자. 사실 딥러닝은 데이터로부터 특징을 추출하는 학습기능을 가지고 있지만, 도메인지식과 이를 바탕으로 한 추론 알고리즘을 내장시키는 것은 어렵다. 1997년에 체스 챔피언인 게스파로브(Gesparov)를 물리친 IBM의 딥블루와 16개 세계타이틀의 챔피언을 지낸 이세돌을 2016년에 이긴 알파고를 비교하면 그런 사실을 잘 알 수 있다. IBM 딥블루의 체스 프로그램에는 사람이 체스 지식을 직접 구현해 놓았으므로 도메인지식을 바탕으로 한 추론 알고리즘을 내부에 포함하고 있다.

하지만 알파고는 다르다. 이른바 '정석'과 같은 바둑에 대한 지식은 전혀 갖고 있지 않다. 알파고는 두 개의 딥러닝 네트워크를 바탕으로 구현되어 있다. 하나는 수십만 건의 전문기사 기보를 입력으로 해서 각 상황에서 기사들이 가장 많이 두었던 착점을 학습해 놓은 정책 네트워크(Policy network)이다. 다른 하나는 착점마다 이길 수 있는 확률을 학습해 놓은 가치 네트워크(Value net-work)이다.[121] 이 두 네트워크와 함께 다음 착점을 선택할 때 탐색의 범위를 좁히기 위한 전통적인 몬테카를로 탐색 방식이란 것이 사용되었다. 이런 점에서 보면, 알파고에는 바둑 지식을 바탕으로 한 추론은 존재하지 않는다는 점을 알 수 있다.

앞에서 딥러닝의 기술적 측면을 살펴보았는데, 지금부터는 딥러닝이 가진 실용적 측면의 한계를 살펴볼 것이다. 첫 번째는 블랙박스 문제다. 딥러닝 시스템이 어떤 결과를 내놓았을 때, 왜 그런 결과가 나왔는지는 설명할 길이 없다는 것이 요지다.[122] 이 문제는 뉴럴 네트워크 자체의 성격에서 비롯된다. 일반적으로 모든 컴퓨팅 도구는 입력에 대해 결과가 산출되는 절차를 통해 지정된 결과를 설명할 수 있다. 뉴럴 네트워크는 학습을 통해 내부에 결과를 산출하는 알고리즘이 만들어지는데, 문제는 이 알고리즘이 뉴런과 뉴런 사이의 가중치의 숫자로 표현된다는 점이다. 딥 뉴럴 네트워크의 수천, 수만 개의 시냅스에 새겨진 가중치(Weight)만으로는 결과를 설명할 방법이 없다. 사용자는 학습이 종료되면 결과를 무조건 받아들일 수밖에 없는 상황이다.

예를 들어, 2015년 7월 미국 뉴욕에 사는 한 프로그래머가 구글 포토 서비스가 자신의 흑인 여자 친구를 고릴라로 인식했다며 구글을 비난한 사건이 큰 주목을 받았다.[123] 단지 학습이 불충분해서 그랬을 것으로 추정할 수 있을 뿐 어떻게 해서 그런 결과가 나왔는지 기술적으로 규명할 방법은 없었다. 물론 구글은 사과했다. 과연 원자력 폭발 위험성을 실시간으로 진단하는 중대한 임무(Critical mission)에 이런 일이 발생한다면 어떤 상황이 벌어질 것인지는 두말할 필요도 없다.

두 번째 문제는 범용성에 관한 것이다. 딥러닝 시스템은 한 가지 작업밖에 학습할 수 없다는 한계를 가지고 있다. 예를 들어 딥마인드는 무려 50여 가지의 아타리 게임에 대해 인공지능이 게임을 학습해서 수행할 수 있다는 점을 들어 자신의 인공지능 기술이 범용적이라고 주장하고 있다. 하지만 적용된 기술이 같다는 의미일 뿐이며, 실제로는 하나의 딥러닝 시스템이 두 가지 게임을 동시에 할 순 없다. 게임별로 특별한 딥러닝 네트워크를 설계하고 고유한 학습을 시켜야 한다. 각각은 철저히 특화된 시스템인 것이다.

마지막 문제점은 딥러닝 하나만으로는 전문적인 인공지능 시스템을 구현하기 힘들다는 점이다. 딥러닝을 사용해서 전문적인 인공지능 시스템을 꾸미기 위해서는 상위 레벨의 학습이나 추론 알고리즘이 추가로 필요한데, 이런 알고리즘이 오히려 인공지능 시스템의 성능에 더 큰 영향을 미칠 수 있다. 문제는 그런 보편적인 학습 및 추론 알고리즘 기술의 기술수준이 아직 매우 낮은 상황이라는 점이다. 이런 상황에선 딥러닝 기반 인공지능 시스템은 딥러닝의 장기인 데이터의 자동학습을 바탕으로 하는 영역, 즉 식별위주의 분야로 그 활용이 제한될 가능성이 크다.

실제로 딥러닝 기술을 바탕으로 한 최신 인공지능 시스템의 사례가 그런 단면을 잘 보여준다. 딥마인드는 2015년 《Nature지》에서 아타리 게임을 능숙하게 하는 딥러닝 기반 인공지능 시스템으로 세계를 놀라게 했다.[124] 이 시스템에서 딥러닝 기술은 단순히 아타리 게임의 화면 이미지를 학습해서 현재 상황을 식별하는 데 사용되었을 뿐이다. 게임 룰과 전략을 학습하는 데 사용된 것은 사실 강화학습(Reinforcement learning)이다. 이후 다시 한 번 세상을 놀라게 한 알파고도 마찬가지다. 딥러닝과 더불어 강화학습을 활용하였다. 그런데 흥미로운 점은 사실 알파고의 실력에 더 크게 이바지한 것은 강화학습이라는 점이다. 감독학습 기반 순수 딥러닝만을 사용한 경우 아마 2단 정도로 실력을 갖춘 오픈소스 바둑프로그램인 파치(Pachi)에 대한 알파고의 승률은 불과 11%이었지만, 강화학습을 추가한 경우에는 85%의 승률을 보였다. 숫자상으로는 강화학습이 알파고의 실력에 더 많이 기여했던 것이다. 물론 강화학습도 한계가 있으며, 그 주제는 다음 절에서 더 상세히 다룰 것이다.

지금까지 딥러닝의 기술적 역량과 실용적 한계를 살펴봤다. 요약하자면 딥러닝은 자동식별 부문에서는 매우 우수한 인공지능 기술임은 틀림없지만, 인지 수준 인공지능 구현에는 절대로 충분한 기술은 아니다.

10.4 AI 기술 진보는 점진적으로 진행한다

인공지능의 발전 속도는 매우 중요하다. 4차 산업혁명의 전개 속도를 결정하는 까닭이다. 현재, 인공지능 기술 진보가 가속화될 것이란 기대는 다양한 인지수준 인공지능이 곧 실용화될 것이라는 전망으로 표출되고 있다. 현재 거침없이 사용되는 인공지능 닥터, 인공지능 변호사 등과 같은 표현이 이를 웅변한다. 사실 인공지능 닥터나 인공지능 변호사를 거론한다는 것은 인공지능 이 조만간 거의 모든 지식노동을 대체할 것이라는 함의도 내포한 다. 4차 산업혁명을 전개 양상을 이해하기 위해서는 인공지능 기술의 발전 속도를 반드시 짚어 봐야 한다.

사실 인공지능 기술 진보의 가속화는 누구도 정확히 예측하기 어려운 문제다. 여기서는 인공지능 전문가의 의견과 인공지능 기술 진보를 위해서는 반드시 풀어야 하는 기술적 주제들을 살펴봄 으로써 개략적인 답을 찾아보려고 한다. 먼저 전문가 입장은 살 펴볼 것이다. 객관성을 높이기 위해 지명도가 높은 두 그룹을 선 정했는데, 하나는 세계에서 인공지능 연구비를 가장 많이 지원하 는 미국의 DARPA이고 다른 하나는 딥러닝 분야를 선도하는 저 명학자 그룹이다.

먼저, 미국 국방성 연구지원기관인 DARPA의 입장을 살펴보 자. DARPA은 인공지능에 대한 과대평가를 경계하는 목소리를 내고 있다. 2017년 2월에 존 론츠베리(John Launchbury) 국장은 '인 공지능에 대한 DARPA의 시각'이란 제목의 강연에서 현재의 인 공지능 기술 수준에 대한 과대평가는 경계해야 한다는 점을 분명 히 하고 있다.[125] DARPA는 인공지능의 핵심 기술요소로 인식 (Perceiving), 학습(Learning), 추상화(Abstracting), 추론(Reasoning)을 규정 하고 있으며, 이런 기술요소를 기준으로 인공지능 기술을 3개의 세대(Wave)로 나누고 있다.

제1세대는 수작업으로 작성한 지식(Handcrafted Knowledge)에 기반을 둔 인공지능인데, 전통적인 전문가 시스템이 이런 인공지능 기술에 속한다. 제2세대는 일종의 통계적 모델(Statistical model) 기반 인공지능이다. 자연의 데이터는 대부분 저차원 구조(Manifolds)의 조합으로 구성될 확률이 높으며, 제2세대 인공지능은 데이터에서 이런 구조를 분리해서 데이터의 특징을 뽑아낼 수 있다. 최근 기계학습기법이 이런 인공지능이다. 제3세대는 맥락 적응형(Context adaptation) 인공지능으로 정의하고 있다. 이런 인공지능은 상황 모델(Context model)에 따라 인식(Perception), 학습(Learning), 추론(Reasoning)이 이루어진다. 학습의 결과도 당연히 상황 모델에 따라 설명할 수 있어야 한다는 것이다. 이 강연은 기존 인공지능 기술은 제2세대에 속하므로 너무 과대평가해서는 안 되며, 앞으로도 풀어야 할 숙제가 많이 남아있다는 것을 강조하고 있다.

　일부 중견 인공지능 연구자들 사이에서도 인공지능의 과대평가에 대해 우려하는 목소리가 나오고 있다. 특히 이런 우려는 딥러닝 분야를 선도하는 연구자들의 견해에서도 잘 나타난다. 제프리 힌톤(Jeffrey Hinton) 교수는 현재의 딥러닝 네트워크 모델의 대세인 컨볼루션 뉴럴 네트워크는 장기적으로는 한계가 있다고 지적하고 있다.[126] 2017년 캐나다 얀 레쿤(Yann LeCun) 교수와 몬트리얼 대학의 여호수아 벤지오(Yoshua Bengio) 교수는 딥러닝은 하나의 산봉우리에 불과하며 앞으로도 수많은 산맥을 넘어야 하는데 그 산맥에 있는 산봉우리는 아직 헤아리기조차 어렵다고 했다.[127] 한편, 인공지능 분야의 샛별인 딥마인드(DeepMind technologies

Limited)의 데미스 하사비스(Demis Hassabis)도 자신이 연구하는 인공지능 기술을 아타리 게임에 적용해서 큰 성과를 내고 있지만, 자신의 최근 성과를 그다지 높게 평가하지는 않는다. 수십 년이 걸릴지 모르는 복잡한 인공지능 문제에 대해 바로 도전하기보다는 단순한 모델에서부터 차근차근 단계를 밟는 과정에 있다는 것이다.

위와 같은 의견을 종합해 보면 현재의 인공지능 기술은 아직 초보 수준이다. DARPA나 딥러닝 저명학자의 지적처럼 앞으로도 개발해야 할 것이 산적해 있다는 점이다. 결국, 현재의 인공지능 기술 수준은 아직 실효적 수준에는 많이 부족한 상태라고 할 수 있다. 여기서 실효적이라는 의미를 지식노동자의 작업에 도움이 될 수 있는 수준을 말하며, 산업 전반에 거쳐 지식노동의 생산성 향상에 기여할 수 있는 단계를 말한다. 물론 이런 실효적 인공지능의 기술이라도 전문가의 직업을 대체하는 극단적인 수준보다는 훨씬 낮은 수준이다.

지금부터는 기술적 관점에서 인공지능 기술 진보가 어떤 양상으로 진행될 것인지에 대한 주제로 옮겨가 보자. 이것도 역시 답을 내기가 대단히 어려운 문제이다. 딥러닝이 촉발한 인공지능 붐은 당분간 식지는 않을 것이다. 하지만 확실한 것은 인지수준 인공지능 기술을 확보해야만 현재의 기술 진보의 기대가 지속해서 이어질 것이라는 점이다. 따라서 지금부터는 인지수준 인공지능에 초점을 두고 이 주제를 살펴보겠다.

인지수준 인공지능이 가능해지려면, 적어도 DARPA에서 말한 3세대 기술 정도는 되어야 할 것이다. 인공지능 기술발전이 가속화되고 있다는 주장에 따라 3세대 인공지능 기술개발도 그리 오래 걸리지 않을 것이란 전망이 가능하다. 일단 이 문제를 따져보자. DARPA의 인공지능 기술 구분에 따라 세대별로 걸린 시간을 주목해 보자. 1세대와 2세대에 대해 걸린 기간만을 놓고 생각해 보면 인공지능의 기술 진보가 급속히 진행되는 것처럼 보인다. 즉, 제1세대의 기술발전이 50여 년이라는 긴 시간이 걸렸지만 2세대의 기술개발은 매우 빨리 진행되었다. 이런 추세라면 3세대의 기술개발도 그다지 많이 걸리지 않을 것으로 추정할 수 있다.

하지만 이런 추정은 합리적이지 않다. 그런 추정은 제2세대의 기술발전이 빠른 속도로 진행된 것은 제1세대의 성과에 힘입었기 때문이라는 점을 간과한 데서 비롯된 것이다. 현재 사용하는 주요한 뉴럴 네트워크 모델과 학습알고리즘은 대부분 제1세대에 만들어진 것이기 때문이다. 기술적인 면에서 제2세대 기술은 그 성격에 있어 제1세대 뉴럴 네트워크 기술의 연장으로 볼 수도 있다. 가장 중요한 학습알고리즘은 여전히 제1세대에서 개발한 것을 주축으로 사용하고 있다. 어떤 면에서는 제2세대에서는 기술적인 진보보다도 대규모 네트워크의 빠른 학습을 가능하게 한 컴퓨팅 파워와 대규모 데이터 수집을 가능하게 한 인터넷 환경이 인공지능 기술발전에 더 많이 기여했다고 볼 수도 있다.

그렇다면 인지수준 인공지능 시스템은 언제 가능할 것인가? 일단 인공지능 분야의 저명 학자들이 공통으로 주장하는 인지수준 인공지능 시스템의 구현을 위한 필수기술을 두 가지만 살펴보도록 하자. 첫 번째는 비감독 학습 알고리즘이다.[128] 비감독학습은 추상적 개념과 상식(Common sense knowledge)을 학습할 잠재적 대안이 될 수 있기 때문이다. 물론 부차적으로는 감독학습의 단점인 막대한 데이터 요구 부담도 덜어주는 이점도 제공한다. 일부 관련 기술의 개발도 착수된 상황이며, 대표적인 것으로 GAN(Generative Adversarial Network)을 꼽을 수 있다. 당초 OpenAI 사의 이안 굳펠로우(Ian GoodFellow)가 발표한 GAN은 학습된 뉴럴 네트워크에서 새로운 데이터를 생성하고 함께 붙어있는 다른 뉴럴 네트워크는 데이터의 진위를 가려내는 기능이 있어 실제와 유사한 데이터를 생성해 내는 기능을 가졌다. 현재, 이 기술은 특정 키워드를 주면 그림도 만들어 낼 수 있어, 예측에 응용될 가능성을 보여준다. 하지만, 이런 것들은 아직 학습이 난해하다는 단점을 가지며 전반적으로 초보적인 상태이다.

두 번째는 언어의 이해이다.[129] 제2세대의 인공지능은 문장을 문법적으로 분석하는 것은 가능한 수준이다. 하지만 단어의 의미나 단어 간의 상호 관계 등과 같은 추상적 개념의 이해에 도달하려면 멀었다. 언어는 인간만이 가진 독특한 능력이며, 모든 지식이 언어를 바탕으로 이루어진다. 문법적으로 명료한 표현이라도 이라도 상식을 바탕으로 하지 않으면 그 뜻을 정확히 파악할 수 없는 경우가 허다하다. 언어 능력은 다분히 학습과정을 거쳐 축적되는 추상적인 비정형적 지식도 포함한다는 뜻이다. 얀 레쿤 등의 학자는 이런 언어 능력을 보유하지 못한 상태에서는 실질적인 인지수준 인공지능은 가능하지 않다고 보고 있다. 물론 위와 같은 두 가지 문제 이외에도 인지수준 인공지능을 위해 필요한 기술은 상당히 많다.

따라서 인공지능 기술 진보의 관건은 위와 같은 기술의 확보가능 여부와 걸리는 기간이다. 이와 관련해 여러 접근방법이 모색되고 있다. 첫 번째는 딥러닝을 유망한 해법으로 보고 시각이다. 만약 딥러닝으로 이런 과제를 해결할 수 있다면 인지수준 인공지능의 실현은 가까운 시기에 가능할 수도 있다. 하지만 뉴럴 네트워크 기반의 딥러닝만으로는 이런 기술들을 다 해결하는 것은 무리라는 것이 일반적인 시각이다. 기존 딥러닝 기술의 가속적 발전도 인지수준 인공지능의 실현에 큰 영향을 주지 못한다는 의미이다.

일부 연구자들은 1세대의 GOFAI(Good Old-Fashioned AI) 기술과 딥러닝의 조합을 유망한 접근방법으로 본다. 앞에서 본 것 같이 1세대는 거의 50여 년이나 걸렸다. 이 기간 동안 지식을 표현하는 방법과 수학적 로직을 활용한 추론, 이를 바탕으로 한 전문가 시스템, 무차별적 탐색(Brute-force search)의 부담을 덜 수 있는 효율적인 탐색(Heuristic search) 기법 등 다양한 분야의 많은 성과가 산출됐다. 하지만 이런 성과는 제대로 된 실용화로 이어지지는 못했다. 효과적인 지식 표현 방법과 자동으로 지식을 습득하는 것과 관련해서는 거의 실패했다고도 볼 수 있다. 이런 점에서 딥러닝과 GOFAI를 조합한 접근방식도 인지수준 인공지능에 대한 명확한 해답은 되기는 힘들며, 그 기술개발이 얼마나 걸릴지는 현재로서는 가늠하기조차 어렵다.

한편, 인간의 인지 기능에서 힌트를 얻어야 한다고 주장도 있다. 대표적인 학자가 제프리 힌턴(Geoffrey Hinton)과 뉴욕대학교의 인지과학자인 게리 마르쿠스(Garry Marcus)이다. 딥러닝이 이미지에서 특징을 찾아 객체에 연관시킨다는 점에서 사람의 시각적 처리방식과 유사하지만, 간단한 객체의 분간에도 엄청난 양의 이미지가 필요하다. 하지만, 사람의 뇌는 이미지의 내용을 해석할 때 고차원적 인지기능을 사용하기 때문에 소량의 데이터로도 학습이 가능하다는 것은 잘 알려진 사실이다. 이런 차이를 들어, 이들은 인지수준 인공지능의 돌파구는 신경과학(Neuroscience)이나 인지과학(Cognitive science)에서 찾아야 한다는 견해를 밝히고 있다. 이들은 뉴욕대학의 브렌든 레이크(Brenden Lake), 토론토 대학의 루스란 살락훗디노프(Ruslan Salakhutdinov), MIT의 여호수아 테넨바움(Joshua Tenenbaum) 교수가 발표한 인과관계(Causal process)를 반영한 글자를 인식하는 확률적 프로그래밍 기법(Probabilistic programming technique)을 대표적인 사례로 들고 있다.[130] 하지만 아직 인간의 인지기능에 대한 과학적 지식은 아직 미미한 상황이므로 이런 접근방법으로 인지수준 인공지능의 개발이 가능할지는 미지수이다.

이런 점들을 두루 고려하면 당연히 인지수준 인공지능의 실현은 아직 멀었다는 결론에 도달하게 된다. 현재로선 누가 어떤 대답을 내놓든 신빙성이 떨어지는 단순한 추정이나 막연한 상상 정도로 보면 될 것이다. 앞에서 본 것처럼 인지수준 인공지능에 연구는 아직 궤도에도 오르지 못한 상태이며, 더군다나 기술에 대한 접근방법조차 오리무중인 까닭이다. 낙관적으로 보면, 앞으로 십 년 이상은 더 있어야 그 대답 정도는 할 수준에 도달하지 않을까 생각된다. 그 전이라도 인지수준 인공지능의 실현에 벽을 부딪친다면 인공지능이 다시 정체될 위험도 있다. 인공지능의 겨울이 다시 올 수도 있다는 뜻이다. 유명한 MIT 교수출신 로봇연구자 로드니 브룩스(Rodney Brooks)는 벌써 최근의 인공지능 붐은 버블(Bubble)이라는 생각을 내비치고 있다. 확실한 것은 앞에서 본 것처럼 그런 겨울을 오더라도 인공지능은 한 단계 더 발전하는 봄을 맞아 왔다는 점이다. 앞으로도 그럴 것이다.

이 절을 끝내기 전에 한 가지 덧붙일 것이 있다. 비록 인지수준 인공지능의 실현은 멀었지만, 현재 진행되는 딥러닝의 성과를 결코 과소평가해서는 안 된다. 또한, 인공지능의 모든 응용 영역을 인지수준의 획일적인 잣대로 바라보는 시각도 버려야 한다. 응용 영역에 따라 필요한 기능이 서로 다를 수밖에 없다. 예를 들어, 번호판 인식은 정확한 영상인식 능력은 필요하지만, 지식 습득이나 추론 능력은 그다지 필요하지 않다. 그렇지만 수술 로봇은 인식, 지식습득, 추론 각각에 훨씬 높은 수준의 기술이 필요하다. 현재의 딥러닝 기술 수준 내에서도 이미 수많은 응용 영역이 존재한다. 이러한 영역을 찾아내 인공지능을 적용하는 작업이 계속돼야 하며, 기존 기술 수준을 넘어서는 영역에 대해 인공지능을 적용하려는 기대는 버려야 한다. 자칫하면, 그런 기대는 인공지능 겨울을 재촉하는 게 될 수 있다.

제4부

4차 산업혁명의 전개양상을 바로 알자

4차 산업혁명의 전장(戰場)은 디지털 경제다

4차 산업혁명 시대에도 여전히 IT 활용과 IT 육성이 경쟁력의 중요한 두 축이다. IT 활용을 통한 산업 생산성과 경제의 역동성을 높이고, IT 산업 자체와 유관 산업을 육성해서 부가가치를 획득하는 것이 4차 산업혁명 시대에 국가 경쟁력의 중요한 요소로 작용하는 것이다. IT 활용과 IT 육성의 성과는 바로 디지털 경제에 귀속되기 마련이다. 4차 산업혁명의 성과는 디지털 경제의 총량이라는 뜻이다. 4차 산업혁명의 전장(戰場)이 바로 디지털 경제인 것이다. 이런 디지털 경제에 대한 올바른 인식도 4차 산업혁명의 준비에 꼭 필요한 요소다. 이 장에서는 디지털 경제의 정의, 계량화, 작동원리, 공유경제와 같은 주제들을 살펴본다.

4차 산업혁명을 촉발하는 인공지능의 기술발전에 따라 세상은 온통 스마트 물결로 뒤덮일 것이다. 인공지능이 앞으로 세상을 바꾸어 놓을 것이란 뜻이다. 4차 산업혁명 시대의 글로벌 경쟁은 점차 치열해질 것이며, 제대로 대응한 국가는 IT 산업의 성장뿐만 아니라 非IT 산업의 디지털화로 인한 생산성 및 혁신성이 향상될 것이다. 이런 결과는 결국 그 나라의 디지털 경제의 규모에 그대로 반영될 것이다. 4차 산업혁명의 글로벌 경쟁에서 각 나라의 성적은 디지털 경제의 총량으로 나타난다는 의미다. 이 절에서는 디지털 경제의 개념이 어떻게 변천해 왔는지를 살펴보고, 최근 공식·비공식적으로 채택되는 개념을 소개한다.

디지털 경제(Digital economy)는 이젠 익숙한 용어다. 정확한 개념을 살펴보기 전에 기술적 맥락에서 개략적 의미만 알아보자. 알다시피 IT 기술이 구매, 제조, 유통, 판매, 서비스로 이어지는 기업 가치사슬상의 여러 프로세스에 엄청난 영향을 끼쳐 왔다. 한편 IT 기술의 총아 중의 하나인 인터넷은 이른바 e-마켓플레이스를 통해 상거래에도 큰 변화를 가져왔다. 다양한 신생 인터넷 비즈니스가 등장하고, 기존 전통적인 비즈니스에도 이런 인터넷 비즈니스 모델이 접목되어 산업전반에 큰 혁신이 일어나고 있다. IT 기술로 인한 산업·경제의 혁신의 흐름은 경제의 새로운 한 축으로 견고하게 자리를 잡은 것이다. 이런 새로운 경제의 축을 디지털 경제라고 보면 된다.

4차 산업혁명과 디지털 경제의 관계를 명확히 이해하기 위해서는 더욱 정확한 개념이 필요하다. 사실 디지털 경제에 대한 명확한 정의는 없다. 서로 다른 개념이 혼용되는 실정이라서 디지털 경제에 대한 지배적인 개념을 따져봐야 하는 상황이다. 일단 디지털 경제라는 용어의 연혁부터 간략히 살펴보자. 디지털 경제라는 용어는 아주 오래전에 등장했다. 지금부터 20년 전인 1997년에 출간된 『The Digital Economy: Promise and Peril in the Age of Networked Intelligence』에서 처음 나타났다.[131] 이 책의 저자는 기술이 비즈니스와 사회에 미치는 영향에 대한 연구분야에서 세계적인 권위자로 인정받는 캐나다의 돈 탭스콧(Don Tapscott)이다. 이 분야 15권의 서적을 출간하는 등 지금도 매우 활발하게 활동하고 있으며, 우리에게 익숙한 '네트워크 세대(Net Generation)'나 '디지털 격차(Digital Divide)'도 이 사람이 만든 용어이다.

사실 탭스콧이 이 책을 집필할 당시인 1994, 1995년은 넷스케이프 웹 브라우저 베타버전이 나올 때이며, 아직 인터넷 웹 사이트가 제대로 활성화가 된 상태도 아니었다. 더구나 대부분 모뎀을 사용해 인터넷에 접속하던 시기였다. 그런데도 탭스콧은 앞으로 다가올 디지털 시대를 명확하게 예견하며, 그 모습을 매우 이해하기 쉽게 설명하였다. 디지털 기술에 의한 디지털 경제의 등장을 예견한 것이다. 혜안이 돋보이는 대목이다. 하지만 탭스콧은 디지털 경제의 개념 정립과는 거리가 멀다. 단지 디지털 사회를 그려냈다고 하는 편이 좋을 것이다.

이후 여러 기관에서도 디지털 경제에 대한 개념을 내놨는데, 그 내용을 살펴보면 크게 두 진영으로 갈라진다. 하나는 디지털 경제를 전자상거래 중심으로 정의하는 진영이며, 다른 하나는 디지털 기술로 인해 부가가치가 발생하는 모든 경제적 영역 및 활동을 디지털 경제로 정의하는 진영이다. 첫 번째 진영은 디지털 경제에 대한 협의의 개념이고, 두 번째 진영은 광의의 개념이라 보면 된다.

상거래 위주 협의의 개념으로 디지털 경제를 바라보는 대표적인 기관으로 OECD와 美 ITC(International Trade Commission)를 꼽을 수 있다. 물론 이 두 기관이 디지털 경제를 정의하는 데 사용한 표현에는 다소 차이가 있다. OECD는 디지털 경제를 인터넷 등의 전자상거래를 통해 상품과 서비스의 거래가 이루어지는 경제라고 표현한 반면,[132] 미 ITC의 경우는 국내외 거래의 주문, 생산, 배송 시 정보통신기술이 중요한 역할을 담당하는 경제라는 표현하고 있다.

한편, 최근에는 광의의 개념에 따라 디지털 경제를 해석하는 추세가 커지고 있다. 대부분의 유수 컨설팅회사는 이런 개념을 채택하는데 그 대표적인 회사가 액센튜어(Accenture)이다.[133] 이 회사는 디지털 인적 자산, 디지털 장비, 디지털 중간재로 구성된 투입량에 대한 전체 경제적 산출량을 디지털 경제로 보고 있다. 세계에서 가장 앞선 디지털 경제를 가진 미국정부도 이런 개념으로 디지털 경제에 접근하고 있다.

위와 같은 컨설팅회사와 미국 정부의 시각에 영향을 받아 광의의 개념을 채택하는 국가들도 늘고 있다. 우리나라도 그중 하나다. 국가적으로 공식적인 정의가 내려진 상태는 아니다. 다만,

'디지털 경제'를 주제로 한 정책보고서를 살펴보면 그렇다는 것이다. 몇 가지 사례로 한국인터넷기업협회의『디지털 이코노미와 우리경제의 미래, 2016. 8』, 대외경제정책연구원의『디지털경제의 진전과 산업혁신정책의 과제, 2016. 12』, 국제무역연구원의『디지털경제와 한국무역, 2016. 5』등을 꼽을 수 있다. 이런 보고서들에서는 전자상거래 영역을 넘어 디지털 인프라, 디지털 전환, IT 산업 및 IT 서비스 육성 등과 같은 정책 제언을 나온다. 광의 개념에 따라 디지털 경제를 보고 있다는 단면을 엿볼 수 있다.

이제부터는 디지털 경제에 대한 광의의 개념을 전제하고 디지털 경제에 대한 중요한 이슈를 살펴보자. 먼저 볼 것은 디지털 경제의 중요성이다. 전체 경제에서 디지털 경제가 차지하는 비중이 점점 더 커지고 있다는 점이 그 중요성을 웅변한다. 액센추어의 2016년 디지털 인덱스 지표에 따르면 디지털 경제의 규모는 2015년에 이미 세계 경제의 22%를 차지하고 있으며 2020년에는 25%에 이를 것으로 전망하고 있다.[134] 디지털 경제는 경제 성장의 발판이 되는 것이다.

이런 중요성에 따라 주요 선진국들은 디지털 경제를 선도하기 위해 치열한 노력을 하고 있다. 많은 국가들이 '디지털 혁신'을 국가 성장의 핵심 아젠다로 삼아 정책을 추진하고 있다. 이런 가운데, 디지털 경제에 대한 보다 정확한 계량화의 필요성이 부상하고 있다. 물론, 디지털 경제의 계량화는 새로운 것이 아니다. 이미 2001년에 미국 인구조사국(Census Bureau)에 근무하던 토마스 메센버그(Thomas Mesenbourg)에 의해 처음 시작됐다. 2001년의 보고서 『Measuring the Digital Economy』에 보면, 디지털 경제의 계량화 대상은 세 가지 요소로 구성된다.[135] 첫 번째 구성요소는 전자상거래를 위한 H/W, S/W, 네트워크와 같은 인프라이며, 두 번째는 전자상거래와 관련된 기업의 내·외부 전자적 업무프로세스이다. 마지막으로 온라인을 통한 상품·서비스의 판매와 배송과 같은 전자상거래 내역을 세 번째 요소로 포함하고 있다. 메센버그가 채택한 디지털 경제의 개념은 협의의 개념에 가깝다고 볼 수 있다. 지금도 미국 센서스국은 주로 위의 세 가지 통계를 제공하고 있다.

최근 주목받는 계량화 요구는 IT로 인해 파생된 생산성의 향상과 경제적 부가가치를 더 명확히 계량하자는 것이다. 그 이유는 크게 두 가지인데 하나는 디지털 경제 자체의 정책적 필요성이다. 디지털 경제의 규모를 정확하게 파악하고, 디지털 경제를 구성하는 요소들이 디지털 경제의 성장에 미치는 영향을 올바로 이해해야만 실효성이 있는 정책을 수립할 수 있기 때문이다.

또 다른 이유는 GDP 부정확성 개선의 필요성이다. 디지털 경제의 효과가 GDP에 제대로 반영되고 있지 않다는 일부 경제학자들의 지적에서 비롯된다.[136] 2010년대에 들어 나타나는 낮은 생산성 수치가 디지털 경제의 탓이라고 한다. 주장의 요지는 전통적인 산업경제의 경제발전 계량화 지표인 GDP는 디지털 경제에는 실제 수치보다 낮게 나올 수밖에 없다는 것이다. 예컨대 앱스토어의 앱을 무료로 사용할 수 있고 검색과 같은 많은 인터넷 서비스를 소비자가 돈을 지불하지 않고 사용함으로써 생기는 소비자 잉여가 생산성에서 누락된다는 것이다. 개인과 개인 간의 사적 형태의 공유경제형 거래의 일부도 GDP에서 누락될 수도 있다는 것이다.

이런 이유로 2017년 초에 미국정부는 상무국 주도로 디지털화가 산업, 경제에 미치는 영향을 계량화하기 위한 준비에 들어갔다. 미국정부에서 고려하는 계량화 대상은 주로 산업부문의 디지털화에 중점을 두며, 네 가지 부문으로 구성된 프레임워크를 내놓고 있다. 이 네 부문은 1) 가구별, 기업별, 산업별 디지털화의 정도, 2) 디지털화에 따른 효과, 3) GDP와 생산성 같은 경제지표에의 영향, 4) 신규 디지털화 영역의 추적으로 구성된다.[137]

미국 정부는 위의 부문별로 투입량과 산출량을 모두 계량하려는 계획을 가지고 있다. 투입량이란 정보화에 필요한 하드웨어, 소프트웨어, 네트워크 등과 같은 디지털 인프라나 인적자본의 투자액을 모두 포함한다. 한편, 산출량은 IT 투자로 인해 발생한 매출증가와 전자상거래, 인터넷 비즈니스, IT/SW 산업의 산출량을 모두 포함한다. 이런 자료가 있으면 투입요소별 산출기여도를 명확하게 파악할 수 있고, IT 투입량과 GDP 및 생산성 증가율의 상관관계도 밝힐 수 있다. 그렇지만 무엇보다도 디지털 경제의 IT 활용과 IT 생산 전반에 대한 정책 수립에 기초자료로 활용하는 게 계량화의 가장 중요한 목적이다.

11.2 공유경제에 대한 과한 기대는 금물이다

디지털 경제와 관련해 하나 짚고 넘어가야 할 것이 있다. 바로 공유경제(Sharing economy)이다. 수년 전부터 공유경제는 세계적으로 큰 화두였다. 공유경제에 대한 많은 담론이 등장했다. 시장에서는 이른바 공유경제 기업의 부상으로 국가적 차원에서 공유경제 활성화를 위한 관심이 매우 뜨겁다. 우리나라에서도 지자체마다 공유경제를 확산시키기 위한 노력이 활발하게 진행되고 있다. 그런데 문제는 공유경제라는 개념이 명확하지 않은 상태에서 이런 정책이 추진되고 있다는 것이다. 여기서는 공유경제라는 개념을 따져보고, 우리가 공유경제에 대해 가져야 하는 시각을 분명하게 하고자 한다.

우선, 공유경제의 연혁을 살펴보는 것이 순서이겠다. 공유경제라는 용어는 1984년 하버드대학교의 마틴 와이츠먼 교수(Martin L. Weitzman)가 출간한 『공유경제 : 불황을 정복하다』에서 처음 등장했다. 그런데 와이츠먼이 사용한 공유경제라는 용어는 오늘날 우리가 생각하는 공유경제와는 전혀 다른 개념이다. 와이츠먼 교수는 당시 경기 침체로 실업률이 높아지자 이를 해결하려는 방안으로 기업이 근로자와 수익을 공유할 것을 제안했다. 일종의 기업과 근로자의 수익공유 시스템을 공유경제로 나타낸 것이다. 이런 개념은 우리가 사용하는 공유경제와는 전혀 무관하지만, 용어의 어원과 관련이 있어 참고로 소개하는 것뿐이다.

오늘날의 공유경제의 개념은 로렌스 레식(Lawrence Lessign) 하버드대 교수가 2008년에 출간한 저서 『Remix』에서 비롯된다.[138]

그는 상업경제와 공유경제가 혼합된 경제가 앞으로 번창할 것으로 예측하면서 공유경제의 개념을 구체화하였다. 이 개념도 엄밀하게는 오늘날 우리가 아는 공유경제와는 큰 차이가 있다. 레식 교수의 공유경제는 일종의 나눔의 미학에 해당한다. 테드 강연, 위키리스크 백과사전, 리눅스 오프소스 등과 같이 개인이 가진 재능, 지식을 나누는 '공유'의 가치를 경제에 적용한 개념이다.

레식 교수는 상업경제와 공유경제를 구분하는 것은 바로 '돈'이라는 점을 명확하게 하고 있다. 『Remix』에서 사례를 들어 이 점을 설명하고 있다. 레식 교수는 여행 중에 비행기 옆 좌석에 다량의 CD를 수집해 갖고 있는 아이에게 5불을 주겠으니 하나를 빌려줄 수 있는지 물어본다. 아이는 돈을 받기 위해 CD를 수집한 것이 아니라며 필요하면 무료로 빌려주겠다고 말한다. 비록 단순한 사례지만 레식 교수가 말하는 공유경제는 자신이 가진 재화를 경제적 보상을 전제하지 않고 다른 사람이 활용할 수 있도록 해 주는 것이라는 점을 확인할 수 있다.

그러나 현실에서는 이런 공유경제의 개념이 그대로 유지되지 못했다. 개인이 소유하지 않고 대가를 지불하고 빌려 쓰는 것을 '공유'라고 해석한 것이다. 공유의 필요성을 설명할 때, 종종 벽에 구멍을 뚫는 파워드릴을 사례로 든다.[139] 파워드릴은 평생 약 12~15분 정도 사용한다고 한다. 그렇다면 이웃에서 빌려 쓰면 될 것이지 군이 살 필요가 없다. 하지만 문제가 있다. 파워드릴을 가진 이웃을 수소문해서 빌리는 과정이 매우 번거롭다는 점이다. 그런데 인터넷과 모바일의 발전으로 태동한 디지털 플랫폼은 파워드릴을 가진 사람과 빌리려는 사람을 바로 연결해 대여처리 (Transaction)의 시간과 비용을 획기적으로 단축한다. 당연히 다양한 영역에서 그런 디지털 플랫폼들이 등장한다. 이런 경제활동의 모습은 구매와 소유라는 기존 소비 행태와는 달라 이른바 '공유경제'라고 불리기 시작한다. 바로 이것이 오늘날 공유경제의 기원이다.

이런 공유경제는 기본적으로 레식 교수의 '공유' 개념과는 거리가 멀다. 바로 플랫폼 사업자, 대여자, 차용자 모두의 수익 추구를 위한 일종의 플랫폼 비즈니스 모델이기 때문이다. 이런 점을 간파한 일부 전문가들은 2010년도 접어들면서 공유경제에 대한 보다 현실적인 개념을 내놓는다. 대표적인 인물로 레이첼 보츠먼 (Rachel Botsman)과 리사 갠스키(Lisa Gansky)가 있다.[140,141] 이들은 공유경제를 개인의 재화를 IT 기술을 바탕으로 다른 사람과 공유함으로써 새로운 가치를 창출하는 비즈니스로 정의한다. 물론 '가치'라는 모호한 용어를 '수익'으로 바꾸면 그 뜻이 더 명료해진다. 아무튼, 모바일의 확산으로 공유경제 기업들은 두드러진 성장을 시작하게 되며, 2011년에 《타임지》는 세상을 바꾸는 10대 아이디어 가운데 하나로 공유경제를 선정하기도 했다.[142]

아무튼, 이런 보츠만과 갠스키의 수익을 목적으로 하는 '수익적 공유' 개념은 우버나 에어비엔비와 같이 오늘날 우리가 잘 아는 거의 모든 공유경제 기업의 원리로 작용하고 있다. 그런데도 여전히 공유경제에 대한 담론이 무성하다. 심지어 공유경제가 자본주의를 넘어서는 새로운 경제의 패러다임이라고 거창한 담론을 펼치는 사람도 있다. 이런 담론이 나오는 것은 하버드대 교수가 제시한 수익을 배제한 '가치적 공유'를 여전히 공유경제의 원리로 해석하고 있기 때문이다.

한편에서는 '수익적 공유'의 개념을 받아들이는 진영에서도 경제체제 수준 정도는 아니지만, 소비의 새로운 패러다임으로 보는 시각도 많다. 이런 시각은 공유경제를 소비문화가 '소유'에서 '공유'로 변모하는 시대적 대세라고 본다. 이런 주장은 대안적 소비라는 개념에 방점을 찍는데, 개인적 소유보다는 공유를 통하여 자원의 낭비와 비효율성을 줄일 수 있다는 것이다. 2014년 제래미 리프킨 펜실베이니아대학교 와튼스쿨 교수는 앞으로 모든 것을 공유하는 시대가 오며, 산업의 패러다임도 이에 맞게 변화할 것으로 전망한다. 최근 등장한 많은 공유기업을 너무 과대평가한 탓에 생긴 착시다.

그렇다면 과연 우리는 공유경제를 어떻게 봐야 할 것인가? 답은 단순하다. 공유경제는 단순히 일종의 플랫폼 비즈니스 모델에 불과하다고 보면 된다. 경제체제나 소비문화 같은 거창한 담론에서 벗어나 단순히 기존 물품 및 서비스 거래 중심의 인터넷 비즈니스가 중계 및 대여 형태로 발전한 모습이 바로 공유경제이다. 이런 점에서 공유경제는 용어 자체가 상당한 오해를 부를 소지가 많다. 정확하게 표현하자면 '경제'라는 단어를 빼고 '렌탈 비즈니스'가 더 적합하겠다. 하지만 개인이 대여의 주체가 된다는 면에서 전통적인 자동차 렌탈 업체 등에서 사용하고 '렌탈 비즈니스' 모델과는 분명한 차이는 있다. 따라서 공유라는 용어는 그대로 유지한 채 '공유 비즈니스'로 부르는 게 좋을 것 같다. 물론 여기서 '공유'는 개인의 재화, 서비스를 타인에게 대가를 받고 대여해주는 것을 말한다. 그렇지만 혼동을 피하려고 이 절의 나머지 부문에서는 '공유경제'라는 표현도 계속 사용할 것이다.

공유경제가 단순히 인터넷 비즈니스 일종인 '공유 비즈니스'라는 점은 여러 학자의 지적에서도 분명하게 드러난다. UC 버클리 대학교수며 미국 22대 노동부 장관을 지낸 라이시(Robert Reich) 교수는 2015년 2월 자신의 블로그에서 "공유경제라는 것은 사실 부스러기(scraps)를 나누는 경제일 뿐"이라며 공유경제를 혹평했다.[143] 이는 목돈(Big Money)은 플랫폼 기업이 차지하고 플랫폼에 참여한 개인들에게는 푼돈(Scraps)만 돌아간다는 뜻이다. 고상하게 '공유경제'를 내세우지 실상은 철저히 장삿속에 움직이는 비즈니스란 뜻이다. 한편, 런던의 로열 홀로웨이 대학 소비문화 분야 전문가인 지아나 엑할트(Giana Eckhardt) 교수도 공유경제는 단순히 공유(Sharing)의 가치보다는 P2P 대여를 위한 접근(Access)의 문제를 해결할 뿐이라고 꼬집었다.[144]

그렇지만 '공유 비즈니스' 측면에서는 성공적인 공유경제 기업들이 계속 등장하고 있으며, 앞으로도 계속 성장할 것이라는 장밋빛 전망이 나오고 있다. 창업 8년 차인 차량공유업체 우버(Uber)는 세계 72개국 667개 도시에 진출해 있으며 백오십만 명 이상의 운전자를 보유하고 있다. 우버의 기업가치는 2017년 4월 기준 약 77조 원에 달해 100년 이상의 역사를 지닌 미국 최대 자동차 업체 포드(56조 원)의 1.4배나 된다. 2007년 창업한 숙박시설 공유업체 에어비앤비는 글로벌 호텔 등 기존 숙박업계를 위협할 만큼 성장했으며, 기업 가치가 약 33조 원에 달한다. 2016년 8월 기준 191개국 3만5천여 개 도시에 200만 개의 객실을 확보, 2015년에 4,000만 명이 공유 주택을 숙박시설로 이용했다. 컨설팅 업체 PwC에 따르면 공유경제 시장은 2025년에 약 350조 원에 달할 것이란 전망치를 내놓고 있다.[145]

이런 장밋빛 전망에도 불구하고 공유경제에 대한 비판적 시각은 점점 커지고 있다. 공유경제 기업의 폐해가 서서히 드러나고 있기 때문이다. 가장 우려스러운 것은 불법과 탈세의 문제다. 우버가 무면허 택시영업을 부추길 수 있다는 점은 잘 알려진 사실이다. 현재 우리나라를 비롯한 네덜란드, 스페인, 이탈리아 등지에서 정부 규제로 영업을 중단시킨 주된 이유다. 공유경제에 편입된 노동자의 처우도 큰 문제이다. 라이시 교수는 "우버 같은 공유경제 회사는 운전자에게 어떤 복지 혜택도 제공하지 않는다. 자동차 사고가 날 경우에도 그 책임은 운전자 본인에게 있다. 이는 노동조합의 개념이 없던 19세기로 후퇴한 것이나 다름없다." 라고 비판했다. 이 외에도 대여라는 거래에서 공급자와 소비자를 보호할 법적 제도적 장치의 마련이 어려우며, 대여로 인해 기업 활동이 위축될 수도 있다는 우려도 존재한다.

공유경제의 지속적인 성장이 아직은 검증되지 않았다는 점도 주목할 필요가 있다. 가장 큰 장벽은 기존 제도권 사업자와의 마찰이다. 공유경제 업체가 진출한 곳은 대부분 기존 제도적 사업자가 있으며, 그에 따른 상호 간의 마찰을 정책적으로 풀어내는 일도 결코 만만한 일이 아니다. 이런 문제는 사회적 합의를 통해 해결해야 하는 문제이며, 경우에 따라서는 해당 공유경제 기업의 성장 한계로 작용할 수도 있다. 아울러 대부분 B2C 모델인 일반 디지털 플랫폼 사업자와는 달리 공유경제 플랫폼은 P2P(Person to Person) 모델을 가지므로 네트워크 효과를 안정적으로 유지하기가 어렵다. 경쟁 플랫폼이 더 나은 인센티브를 제공하는 경우에 참여자는 쉽게 이동할 수도 있다는 것이다. 이런 점이 우버가 중국 시장을 철수한 이유이기도 하다. 중국의 차량공유업체인 디디추싱(Didi Chuxing)을 제압하려고 수십억 달러의 돈을 쏟아부었던 우버는 2015년 8월 중국시장에서 손을 뗀다. 2016년 말 기준 시장가치가 약 40조 원이나 되는 디디추싱은 중국시장의 85%를 점유하고 있다.

이제 지금까지의 논의 내용을 정리해 보자. 일단 공유경제의 실체와 민낯을 있는 그대로 알 필요가 있다. 오늘날 모든 공유경제는 개인 간 대여, 즉 'P2P 대여'를 위한 디지털 플랫폼 비즈니스이다. 벤처캐피탈로부터 막대한 투자가 몰리고, 여러 장밋빛 전망이 나오고 있지만 비즈니스 차원의 지속적 성장은 아직 검증되지 않은 상태이다. 공유경제 자체에 대한 여러 가지 부정적인 평가도 점점 더 커지고 있다. 국가적으로도 공유경제 비즈니스 육성은 분명 필요하지만 매우 세심한 정책 수립이 필요한 이유다.

마지막으로 한 가지만 더 짚고 넘어갈 것이 있다. 비록 공유경제가 '공유 비즈니스'로 변질된 상태지만 '나눔의 미학'으로 볼 수 있는 로렌스 레식의 공유경제의 개념도 사라지지는 않을 것이라는 점이다. 주로 공익 서비스 형태로 앞으로도 유지될 것이다. 그 사례로 많은 지자체에서 공유경제 사이트들을 운영하고 있다. 이런 사이트들은 구성원들의 자발적인 기부를 통해 모인 물품이나 서비스를 필요한 사람들이 나눠 사용할 수 있도록 하는 데 중점을 둔다. 물론 대부분은 예전부터 오프라인에 있었던 참여자들의 공익적 활동을 온라인 사이트로 구현한 것이다. 국가적 차원에서 이루어진 공유경제의 사례도 많다. 국제통화기금(IMF)의 구제금융 요청 사태가 발생한 이듬해인 1998년 등장한 '아나바다(아껴쓰고, 나눠쓰고 바꿔쓰고 다시쓰자)' 운동도 그 중에 하나이다. 아무튼, 위와 같은 것들을 새로운 대안적 소비나, 소유 대신 공유라는 경제패러다임의 변화로 해석하는 것은 무리다.

공유경제 기업의 소개할 때 항상 인용하는 유명한 말이 있다. 미디어 전문가인 톰 굿윈(Tom Goodwin)이 2014년 3월에 미국 유명 기술전문 잡지인 ≪테크크런치, Techcrunch≫에 기고한 글의 한 대목이다. "세계 가장 큰 택시회사인 우버에는 소유한 택시가 한 대도 없고, 전 세계에서 가장 큰 숙박회사인 에어비엔비에는 호텔이 없다." 공유경제 기업의 역설적인 면을 나타내 주는 말이다. 필자도 여기에 한 가지를 덧붙이고자 한다. "지금의 공유경제에 '공유'의 개념은 없다."

11.3 디지털 경제는 작동원리가 특별하다

앞에서 디지털 경제의 규모가 지속해서 커지고 있으며, 플랫폼이 이런 경제의 동력으로 작용한다는 점을 보았다. 이런 과정을 지배해 온 디지털 기술이 경제의 작동원리에 끼친 영향은 매우 특이하다. 이 절에서는 디지털 기술이 펼쳐 놓은 경제 환경, 즉 디지털 경제에서만 나타나는 경쟁의 양상을 살펴보고, 향후 이런 변화의 흐름에서 우리가 주목해야 할 점을 몇 가지 짚어본다.

기술이 경제에 큰 영향을 끼쳤다는 사실은 경제의 발전 과정에 많이 발견할 수 있다. 그 영향은 경쟁우위 결정과 시장경쟁의 범위 등 매우 다양하다. 간단한 예로 산업혁명의 교통기술을 생각해보자. 물론 교통기술의 발전은 사람의 장거리 이동에 큰 편익을 가져다주었지만, 이 교통기술은 경제에도 지대한 영향을 끼쳤다. 단기적으로 보면, 시장의 확대를 가져왔다. 마차를 대체한 철도와 교통은 물품 이동 시간의 단축을 통해 기업이 제품을 판매할 시장을 많이 확장시킨 것이다. 이런 시장의 확대는 대량생산 체제와 규모의 경제로 이행하는 데 중요한 발판이 된다. 이런 점들은 기술이 분명 경제의 작동원리를 변화시키는 요인으로 작용한다는 점을 잘 보여준다.

디지털 기술도 경제에 일정 영향을 미쳤으며, 그 작동원리를 일부 변화시켰다. 그런데 디지털 기술의 경우는 기존 변화의 양상과는 전혀 다른 매우 이례적인 양상을 만들어냈다. 그 이면에는 '수확체증'과 '승자독식'이라는 두 가지 원리가 존재하는데, 이두 원리는 기존 시장경쟁의 게임 규칙을 크게 바꿔 놓았다. 디지털 경제, 즉 디지털 기술이 펼쳐 놓은 경제에 주도적인 경제 작동원리로 작용한 것이 바로 이 두 원리이다.

먼저, 수확체증 현상을 살펴보자. 수확체증은 전통적인 경제학에서는 부르는 '수확 체감(Diminishing returns of scale)'의 반대가 되는 개념이다. 수확 체감이란 농업과 산업에서 생산량이 증가할수록 생산 단위당 비용이 증가한다는 것을 말한다. 여러 가지 이유가 있지만, 생산량 증가를 위해 노동자 규모를 늘리면, 관련 관리 및 운영비용이 함께 증가하면서 일 인당 생산량 증가분은 줄어들 가능성이 커질 수 있기 때문이다. 이와는 달리, 디지털 경제의 많은 제품은 재생산 비용이 매우 낮은 특징이 있다. 예컨대, 디지털 콘텐츠나 소프트웨어의 경우에는 단순히 복제를 통해 재생산이 가능해진다. 제품을 한 단계 더 생산하는 한계비용이 낮아지는 수확 체증(Increasing returns of scale) 상황이 연출되는 것이다.

이런 수확체증을 일종의 디지털 경제의 원리로 풀어 놓은 학자가 여럿 있다. 대표적으로 경제학자 브라이언 아서(Brian Arthur)는 1996년에 발표한 『수확 체증과 비즈니스의 신세계(Increasing Returns and the New World of Business)』라는 논문에서 수확체증을 디지털 경제를 기존 경제이론의 굴레에서 벗어나게 하는 중요한 동인으로 꼽고 있다.[146] 제레미 리프킨(Jeremi Rifkin)은 2014년 출간한 『한계생산 제로사회』에서 수학 체증의 원리로 생산의 한계비용이 제로 수준으로 떨어진다며 이로 인한 경제와 사회의 변혁을 예측해 놓고 있다.

두 번째 원리인 승자독식을 알아보자. 인터넷은 시간과 공간의 제약에서 벗어나게 함으로써 이른바 세계화를 가능케 했다. 경쟁의 형태가 지역, 국가 단위에서 글로벌 경쟁으로 전환되면서 경쟁의 승자는 거대한 글로벌 시장의 대부분을 차지하는 승자다식의 시대에 접어든다. 그런데 여기서 그치지 않았다. 디지털 경제의 총아인 디지털 플랫폼 비즈니스로 승자독식의 시대가 열리게된다. 승자독식 현상은 메커프의 법칙이 적용되는 네트워크 효과에서 비롯된다. 이전에도 언급했듯이 매커프의 법칙은 네트워크효과의 크기는 플랫폼에 참여하는 구성원 규모의 제곱에 비례한다는 것을 말한다.[147]

앞에서 본 수확체증과 승자독식의 원리가 오늘날의 디지털 경제에서 지금까지 얼마나 강력한 힘을 발휘했는지를 느껴보는 것도 괜찮을 것 같다. 수확체증과 승자독식의 원리는 디지털 경제에서 글로벌 신흥 강자의 탄생과 성장의 배경으로 작용했다. 그 배경은 몇 가지로 요약된다. 가장 먼저 꼽을 수 있는 것은 인터넷이 다양한 상거래와 기술 기반 서비스 사업모델을 펼쳐 놓았다는 점이다. 한편, 인터넷 환경에서는 이런 사업모델들의 구현을 위한 창업(Start-up) 비용이 매우 낮았다. GRP 파트너즈에 따르면 2000년 500만 달러에 달했던 실리콘밸리의 평균 창업비용이 2011년 천분의 일 수준인 5천 달러로 감소되었다고 한다.[148] 마지막으로 디지털 플랫폼의 네트워크 효과는 품질, 가격 등을 빠르게 개선하는 효과를 가져와 거대 기업을 추월할 기회를 제공했다.

새로운 경제 작동원리에 따른 경쟁에서 승자로 우뚝 선 국가는 단연 미국과 중국이다. 중국과 미국의 인터넷 기업이 글로벌 디지털 경제에서 지배적 위치를 차지하는 것을 보면 알 수 있다. 2017년 5월을 기준으로 미국은 GAFA(Google, Apple, Facebook, Amazon)

라고 불리는 4개의 미국 인터넷 기업의 총 기업가치만 약 2조 3,980억 불, BAT(Baidu, Alibaba, Tencent)라고 불리는 3개의 중국 인터넷 기업을 총 기업가치는 7,150억 불로 발표되었다. 이는 각각 한국의 2016년 GDP(1조4,110억 불)의 1.6배와 0.5배에 해당하는 수치다.[149] 한편 뒤에서 자세히 알아볼 글로벌 유니콘[8] 기업 중에서 미국과 중국업체의 비중은 이 두 국가가 글로벌 디지털 경쟁의 승자라는 것을 잘 나타낸다. 글로벌 유니콘 기업 중에서 미국과 중국의 업체가 전체 78%를 달하는데, 전체 183개 중에서 미국업체가 100개로 55%를 차지하고, 중국업체가 45개로 23%를 차지하고 있다.

이제 이 절을 정리해 보자. 전체 경제에서 디지털 경제가 차지하는 비중과 중요성은 점점 커지는 것만은 분명하다. 디지털 세계에서의 경제 작동원리는 분명히 기존 것과 아주 다르다. 하지만, 디지털 경제와 산업 경제가 함께 맞물려 돌아가는 하나의 경제로 돌아갈 것이므로 이 두 작동원리도 함께 공존하는 양상은 계속될 것이다. 따라서 디지털 경제의 잣대를 전체 경제에 들이대는 것은 경계해야 한다. 디지털 경제는 여전히 전체 경제의 1/4에도 못 미치는 수준이다. 나머지 3/4의 경제는 여전히 전통적인 산업경제의 틀에서 작동하고 있다. 국가경제에서 디지털 경

---

[8] 유니콘은 기업가치가 10억 불(약 1조1000억 원) 이상인 창업 초기의 비상장 기업을 말한다. 미국 벤처캐피털 '카우보이 벤처스' 창업자인 에일린 리가 2013년에 전통적인 기업들과는 달리 획기적인 사업모델로 급속히 성장한 기업을 상상의 동물 유니콘에 비유하면서 사용되기 시작했다.

제뿐만 아니라 전통적인 제조업, 나아가 산업경제도 여전히 중시되어야 하는 이유다.

11.4 디지털 경제에도 독과점이 골칫거리다

이제 주제를 약간 달리해 수확체증과 승자독식이 가져온 새로운 경제작동 원리의 회색빛 이면을 살펴보자. 디지털 기술은 시장경제에 새로운 동작원리를 부추기고, 이에 따른 디지털 경제는 시대적 흐름으로 점점 커가고 있다. 수많은 기업 성공 사례는 선망의 대상이 되고 있지만, 그 이면에는 승자독식으로 인한 격차의 문제가 국가, 산업, 기업, 계층 등에서 다양한 모습으로 발생하게 되었다. 이런 모습은 시장경쟁에서 독과점의 현상이 연출하는 상황과 매우 흡사한 것으로 나타나고 있다.

이미 독과점은 디지털 경제에서 가장 큰 골칫거리로 대두되고 있다. 2016년 기준으로 아마존은 미국 내 모든 온라인 유통 매출의 43%를 가져갔다. 구글은 검색 광고의 88%, 디지털 광고 시장의 52%를 점유했다. 소셜미디어 모바일 트래픽의 77%가 페이스북의 사이트(페이스북, 인스타그램 · 왓츠앱)에서 발생했다.[150] 이런 현상은 국내에서도 마찬가지다. 국내 광고 수익은 네이버를 비롯한 소수의 업체가 거의 휩쓸고 있다. 이른바 디지털 경제는 '거대 공룡' 들이 각자의 영역을 나눠 지배하는 것이다.

플랫폼 기업의 독과점으로 시장의 공정경쟁을 해칠 수 있는 소지는 여러 가지 형태로 나타나고 있다. 우월적 지위를 이용한 콘텐츠 제공자에 대한 이른바 '갑'질 횡포, 저격형 M&A로 경쟁자의 시장진입 봉쇄, 소비자 트랜잭션 데이터로 인한 비대칭화로 점점 더 기울어지는 운동장 등이 그런 것이다. 사례를 몇 개 들어보자. 최근 트위터가 자사의 플랫폼에 입주해 있는 스트리밍 서비스 미캣(Meerkat)을 퇴출했다. 그 이유는 미캣의 경쟁사인 페리스코프(Periscope)를 입주시키기 위해서라고 한다. 공급자를 자신에게 유리한 다른 공급자로 대체하는 전형적인 '갑질' 횡포이다. 갑질 사례는 이런 형태만 있는 것이 아니다. 저가로 무장한 플랫폼 경쟁자를 제압하기 위해 제품 공급자에게 무리한 가격하락을 요구하거나, 심지어는 플랫폼 기업 자신이 공급자로 변신하는 예도 있다.

이번에는 저격형 M&A 사례를 하나 들어보자. 페이스북은 2014년에는 모바일 메신저 왓츠앱을 인수했다. 당시 왓츠앱은 매출이 거의 없고 임직원은 50여 명에 불과한 작은 업체였지만 사용자 4억여 명을 보유한 촉망받는 업체였다. 인수가는 두 해전인 2012년에 페이스북이 인수한 인스타그램의 인수가격(10억 불)과 비슷할 것이라는 예측이 떠돌았다. 막상 뚜껑을 열리니 인수가는 220억 불로 무려 22배였다. 당연히 인수가격이 화제가 되면서 페이스북이 그런 파격적인 거래를 한 이유에 궁금증이 커졌다. 물론 잠재적 경쟁자의 싹을 잘라 시장 지배자의 위치를 유지하기 위한 것으로 보는 시각이 많다. 이런 저격형 M&A 이외에도 시장지배적 플랫폼 기업이 특정 기능을 추가해서 자유경쟁을 제한하는 사례도 무수히 많다.

마지막으로 정보비대칭의 사례를 들어보자. 아마존은 소비자 구매이력 등과 같은 막대한 플랫폼 데이터를 우리가 잘 아는 추천기능뿐만 아니라 향후 잘 나갈 것 같은 제품라인 선정에도 사용한다. 오프라인 또는 상대적으로 작은 온라인의 사업자는 경쟁에서 뒤질 수밖에 없는 구도다. 더 큰 문제는 정보비대칭화가 점점 더 심화하는 점이다.

당연히 디지털 플랫폼의 독과점에 따른 공정경쟁 침해 우려에 대한 경계와 대책마련에 대한 목소리도 커지고 있다. 하지만 그 방향에 대한 구체적 합의에는 이르지 못한 상태이며, 여러 가지 주장을 둘러싼 갑론을박이 이어지는 상태이다. 물론 아직까지는 제도적 규제까지는 필요하지 않다는 주장이 대세다. 민간의 자율적 규제면 충분하다는 것이다. 2007년 3월 영국 런던에서 열린 "OPEN:2017" 콘퍼런스에서 논의한 플랫폼-협동(Platform co-operatives) 운동이 한 사례다. 플랫폼 자체의 정화 노력을 통해 생태계 전체의 상생을 도모하자는 것이 요지다.

일부는 제도적 규제를 주장하는데, 실효성을 가진 포괄적 방안 마련은 시기상조이니 할 수 있는 것부터 단계적으로 하자는 입장이다. 저격형 M&A을 방지하는 데 필요한 규제를 취하자는 것이 그중 하나다. 시장경쟁의 공정성과 인수가격 적정성 모두를 따질 수 있는 제도를 마련하자는 취지다. 구글 같은 기업을 공공재로 간주해 규제해야 한다는 주장도 있다. 이럴 경우, 물론 명목상 비용을 지불해야 하지만, 다른 회사나 기관이 구글의 특허나 검색 알고리즘 등을 사용할 수 있게 된다. 디지털밀레니엄저작권법

(DMCA)상의 '세이프 하버(Safe Harbour)' 조항을 없애야 한다는 주장도 있다. 구글 같은 업체가 콘텐츠를 무료로 활용할 근거를 없애자는 취지다.

제도적 규제에 대한 체계적인 연구 결과도 여러 기관에서 나오고 있다. 2015년 유럽연합의 정책연구 기관인 JRC 연구센터는 플랫폼 기업의 독점 문제를 다룬 정책연구 보고서가 한 사례이다. 최근에는 유수 경제지와 신문에서 플랫폼 기업의 독점 문제를 다루는 기사가 늘고 있다. 한 예로, 2007년 4월, 뉴욕타임스는 다음과 같은 내용이 담긴 기사를 내놓았다.[151] "거대 플랫폼의 제도적 규제에 실패하게 되면, 예전에 AT&T에 대해 그랬듯 구글 같은 업체는 몇 개로 쪼갤 수밖에 없는 막다른 골목에 다다를 수 있다." 1983년에 AT&T를 독과점 기업으로 규정해 6개 회사로 쪼갠 이야기다. 거대 플랫폼 기업에 대한 제도적 규제가 그리 멀지는 않은 것 같다.

4차 산업혁명의 화두는 스마트화, 플랫폼화, 소프트웨어이다

"우리가 미래에 대해 확실하게 아는 것은 미래는 단지 현재와 다를 뿐이라는 것이다." 1960, 70년대 세계화, 기술혁신, 도시화 등 여러 갑작스러운 변화의 큰바람을 직접 맞았던 경제학자 피터 드러커의 고백이다. 우리도 마찬가지이다. 인공지능이 가져오는 변혁의 모습은 우리가 아는 기존 혁신의 모습과는 많이 다를 것이다. 조만간 그런 변혁이 닥쳐오리라는 것이라는 것 외엔 달리 그 구체적인 모습을 명확히 그려낼 수 있는 방도가 없다. 그렇다면, 그런 예측은 접어두더라도 4차 산업혁명이 우리에게 던지는 큰 화두 정도는 찾아볼 필요가 있다. 이 장에서는 4차 산업혁명의 가장 중요한 화두로 '스마트화', '플랫폼화', '소프트웨어'를 제시한다.

12.1 IT 혁명은 계속된다

4차 산업혁명 시대에도 분명 IT는 매우 중요한 역할을 할 것이며, 기술·산업·경제의 큰 변혁을 가져올 것이다. 이런 변화의 향방을 가늠하기 위해서는 IT의 역할에 대한 이해가 중요하다. 특히, IT 기술의 활용 추세를 개관해 보면 적어도 다가올 4차 산업혁명 시대의 변화 방향, 즉 트렌드 정도는 뚜렷하게 짚어낼 수 있을 것이다. 이장에서는 3차 산업혁명에서의 IT 활용의 세 단면을 살펴보고, 이 세 단면이 4차 산업혁명에서는 어떻게 발전할지를 중점적으로 살펴본다.

3차 산업혁명의 범용기술인 IT 기술은 그간 우리의 산업, 경제, 생활에 지대한 영향을 끼쳐왔다. 국가 경쟁력 향상이라는 시각에서 이런 IT의 영향은 크게 두 가지 차원으로 풀이된다. 하나는 삶의 질과 경제적 가치활동의 생산성 향상이라는 차원이다. 이른바 정보화라는 것을 생각해 보면 될 것이다. 다른 하나는 경제발전을 위한 산업 차원이다. IT 산업은 최첨단의 산업이며 그 시장의 범위와 규모가 지속해서 커지고 있어 국가적 차원에서 보면 아주 매력적인 산업인 것이다. 이런 두 차원으로 인해 국가는 한편에서는 정보처리를 위한 'IT 활용'의 주체가 되며, 다른 한편에서는 IT 제품과 서비스를 국내외 시장에 공급하는 'IT 육성'의 주체가 된다.

국가적으로 보면, IT를 둘러싼 정보화와 산업화, 달리 말하면 'IT 활용'과 'IT 육성'은 일종의 두 마리 토끼인 셈이다. 3차 산업혁명 시대에는 이런 두 마리 토끼를 균형적으로 잘 잡은 국가가 상대적으로 국가 간 경쟁에서 우위를 점했다. 물론 IT를 잘 활용하고, IT 관련 산업을 제대로 육성하는 것은 모든 국가의 공통 관심사였다. 국가의 기술·산업 여건에 따라 일부 국가는 IT 활용에만 초점을 둘 수밖에 없었다. 하지만, 미국을 비롯한 일부 선진국은 IT 활용뿐만 아니라 IT 산업의 균형적 육성을 통해 비교적 상대적 번영을 누릴 수 있었다. 우리나라도 IT 산업이 수출의 30% 정도를 차지할 정도이니 IT 육성에서는 성공했다고 볼 수 있다.

3차 산업혁명 시대의 IT 활용과 IT 육성이라는 두 축이 국가 경쟁력에 향상에 큰 영향을 미쳐왔던 발전구도가 4차 산업혁명 시대에도 그대로 이어질 것이다. 이 점은 4차 산업혁명 시대를 이끌 기술의 성격과 IT 산업의 관계를 생각해 보면 명확해 진다. 4차 산업혁명 시대를 이끌 범용기술은 인공지능이며, 보완기술들은 사물인터넷, 빅데이터, 로봇 등과 같이 대부분 IT의 신기술 또는 IT의 신기술이 접목된 기술이다. 이런 기술은 당연히 기존 IT 관련 산업의 고도화 및 고부가가치화에 기여할 것이다. IT 육성이 4차 산업혁명 시대에도 여전히 국가 경쟁력에 많은 영향을 미치는 요소로 자리매김하리란 의미다.

그렇다면 4차 산업혁명의 범용 및 보완기술이 IT 활용에 어떤 영향을 미칠 것인가? 물론 3차 산업혁명 시대에 IT 활용의 단면을 파악하고, 4차 산업혁명의 범용 및 보완기술의 각 단면에 어떠한 변화를 가져다줄 것인지를 살펴보는 작업을 거쳐야 명확한 답을 얻을 수 있을 것이다. 일단 3차 산업혁명 시대의 IT 활용 양상부터 살펴보자. IT 활용은 크게 세 가지 양상으로 전개되었다.

첫 번째는 '정보화'이다. 짤막하게 다시 요약하면, 정보화는 개인, 기업 정부와 같은 경제주체가 가치활동에 필요한 프로세스 자동화와 생산성 향상을 위해 정보시스템과 정보도구로 사용하는 것을 말한다. 두말할 필요 없이 정보화의 최종 지향점은 무엇보다도 가치활동의 '생산성 향상'이다.

두 번째 양상은 '온라인화'라고 부를 수 있다. '온라인화'는 인터넷과 정보시스템을 기반으로 공급자가 온라인 서비스를 소비자(사용자)에게 제공하는 것을 말한다. 이미 앞에서 다룬 전자상거래(EC), 콘텐츠 서비스(음악, 영화, 방송 등) 등이 다 이런 영역에 속한다. 앞에서 다룬 디지털 플랫폼은 '온라인화'의 정수일 것이다. 온라인화의 가장 중요한 효과는 서비스 공급자와 수요자 사이의 '접근성 향상'이다.

마지막으로 세 번째 양상은 이른바 '융합화'이다. 융합화는 IT 기술이 非IT 산업에 속한 제품의 요소기술로 두루 사용되는 것을 말한다. 사실, 산업혁명을 촉발한 범용기술의 가장 중요한 특징은 교차기술(Cross-Cutting technology)이라는 점이다. 교차기술은 생산성 향상을 위한 설비와 서비스의 제작뿐만 아니라, 여러 다른 산업에서도 제품개발에 '요소기술'로 활용될 수 있다는 뜻이다. 따라서 3차 산업혁명 시대의 IT 기술의 융합화는 당연한 이치이다. IT 기술의 '非IT 제품에의 융합화'의 사례는 수없이 많다. 밥솥, 냉장고, 최근의 스마트 TV와 같이 거의 모든 가전제품에는 단순한 제어 기능부터 복잡한 영상처리 기능에 이르기까지 많은 IT 기술이 활용되고 있다. 비단 가전제품에 한정된 것이 아니라 기계, 자동차, 항공, 조선 등 대부분 산업에 걸쳐 제품의 기술구성에 IT 기술이 한 자리를 차지하고 있다. 융합화의 최종 지향점은 非IT 제품의 가치를 높이는 '혁신성의 향상'이다.

지금부터는 앞에서 살펴본 3차 산업혁명 시대의 IT 활용 양상이 4차 산업혁명 시대에 어떻게 변화할 것인가를 살펴보자. 이 변화는 4차 산업혁명 시대의 범용 및 보완기술 기술이 각 활용 단면에 미치는 영향을 살펴보면 쉽게 파악할 수 있다.

먼저, 정보화를 보면, 4차 산업혁명 시대의 다양한 혁신기술이 접목되어 기존 정보화가 보다 심화할 것이다. 우선 공급, 생산, 유통, 판매, 서비스에 이르는 기업 가치사슬의 통합이 실현될 것이다. 특히, 사물인터넷 기술은 생산 공정에 이르는 정보화를 심화시키고, 출시된 제품의 활용 과정에 생기는 문제점을 감지해 선제적으로 서비스를 수행할 수 있게 될 것이다. 빅데이터와 인공지능 기술은 가치사슬 전 과정에서 발생하는 상황을 감지하여 필요한 조치를 스스로 수행할 자율적 제어를 가능하게 할 것이다.

온라인화도 발전된 형태로 진화할 것이다. 이런 온라인 서비스의 진화는 인공지능, 빅데이터, 사물인터넷, AR/VR, 클라우드 등과 같은 다양한 신기술에 의해 실현될 것이다. 더 빨라지는 인터넷, 5G 통신기술과 가상현실(AR)/증강현실(VR) 등은 원격의 물리 공간을 보다 실감적인 형태로 옮겨 놓을 것이다. 3차 산업혁명 시대에 보았던 온라인상의 많은 정보서비스는 음성, 언어 인터페이스를 장착하고, 인공지능과 빅데이터와 같은 분석기술로 무장해 사용자에게 더 높은 편의성과 더 큰 가치를 제공할 것이다. 물리적 환경과 사물에 더 긴밀하고 가까운 접근성을 제공하는 새로운 서비스도 많이 등장할 것이다.

마지막으로 융합화는 보다 광범위하게 진행될 것이다. 기존 3차 산업혁명시대와 마찬가지로 4차 산업혁명시대에도 다양한 혁신기술이 더욱 폭넓게 산업 전반의 제품에 요소기술로 활용된다는 의미다. 우리가 아는 드론, 자율주행 자동차, 서비스 로봇 등이 그런 사례이다. 융합화는 유형적 제품에서 인간의 수행할 작업을 대체하는 무형적 지식서비스의 구현으로도 확대할 것이다. 우리가 아는 로보어드바이저(Roboadvisor)나 인공지능 비서가 그런 사례이다.

이제 절을 내용을 정리해 보자. 먼저, IT가 산업 전반에 미치는 영향은 변함이 없을 것이다. 한편, 3차 산업혁명 시대의 IT 활용의 양상은 정보화를 통한 가치활동의 생산성 향상, 온라인화를 통한 정보서비스의 접근성 향상, 융합화를 통한 非IT 제품의 혁신성 향상으로 규정할 수 있다. 이런 IT 활용의 각 단면은 4차 산업혁명 시대에도 그대로 유지되지만, 각기 차별화된 심화과정을 밟게 될 것으로 예상된다. 이런 점들을 감안하면, 4차 산업혁명 시대에도 IT 활용과 IT 육성이 산업·경제·사회 발전의 주춧돌이 될 것이란 점에는 변함이 없을 것이다. 우리나라는 3차 산업혁명 시대에 IT 활용과 IT 육성의 두 마리 토끼를 다 잡으려고 시도한 국가 중의 하나였으므로 새겨둘 대목이다.

참고로, 조금은 어색할지 몰라도 IT 활용과 IT 육성이라는 표현은 앞으로 자주 사용할 것이다. 아울러 IT 활용의 세 단면인 정보화, 온라인화, 융합화는 4차 산업혁명시대에 IT를 둘러싼 다양한 정책적 의제를 논의할 때 많이 사용하므로 기억해 두면 좋다.

12.2 4차 산업혁명의 첫 번째 화두는 '스마트화'이다

정보화, 온라인화, 융합화로 규정되는 3차 산업혁명의 IT 활용 환경에서도 일정 수준의 스마트화는 가능했다. 예컨대, 서비스 사용이력을 모아 분석한 개인화 서비스도 가능했으며, 다량으로 데이터를 분석하여 추세를 찾아내는 분석도구도 널리 사용됐다. 컴퓨터 비전을 갖춘 로봇은 제한된 환경에서는 스스로 장애물을 피해 길을 찾을 수 있는 능력도 갖추고 있다. 하지만, 이른바 자율적으로 상황을 판단하고 예측해서 결정할 정도의 스마트 수준을 가진 기기와 서비스는 쉽지 않았다.

4차 산업혁명의 시대는 다르다. 인공지능의 발전으로 그런 스마트 기기와 서비스의 손쉬운 구현이 가능해지기 시작했다. 우리가 사용하는 IT 관련 기기와 서비스의 스마트 수준을 크게 향상할 것이다. 3차 산업혁명 시대의 IT 혁명과 구분할 기술적 차별성은 바로 기기와 서비스의 스마트 수준인 것이다. 이런 점에선 '스마트화'가 4차 산업혁명 시대의 IT 활용의 '화두'가 될 수밖에 없다. 따라서 4차 산업혁명에 제대로 대비하기 위해서는 스마트화에 대한 명확한 이해가 필수다.

스마트화와 관련해 가장 먼저 알아야 할 점은 기존 IT 활용과의 관계다. 앞 절에서 4차 산업혁명 시대에 심화할 정보화, 온라인화, 융합화로 규정된 IT 활용의 면면을 살펴보았다. 요지는 이런 각 단면에 스마트화가 덧칠해질 것이란 점이다. 그 결과로 우리 사회는 이전과 사뭇 다른 새로운 모습으로 변모할 것이다. 바로 다양한 스마트 소프트웨어, 로봇이나 인공지능 비서와 같은 스마트 기기, 그리고 왓슨과 같은 스마트 서비스가 우리 사회 곳곳에서 활용되는 모습이다. 이미 그런 모습은 방송과 매체, 서적이 소개한 인공지능과 로봇의 다양한 첨단 사례에 잘 그려져 있다.

여기서는 스마트화로 변할 세상의 모습을 그려내는 일보다는 그런 모습을 가장 잘 나타내는 적절한 표현을 찾아보는 데 할애할 생각이다. 물론 그 표현을 새로 만들려고 하는 것은 아니고 세계적으로 많이 사용되는 것 중에서 가장 적합한 것을 한번 골라볼 것이다. 이런 과정을 통해 새로운 시대에 대한 전문가의 관심도 함께 눈여겨보면 좋을 것이다. 참고로 스마트화로 인한 변화는 14.1절에서 상세히 다룬다.

4차 산업혁명의 시대에 대한 표현 중에서 가장 많이 알려진 것은 "제2의 기계 시대"라는 표현일 것이다. 알다시피 세계적인 베스트셀러의 제목이기 때문이기도 하다. 저자인 MIT의 브린욜프슨과 맥아피 교수는 1차 산업혁명 이래로 3차 산업혁명까지 진행해 오면서 우리가 이용한 기계장치, IT 기기 및 서비스를 1세대 기계라고 지칭했다. 앞으로 인공지능으로 인해 점점 유능해지는 기계는 2세대 기계라고 했다. 지금까지를 "제1의 기계 시대"

라고 하면 앞으로는 "제2의 기계 시대"가 펼쳐진다는 것이다.

한편, '스마트 머신 시대'라는 표현도 많은 경제학자, 컨설팅 회사, 사회학자 사이에서 많이 사용되고 있다. 예컨대 헤스(Edward Hess)와 루드위그(Cathern Ludwig)는 2017년 초에 미래 시대의 인간에게 필요한 직업적 덕목에 대한 담론 펼치는 『Humility Is The New Smart』를 출간해 전 세계적으로 매우 큰 호평을 받고 있다.[152] 이 책에서는 앞으로 다가올 시대를 '스마트 머신 시대(SMA, Smart Machine Age)'라고 부르고 있다. 앞으로 사람보다 더 똑똑한 로봇과 공생하기 위해서는 새로운 SMA 스킬으로서 뉴스마트(NewSmart)가 필요하다고 역설하고 있다. 이 뉴스마트는 자아 억누르기(Quieting Ego), 생각과 감성을 관리하기(Managing Self), 능동적 듣기(Reflective Listening), 감성적으로 연결되기(Otherness)로 구성된다.

한편, 특정한 의미를 부여한 명칭보다는 단순히 '인공지능의 시대'와 '로봇의 시대'와 같이 직접 기술로 부르는 경우도 종종 있다. 아무튼, 앞에서 본 여러 가지 표현 중에서 4차 산업혁명 시대에 가장 잘 어울리는 표현은 "스마트 머신 시대"가 단연 돋보인다. 이 표현은 다가올 4차 산업혁명 시대를 매우 함축적으로 잘 나타내고 있기 때문일 것이다. '스마트'라는 용어는 소위 지능이라는 것을 의미하면서도 스스로 결정하고 행동하는 주관적인 의미도 내포하고 있다. 이 용어는 얼마나 유능한지 또는 똑똑한지에 대한 수준도 구분하는 의미도 있다. 단순히 '지능'이라는 추상적인 개념을 여러 상황에 적용할 구체성을 내포하고 있다는 말이다. 한편, '머신'이라는 용어는 우리가 사용하는 컴퓨터, 자동차와 로봇 등과 같은 기계 장치뿐만 아니라 소프트웨어 서비스도 포함하는 의미로 포괄적인 의미로 해석하면 된다.

참고로 스마트 머신이라는 용어가 나온 지는 꽤 되었다. 스마트라는 용어 자체가 상대적인 개념을 담고 있어 시대적으로 그 의미가 달리 해석될 수 있기 때문이다. 스마트 머신을 체계적으로 다룬 초기 연구자는 주보프(Shoshanna Zuboff)라고 보면 된다. 2008년에 출간된 저서 『In the Age of the Smart Machine: The Future of Work and Power』에서 주보프는 60년대부터 20여 년에 거쳐 일어난 놀랄 만한 IT의 기술적 변화의 시기를 스마트 머신의 시대라고 칭했다.[153] 초기 컴퓨터와 네트워크 기반은 정보시스템은 현재에는 전혀 스마트라고 표현할 수 없는 기술이지만, 그 당시에는 스마트 머신이라고 부를 만큼 새로운 혁신적인 것이었으리라. 아무튼, 초기 IT 정보기술 시대를 배경으로 삼고 있다. 하지만, 이 책의 핵심주제인 정보기술이 인간의 작업에 끼치는 영향은 오늘날 상황에도 상당히 밀접하게 관련되어 최근까지도 일부 IT 기술과 조직의 틀로서 많은 관심을 받고 있다.[154,155]

위에서 간략하게 살펴보았듯이 3차 산업혁명 시대에 보았던 IT 활용의 각 단면이 모두 스마트화로 덧입혀질 것이란 것은 분명하다. 궁극적으로 4차 산업혁명 시대는 다양한 영역에서 스마트 기기와 서비스가 점진적으로 확대되는 스마트 머신의 시대가 될 것이다. 실용적 관점에서 보면, 스마트화는 IT 활용을 통해 지식과 육체 노동 생산성을 모두 향상할 방편이다. 반면에 스마트화에서 4차 산업혁명에서 제기될 실업 등과 같은 역기능이 발생한다. 4차 산업혁명 시대에 전개될 기회와 위협은 스마트화에서 비롯되는 것이다. 결국, 4차 산업혁명의 성패는 스마트화의 기회를 잘 활용하고, 위협에 얼마나 슬기롭게 대처하는지에 달렸다.

12.3 4차 산업혁명의 두 번째 화두는 '플랫폼화'이다

3차 산업혁명 시대의 가장 큰 변화 중의 하나 다양한 디지털 플랫폼의 등장이다. 구글과 네이버 같은 검색엔진은 정보의 탐색과 활용을 매우 손쉽게 하였다. 옥션이나 알리바바와 같은 상거래 사이트는 개인과 기업의 구매가 디지털 세상에서 가능하게 했다. 유튜브나 넷플릭스와 같은 콘텐츠 플랫폼은 일상생활 중에서 다양한 영상을 마음껏 누릴 수 있게 했다. 카카오톡과 페이스북과 같은 소셜 플랫폼은 사람들을 더욱 긴밀하게 엮어 놓고 있다. 예컨대 2015년 3월 기준으로 미국 성인은 페이스북에 약 42분, 트위터에 약 17분, 도합 한 시간을 소비한다는 통계도 나오고 있다.

4차 산업혁명 시대에는 새로운 개념의 플랫폼들로 우리 생활에서 플랫폼에 대한 의존도는 더욱 커질 것이다. 이런 점에서 '플랫폼화'은 4차 산업혁명 시대의 IT 활용의 중요한 메가트렌드 중의 하나가 될 것이다. 이미 플랫폼의 산업·경제적 파괴력에 대한 논의는 이미 무성한 상태다. 그렇지만 4차 산업혁명을 대비하기 위해서는 '플래폼화'에 대한 보다 명확한 이해가 필수다.

일단 플랫폼에 대해 간략히 알아보자. 플랫폼이란 용어는 우리가 아는 기차 '플랫폼'에서 비롯되었다고 봐도 무방하다. 이동하려는 승객을 수송수단인 기차에 연결해 주는 곳이 플랫폼이다. 이런 연결 개념이 우리가 아는 디지털 경제의 플랫폼에 그대로 적용된 것이다.

경제학에서 플랫폼을 학문적으로 연구한 지는 꽤 됐으며, 그 대상도 디지털 경제가 아닌 일반 실물 경제에서부터 시작되었다.[156] 공식적으로는 참여하는 주체의 개수에 따라 플랫폼을 양면 플랫폼(Two-sided platform)과 다면 플랫폼(Multi-sided platform)으로 구분도 한다.[157] 예컨대 시골의 장터는 공급자와 수요자를 연결해 주는 양면 플랫폼으로 볼 수 있다. 한편, 윈도우 기반 PC의 생태계는 일종의 다면 플랫폼이다. 이 플랫폼에 참여하는 주체는 OS 제작사인 마이크로소프트, CPU 제작사인 인텔과 AMD, 기타 하드디스크, 마우스 등의 주변기기 제작사, 각종 애플리케이션 제작사 등과 같이 다수다. 이런 생태계에서 애플리케이션 개발사들은 공통으로 운영체제 API를 사용하므로 일종의 의존관계가 형성되므로 OS 자체를 소프트웨어 플랫폼으로 부른다. 한편, 다면 플랫폼은 다수의 주체가 상호 연계해 하나의 네트워크를 형성하고 있는 모습이므로 '플랫폼 네트워크'라고도 부른다.

비자, 백화점 같은 전통적인 형태의 플랫폼에서 시작한 플랫폼은 IT 생태계의 플랫폼 네트워크를 거쳐 인터넷 환경의 '디지털 플랫폼'으로 발전했다. 오프라인의 플랫폼이나 플랫폼 네트워크, 디지털 플랫폼은 보통 간결하게 '플랫폼'으로 부른다. 플랫폼에 대한 대중의 관심은 인터넷상에서 운영되는 플랫폼에서 비롯되었다. 구글, 알리바바, 페이스북과 같이 플랫폼 비즈니스 모델을 채택하는 회사들이 어마어마한 큰 회사로 성장하자 플랫폼 개념과 위력에 관심이 쏠릴 수밖에 없었다.

4차 산업혁명 시대의 메가트렌드 중의 하나를 '플랫폼화'로 규정하는 이유는 3차 산업혁명 시대의 IT 활용의 각 단면이 모두 플랫폼화로 덧입혀질 것이기 때문이다. 앞 절에서 본 바와 같이 3차 산업혁명 시대의 IT 활용 양상은 정보화를 통한 가치활동의 생산성 향상, 온라인화를 통한 정보서비스의 접근성 향상, 융합화를 통한 非IT 제품의 혁신성 향상이라는 세 가지 단면으로 구성된다. 각 단면은 4차 산업혁명 시대에도 유지·발전될 것인데 그 발전의 특징 중의 하나가 바로 플랫폼화이다. 각 단면이 플랫폼화로 덧입혀지는 현상을 아래에서 간략하게 살펴볼 것이다.

첫 번째로 정보화를 살펴보자. 기업이나 기관의 정보화에는 수많은 엔터프라이즈 소프트웨어가 사용되고 있다. 데이터베이스 등과 같은 미들웨어부터 ERP, SCM과 같은 응용 소프트웨어가 그런 사례다. 최근에 부상하는 사물인터넷과 빅데이터, 스마트 팩토리 기술 등으로 인한 정보화 영역의 확장으로 새로운 소프트웨어의 엔터프라이즈 소프트웨어 군 편입이 이어지고 있다. 이런 소프트웨어는 외부 개발자가 필요에 따라 기능을 수정하거나 확장할 수 있도록 대부분 개방 아키텍처를 채택하는 추세이다. 일부 시장 지배적인 소프트웨어의 경우에 전 세계의 수많은 개발자가 하나의 생태계를 형성하며, 이로 인해 상당한 네트워크 효과가 창출된다. 최근 사례를 하나 들면, 산업인터넷(IIoT, Industrial Internet of Thing) 기술로 스마트 팩토리 분야의 플랫폼을 지향하는 프레딕스 플랫폼은 전 세계 200여 개 업체가 참여하고 있으며, 이미 개발자만 1만5천 명이 넘는다고 발표됐다.

정보화 구축에 사용되는 컴퓨팅 인프라도 플랫폼화가 가속화하고 있다. 자체 데이터센터 대신에 클라우드 컴퓨팅 인프라를 활용하는 것이 대세다. 이른바 IaaS(Infrastructure as a Service)는 다수의 사용자가 클라우드 업체가 제공하는 컴퓨터와 저장장치를 공동으로 사용한다. 사용자가 많을수록 플랫폼 제공자는 더욱 저렴한 양질의 서비스를 제공할 수 있다는 점에서 전형적인 네트워크 효과를 바탕으로 한 플랫폼이다. 미국에서는 인터넷 트래픽의 80% 정도가 클라우드에서 발생한다는 통계치도 있다. 아직 소셜 네트워크, 인터넷 비즈니스의 트래픽이 주를 이루고 있지만, 기업의 정보시스템이 클라우드 플랫폼으로 빠르게 이동하고 있다. 참고로 우리나라의 경우 2015년 기준, 클라우드 트래픽은 겨우 3% 정도라고 한다.

두 번째로 온라인화를 생각해 보자. 온라인 서비스, 즉 인터넷 비즈니스는 대부분 플랫폼을 활용하고 있어서 이 영역에 대한 플랫폼화는 별로 새로운 사실은 아니다. 이런 플랫폼은 앞에서도 언급했듯이 '디지털 플랫폼'이라고 부른다. 하지만, 디지털 플랫폼의 활용 범위가 다른 영역보다 훨씬 광범위하게 확장되고 있다는 점은 주목해야 한다. 우리가 아는 알리바바나 쿠팡 같은 전자상거래, 구글이나 네이버 같은 검색서비스, 페이스북이나 카카오톡 같은 소셜네트워크 등의 디지털 플랫폼은 옛날 말이다. 디지털 플랫폼은 우리 생활에 점점 더 깊이 파고들고 있을뿐더러 전문분야로도 확산되고 있다. 예컨대, 교육·헬스·법률과 같은 전문분야의 서비스가 디지털 플랫폼 기반으로 제공되고 있다. 크라우드 소싱(crowdsourcing)과 같은 집단적 투자유치나 우버와 같은 차량공유 등과 같이 생활 관련 디지털 플랫폼도 우후죽순으로 생겨나고 있다. 이런 디지털 플랫폼 중의 일부는 이미 글로벌 유니콘 기업으로 성장해 있는 상태다.

마지막으로 융합화를 생각해보자. 3차 산업혁명 시대에 IT 기술을 요소기술로 사용해 제품의 혁신성을 높인 非IT 산업 분야가 지속적으로 증가했다. 4차 산업혁명 시대에는 특히 인공지능 기술이 접목되면서 그런 추세는 더욱 가속화할 것이다. 대표적인 사례가 자율자동차, 로봇, 드론, 의료기기이다. 이런 융합화 영역에서도 플랫폼화는 거부할 수 없는 추세로 자리 잡을 것이다. 자동차 전장의 사례로 들어보자. 자동차 내의 임베디드 컨트롤러와 이 컨트롤러를 연결하는 네트워크를 통틀어 '자동차 전장'이라고 부른다. 자동차 전장이 전체 자동차 원가의 절반에 육박하고 있다는 것은 이미 널리 알려진 사실이다. 이런 자동차 전장을 위한 소프트웨어 플랫폼화는 이미 수년 전부터 진행됐다. 대표적인 사례가 오토사(AutoSar) 플랫폼이다.[158] 이미 독일의 많은 자동차 업체는 이 플랫폼 환경에서 다양한 전장부품을 개발하고 있으며, 이 전장부품이 장착된 자동차를 내놓고 있다.

이제 이 절을 정리해보자. 3차 산업혁명 시대에 보았던 IT 활용의 각 단면이 모두 '플랫폼화'라는 색깔이 덧입혀질 것은 분명하다. 플랫폼화라는 메가트렌드로 4차 산업혁명의 시대에는 기존 플랫폼만 아니라 새로운 개념의 플랫폼이 디지털 공간에 등장하게 될 것이다. 플랫폼화는 자동차, 공장과 같이 물리적인 사물로도 확장될 것이다. 결국 사람들이 플랫폼의 바다에서 삶과 생활을 영위하게 될 것이다. 플랫포메이션 랩스(Platformation Labs) 설립자로 2016년 3월 『플랫폼 전쟁』을 출간하는 등 플랫폼 전문가로 인정받아 세계적 경영 사상가 순위인 '2016 싱커스 50 레이더'에 선정된 쇼우더리(Sangeet Paul Choudary)는 이런 상황을 다음과 같은 말로 압축했다. "미래엔 모든 기업이 플랫폼화(Platformation)될 것이다."159

12.4 4차 산업혁명의 세 번째 화두는 '소프트웨어'이다

IT는 I(정보)와 T(기술)의 합성어다. 지금까지는 IT 혁신의 중심추가 'I'보다는 'T'에 기울어져 있었다고 볼 수 있다. 그 이유는 크게 두 가지로 풀이된다. 첫 번째는 하드웨어 기술의 가속적 진보이다. 'T'의 급속한 발전, 특히 반도체의 소형화, 저전력, 고성능의 가속화가 새롭고 혁신적인 IT 기기를 끊이지 않고 쏟아냈기 때문이다. 기업들은 주기적으로 한층 높아진 PC, 고성능 서버, 대형 모니터, 스토리지를 도입해 가치사슬의 정보화로 무장했다. 개인도 PC에서 스마트폰 단말까지 IT기기를 활용해 다양한 정보생활의 폭을 넓혀왔다.

두 번째 이유는 낮은 데이터를 활용수준이다. 반세기 이상의 IT 역사에도 불구하고 그간 데이터를 활용하는 수준은 매우 낮은 상태에 머물러 있다는 평가가 지배적이다. 데이터의 양이 적었다는 문제도 있었지만, 데이터(Raw data)와 정보(Information), 지식(Knowledge)의 실체를 명확하게 규명하지 못했기 때문이다. 데이터로부터 정보를 추출하고, 정보로부터 지식을 만들어내는 데 필요한 보편적 이론 체계를 갖추지 못했던 점도 큰 원인으로 작용했다. 물론, 데이터와 정보, 지식에 대한 체계화를 이론을 제공하려는 연구가 진행되어 일부 결과를 산출하기도 했다. 예컨대 상황 이론(Situation Theory)이 그런 연구다. 하지만 이런 연구의 결과는 이론적 모호성으로 보편화하지는 못했다.[160]

그렇지만 4차 산업혁명의 시대에는 3차 산업혁명 시대와는 반대로 'T'보다는 'I'에 무게를 둔 혁신이 이루어질 것이다. 다시 말하면 IT 혁명의 중심추가 하드웨어에서 소프트웨어로 이동한다는 뜻이다. 이런 전망은 연료가 되는 데이터와 연료를 태우는 엔진인 소프트웨어의 기술환경이 둘 다 한 차원 발전하는 데서 비롯된다.

먼저 데이터 환경을 살펴보자. 3차 산업혁명 시대의 소프트웨어에서 사용한 디지털 데이터는 디지털 콘텐츠와 정보화 데이터가 대부분을 차지했다. 음악과 영상, e북 등이 대표적인 디지털 콘텐츠에 속한다. 정보화 데이터는 주로 기업의 프로세스 혁신에 사용된 정보를 말한다. 그간 디지털 데이터의 다양성과 가격은 선형적 증가 수준을 벗어나지 못했다. 데이터의 제작을 주로 사람의 수작업에 의존할 수밖에 없었던 까닭이다.

4차 산업혁명 시대에는 기존 데이터와는 비교가 안 될 정보로 막대한 양의 디지털 데이터가 산출될 것이다.[161] 실제로 문명 초부터 2003년까지 데이터 총량은 5엑사바이트(50억 기가)인데, 이 값은 2015년 기준으로 약 2일 만에 발생하는 양에 불과하다고 한다. 구글의 한 경제학자는 2010년에 1제타(1조 기가)바이트에 달하는 디지털 데이터 총량이 매년 42%씩 증가하여 2020년에 53 제타바이트가 되며, 2030년에는 1요타(1000조 기가)바이트에 달할 것이라고 전망했다.[162]

이런 증가 전망은 적어도 세 가지 새로운 부문의 발전에 기인한다. 첫 번째는 소셜네트워크와 전자메일과 같은 사람과 사람의 연결로 인해 발생하는 비정형 데이터이다. 데이터 크기 증가는 연결에 참여한 사람의 수 제곱에 비례하는 멱법칙[9]을 따른다. 4차 산업혁명 시대에도 이런 데이터는 지속해서 증가할 수밖에 없다. 두 번째 부문은 사물인터넷 기기로부터 산출되는 자료이다. 2020년경이면 전 세계에 500억 개가 설치될 것으로 전망되는 사물인터넷 디바이스는 엄청난 크기의 데이터를 실시간으로 발생시킬 것이다.[163] 마지막은 새로운 영역의 디지털화로 인한 데이터이다. 특히 3D 프린터의 확산으로 수많은 물리적 제품에 대한 디지털 사양이 만들어질 것이며, VR과 AR의 보급으로 인한 디지털 콘텐츠의 양도 괄목할 만한 증가세를 보일 것이다.

이렇게 데이터가 증가하는 상황에서 데이터를 얼마나 효과적

---

[9] 멱법칙(冪法則, power law)은 한 수(數)가 다른 수의 거듭제곱으로 표현되는 두 수의 함수적 관계를 의미한다.

으로 사용하는지가 궁극적으로 경쟁의 성패를 좌우할 것이다. 기업의 경우에 단순히 최신 시스템과 네트워크 인프라를 갖추는 것만이 능사가 아닌 시대가 온 것이다. 이미 우리는 지난 반세기 이상 다양한 분야에서 정보 활용이 얼마나 중요한지를 봐 왔다. IT 시스템을 통해 정보를 효과적으로 사용하는 기업이 그렇지 않은 경쟁 기업을 앞서갔으며, IT 기술을 효과적으로 활용하는 산업은 그렇지 않은 산업보다 성장이 빨랐다는 점을 많은 통계가 확인해주고 있다.

4차 산업혁명에서는 이런 상황이 더욱 현저해질 것이다. 그간 문제가 되었던 낮은 데이터의 활용 수준을 극복할 소프트웨어 기술의 혁신이 일어나기 때문이다. 최근 발전하는 빅데이터 분석기술은 데이터 활용 수준을 크게 향상하고 있다. 특히, 머신러닝을 비롯한 인공지능 기술의 발전은 데이터의 단순 정보화에 머물던 기존 상황에서 벗어나 데이터를 지식으로 변환할 수 있는 상황을 열어 놓을 것이다. 그동안 상대적으로 발전 속도가 낮았던 소프트웨어의 가속적 혁신이 실현되는 것이다. 하드웨어 기술 수준도 이런 소프트웨어에 필요한 성능을 충분히 제공할 수 있는 수준에 도달해 있다. 더욱이 클라우드 기술은 필요한 하드웨어의 성능과 용량을 마음껏 사용할 수 있는 상황을 열어 놓고 있다. 이제는 IT 혁명의 중심추가 소프트웨어 쪽으로 기울어졌다. 결국, 4차 산업혁명 세 번째 화두는 '소프트웨어'일 수밖에 없다.

13 우리의 IT 여건은 녹록지 않다

4차 산업혁명의 양상을 논하는 자리에서 뜬금없이 한국의 IT 여건을 꺼내는 것이 좀 이상하게 보일 것이다. 하지만, 앞으로 닥칠 4차 산업혁명의 쓰나미에 대비하기 위해서는 무엇보다도 우리의 여건을 분명하게 인식하는 것이 필수다. 그간 우리는 'IT 강국'이라는 자부심으로 IT에 대해서만은 자신만만했다. 4차 산업 혁명을 대비하는 데에도 IT에 관한 한 그리 큰 문제가 없을 것이 라는 것이 대세다. 약간 부족한 IT 혁신기술 부문을 신경을 써서 보강하면 된다고 생각하는 듯하다. 하지만 속을 들여다보면 그렇지 않다. 4차 산업혁명에 꼭 필요한 IT 산업의 포트폴리오와 혁신 인프라가 매우 취약한 상태다. 이 장에서는 우리의 IT 여건을 꼼꼼히 따져보려고 한다.

IT 산업 포트폴리오가 기형적이다

3차 산업혁명 시대와 마찬가지로 IT 기술은 4차 산업혁명에서 매우 중요한 역할을 갖는다. IT는 산업과 경제에 두 가지 큰 영향을 끼치기 때문이다. 하나는 컴퓨터, 소프트웨어, 네트워크 장비 모바일 기기 등과 다양한 혁신적 제품을 생산하는 IT 관련 산업을 태동시킨다는 것이고, 다른 하나는 산업 전반의 생산성 향상에 기여한다는 것이다. 한편, 4차 산업혁명의 주도기술인 인공지능을 비료라고 한다면 그 토양은 IT 산업으로 볼 수 있다. 인공지능 기술의 산업화는 대부분 IT 산업, 특히 소프트웨어 산업에 환원되어 IT 제품과 서비스의 고부가가치화로 이어지기 때문이다. 이런 점을 감안해 볼 때, IT 산업의 현주소를 정확하게 인식하는 일은 4차 산업혁명을 대비하는 우리에겐 매우 중요한 일이다.

2016년 기준 우리나라 IT 수출액은 약 179조 원(환율 1,100원/$ 기준)으로 중국·미국 등에 이어 세계 4위이다. 2015년 OECD 보고서에 따르면 IT 부가가치율(10.7%)은 세계 1위, IT 고용률(4.32%)은 아일랜드에 이어 세계 2위이다. 국내 전체 무역 수지 흑자의 80% 이상을 IT가 기여하고 있다. 이런 숫자로만 보면 한국은 가히 IT 강국이다.[164]

하지만, IT 산업 포트폴리오를 보면 약간 고개를 갸우뚱할 수밖에 없다. 반도체와 휴대폰을 빼고는 국제경쟁력은 극히 미약한 수준이기 때문이다. IT 산업 포트폴리오가 매우 기형적인 것이다. 세계 기업용 IT 시장(이후 '세계 IT 시장'으로 부름)을 기준으로 좀 더 자세히 살펴보자. 시장조사기관 가트너(Gartner)의 보고

서에 의하면 2017년 세계 IT 시장 규모는 2017년 기준 약 3,836
조 원이다.[165] 세부적으로 (1) 통신서비스(약 1,551조 원), (2) IT
디바이스(휴대폰, PC, 프린터 등, 660조 원), (3) IT 데이터센터
시스템(서버, 저장장치, 네트워크 장비 등, 약 195조 원), (4) IT
서비스(서비스 구축, 약 1,037조 원), (5) 소프트웨어(엔터프라이
즈 S/W, 인프라스트럭처 S/W, 약 393조 원) 부문으로 구성된다.
참고로, 반도체나 디지털 TV 등과 같은 품목은 전자산업으로 분
류되어 세계 IT 시장조사에는 포함되지 않았다.

세계 IT 하드웨어 시장에서 한국의 유일한 수출 품목은 휴대폰
이다. 다시 말하면, 세계 IT 하드웨어 시장에서 한국은 IT 데이터
센터에 들어가는 네트워크 장비, 서버나 스토리지 장비는 거의
수출을 하지 못했다. 이런 사실은 기업의 분포에도 잘 나타난다.
IT의 하드웨어 주력 분야인 △인터넷 네트워크 장비(예: Cisco), △
IT 데이터센터 시스템(예: Dell, HP) 등과 같은 하드웨어 분야에서는
글로벌 업체가 전무한 실정이다.

이번에는 소프트웨어 부문을 보자. 이 부문은 IT 서비스와 소
프트웨어로 구성된다. IT 서비스는 우리가 아는 시스템 통합(SI,
System Integration)을 말한다. 한편, 소프트웨어는 엔터프라이즈 소프
트웨어와 컨슈머 소프트웨어로 구별한다. 전자는 기업에서 사용
하는 소프트웨어이며, 후자는 웹사이트 구축이나 소규모 업체 등
에서 사용하는 단순한 소프트웨어를 말하며, 대부분 그 크기가
작으며 가격도 낮다. 기업의 정보시스템 지출은 주로 IT 서비스
와 엔터프라이즈 소프트웨어 위주로 이루어진다. 시장조사기관에

서 산출하는 시장규모도 그런 구분에 따른다. 2017년 세계 소프트웨어 부문의 시장은 IT 서비스가 약 1,037조 원, 엔터프라이즈 소프트웨어가 397조 원으로 도합 1,430조 원에 이른다. 게임을 뺀 우리나라의 소프트웨어는 2016년에 약 6.6조 원 정도를 수출하고 있는데[166] 이는 세계시장의 0.5%에도 못 미치는 수준이다. 한편, 우리나라가 수출하는 품목 중에서 엔터프라이즈 소프트웨어와 컨슈머 소프트웨어의 비중에 대한 통계는 집계되지 않았지만, 엔터프라이즈 소프트웨어 수출 비중이 상대적으로 작을 것으로 추정된다. 우리나라에 엔터프라이즈 소프트웨어 업체 중에서 1,000억 이상 매출을 올리는 업체가 소수라는 점을 감안해 보면 알 것이다.

위 상황을 고려하면 국내 기업의 데이터센터(전산실)에서 사용하는 서버와 저장기기, 엔터프라이즈 소프트웨어는 거의 외산이라고 생각하면 된다. 아울러, 네트워크 구축에 사용하는 라우터 등과 같은 네트워크 장비도 마찬가지다. 세계 4위의 IT 수출국에서 기업용 IT 기기와 소프트웨어, 네트워크 장비는 모두 외국산을 수입해서 쓰고 있다면 무언가 미스매치가 있는 것만은 틀림없다. 물론, IT 수출에 기여한 것은 주로 반도체나 디지털 TV 등과 같은 전자산업 품목과 휴대폰이기 때문이다. 실제로 2016년 IT 전제수출(179조 원)에서 디스플레이(31.6조 원), 반도체(67.7조 원), 휴대폰(32.5조 원)이 차지하는 비중은 약 74%로 전체의 3/4에 이르고 있다.[167]

13.2 IT 활용에서도 글로벌 경쟁력이 취약하다

전통적으로 한 국가의 IT 활용수준은 정보화 수준을 말하며, 우리나라의 정보화 우수성은 이미 세계에서 정평이 나 있다. 그런 결과는 많은 국제적 평가순위에서 드러나고 있다. 예컨대 한국은 2010년 이후 2017년까지 국제전기통신연합(ITU)이 약 175개국을 대상으로 매년 평가하는 'ICT 발전지수'에서 세계 1위를 고수하고 있다. 유엔이 실시하는 전자정부 평가에서도 2010년 이후 줄곧 최상위권을 유지하고 있다. 이런 점만을 놓고 보면, 정보화 수준은 세계 최고의 면모를 갖추고 있다고 해도 과언이 아니다.

그런데, 선진국만 놓고 보면 사실 정보화는 이미 2010년대로 접어들면서 거의 비슷한 수준에 도달했다고 봐야 할 것이다. 이미 앞 장에서 여러 번 언급한 바와 같이 2010년대에 들어서면서 개인과 기업, 공공기관의 인터넷 인프라와 정보화는 거의 성숙기에 들어섰다. 국가 간 정보화 수준은 거의 비슷해졌다고 봐도 무방한 것이다. 정보통신 접근성, 이용도, 활용능력 등과 같은 정보화 관련 척도는 더는 큰 의미가 없다. 국가 IT 활용수준을 그런 정보화 관련 척도로 논한다는 것 자체가 구닥다리 사고일 수밖에 없다. 더 실질적인 잣대를 가지고 평가해야 할 시점에 와 있다.

국가 간 IT 활용수준의 실질적인 평가를 위해서는 디지털 경제를 구성하는 대표적인 서비스의 글로벌 경쟁력을 잣대로 삼을 필요가 있다. 전자상거래, 핀테크, 스마트 미디어, 공유경제, 인터넷 정보 서비스 등이 그런 서비스 사례다. 이런 서비스에 대한 평가지표는 당연히 서비스의 사용자 수, 트랜잭션 수, 매출 등을 포함해야 한다. 더는 설명하지 않아도 한 나라의 디지털 서비스의 글로벌 경쟁력이 국가 간 IT 활용수준을 비교하는 데 더욱 정확한 척도가 될 수 있다는 데는 별로 이견이 없을 것이다.

여기서는 전자상거래 서비스를 사례로 들어보자. 한 국가의 전자상거래 규모는 IT 인프라와 IT 활용의 경제적 생태 환경을 잘 반영하는 잣대가 될 수 있다. 디지털 경제가 발전함에 따라 전자상거래는 오래전부터 국가경제와 삶의 질에 실질적인 영향을 미치는 중요한 요소로 자리 잡고 있다. 많은 사람은 우리나라의 전자상거래가 매우 우수한 수준이라고 알고 있을 것이다. 하지만 속을 들여다보면 그렇지 않다. 중국은 전 세계 전자상거래의 46%를 차지하는 반면, 한국은 겨우 3.3% 정도밖에 되지 않는다.

전자상거래 중에서 외국과의 전자상거래인 CBT(Cross Border Trading)를 살펴보자. CBT는 이른바 해외직구를 떠올려 보면 된다. CBT는 인터넷 사용자의 지속적인 증가, 모바일 커머스 확대, 온라인 국제결제수단 발전, 국제 운송 시스템의 발달로 연평균 27.4%의 높은 성장세를 보인다. 국제간 교역의 수단으로 점점 비중이 커가고 있을 뿐만 아니라 중소기업수출의 중요한 수단으로 발전하고 있어, CBT는 매우 중요한 IT의 활용 척도라 할 수 있다.

한국은 전체 전자상거래에서 CBT가 차지하는 비중도 절대적으로 낮은 상황이다.[168] 2015년 기준 세계 전자상거래(1조804억 불)에서 CBT(3,000억 불)가 차지하는 비율은 16.2%이다. 한국은 전체 전자상거래(358억 불)에서 CBT가 차지하는 비율이 7.5%(27억 불) 정도로 세계 평균의 절반에도 미치지 못하고 있다. 중국은 전체 전자상거래(5,002억 불)의 14.8%(739억 불)로 세계 평균과 유사한 수준에 도달해 있다.

한국은 전체 교역에서 CBT가 차지하는 비율도 상대적으로 작은 편이다. 세계적으로 보면, 전체 교역(37.2조 불)에서 CBT(3,040억 불)는 0.8%를 차지하지만, 한국은 전체 교역(9,600억 불)에서 CBT가 차지하는 비율이 0.3%(27억 불)로 세계 평균의 절반에도 미치지 못한다. 중국의 CBT는 전체 교역(3.9조 불)의 1.9%(739억 불)를 차지해 세계 평균의 2배를 넘고 있다.

위에서 우리가 매우 우수하다고 생각하는 전자상거래만을 봐도 우리의 IT 활용 수준에 거품이 있다는 점을 보았다. 인터넷 검색뿐만 아니라 동영상 서비스, 공유경제 서비스 등 거의 다른 모든 디지털 서비스에서도 다 알다시피 우리나라의 글로벌 경쟁력은 매우 낮은 상태다. 굳이 드러내 설명할 필요가 없을 것이다. 지금은 네트워크 인프라가 아니라 서비스가 경쟁의 키워드인 시대이다. 한국의 열악한 상황에 대한 설명은 2015년에 열린 정보통신기술(IT) 국제회의에서 외국의 IT전문가가 한 말을 빌리면 충분할 듯싶다. "한국의 네트워크 인프라는 세계 최고다. 그런데 다른 것은 없다."

13.3 글로벌 혁신역량도 뒤처졌다

4차 산업혁명의 성공을 위해서는 변화에 빠르게 대응할 수 있는 "경제사회시스템의 유연성(Flexibility)"이 최대 관건일 수밖에 없다. 이미 많이 알려진 것처럼 스위스 유니온 뱅크(UBS)가 2016년 1월에 세계 주요 45개국을 대상으로 관련 평가 순위를 내놓았다. 우리나라는 25위로 성적이 별로다. 싱가포르(2위), 일본(12위), 대만(16위), 말레이시아(22위) 등 아시아권에서도 밀리고 있다. 4차 산업혁명의 거대한 변혁에 올바로 대응하기 위해서는 우리 사회 전반에 걸친 체질의 근본 변화가 필요하다는 점을 시사한다. 이런 경제 사회적인 의제까지 이 책에서 논하는 것은 주제가 넘는 일이다.

여기서는 기술적 테두리 안에서 우리의 혁신역량을 알아보려고 한다. 하지만 기술적 혁신역량을 진단하는 것마저도 매우 방대한 작업이며, 그 척도도 다양할 수밖에 없다. 우리가 가진 혁신역량을 가장 잘 나타내는 핵심적 요소만 짚어 보는 수밖에 없다. 여기서는 산업 및 기술적 혁신역량을 대표하는 유니콘 기업, 논문, 특허 현황, 연구생산성을 가지고 진단해 보려고 한다.

먼저 유니콘 기업 측면에서 한국의 현황을 살펴보자. 유니콘 기업 수는 IT 혁신역량의 중요한 지표로 여겨지고 있다. 실제로 시장조사기관 CB 인사이트(CB Insight)의 자료를 보면, 2017년 1월 기준 전 세계 유니콘 기업 183개로 발표되었는데 이 중에서 90% 이상이 IT 관련 기업인 것으로 나타나고 있다. 이 중에 순수 IT 기업은 전체 34% 비중을 차지하고 있으며, 59%(110곳)는 기존 산업에 IT를 접목한 융합기업으로 나타나고 있다.[169]

유니콘 기업의 국가별 분포를 보면, 4개의 유니콘 기업 중에서 3개가 미국과 중국 기업이었다. 구체적으로 미국은 99곳으로 절반(53%)을 넘었고, 중국은 42곳으로 22%를 차지했다. 그 뒤를 이어 인도(5%) · 영국(4%) · 독일(2%) 순으로 유니콘 기업이 많았다. 특히 최근 들어 중국의 약진이 두드러지는데 2015년 20곳, 2016년 12곳, 올해 2월 기준 2곳 등 유니콘 기업이 최근 쏟아져 나오고 있다. 한국의 성적은 매우 저조하다. 한국 기업은 3곳(쿠팡, 옐로모바일, CJ게임즈)에 불과한 것으로 나타났다. 한국 벤처 기업이 유니콘 기업으로 성장하기 전에 유니콥스(unicorn+corpse · 시체)로 변한다는 우스갯소리도 있다.

이번에는 인공지능 분야의 연구논문 발표현황을 살펴보자. 글로벌 학술 및 특허 정보서비스 기업인 클래리베이트 애널리틱스 (Clarivate Analytics)는 2016년 9월에 지난 1997부터 2016년까지 20년간의 인공지능 분야 논문 65만여 편을 분석한 백서를 내놓았다.[170] 이 백서에서 전체 논문 수뿐만 아니라 논문의 인용지수 (Citation)을 기준으로 상위 0.1%, 1.0%, 10%의 논문을 국가별로 간추려 놓았다. 참고로, 상위 0.1%에 속하는 논문은 해당 분야에 새로운 이론적 토대를 마련하는 중요한 연구성과에 해당한다. 상위 1% 논문은 해당 연구분야의 발전에 크게 기여한 연구성과이며, 상위 10% 논문은 이 분야의 지속적인 발전에 기여한 연구성과이다.

이 자료에 따르면 우리나라 인공지능 연구 논문이나 연구자는 질과 양 모두 미국 중국 등에 많이 뒤처진 것으로 드러났다. 한국의 인공지능 연구 논문 건 수는 전 세계 논문 양의 3%를 차지해 세계 11위로 평범한 수준이다. 전 세계 상위 0.1% 논문은

1%(7편), 상위 1% 논문은 1.5%(96편), 상위 10% 논문은 2.7%(1,788편)를 차지하고 있다. 한편, 최근 5년간(2010년~2014년) 연구의 영향력 관점에서 분석한 국가별 분포를 보면, 한국은 세계 평균에도 미치지 못하는 것으로 나타나고 있다.

최근 각광을 받는 머신러닝 분야만 놓고 보면 상황은 매우 심각하다. 지난 20년간(1996년~2015년) 머신러닝 분야의 논문 10만여 건을 분석한 결과 한국은 톱클래스급 논문을 한 건도 내놓지 못해 미국(52편), 영국(8편), 중국(7편), 일본(4편) 등에 뒤처져 있는 것으로 나타났다. 이 보고서는 한국 내에서도 인공지능 분야 연구자는 증가하고 있지만, 연구 영향력 면에서 아직 걸음마조차 못 뗀 수준이라고 꼬집고 있다.

이번에는 인공지능 분야의 특허를 알아보자. 인공지능은 문제해결 기법이므로 이를 다양한 문제해결에 적극적으로 활용하는 시도가 필요하다. 학문적인 이론 연구도 중요하지만, 인공지능의 연구결과를 응용분야에 적용해서 혁신을 일구는 일도 매우 중요하다는 뜻이다. 이런 혁신의 척도로 가장 많이 사용되는 것이 특허이다.

한국의 특허등록 순위는 세계 상위권에 속하지만, 우리보다 앞선 나라에 큰 격차로 뒤져있다. 한국경제연구원은 2016년 9월에 미국의 특허청(USTPO) 특허자료를 활용해 1976년부터 2014년까지 주요국의 인공지능 특허 현황을 분석한 "인공지능 기술의 특허 경쟁력과 기술" 보고서를 내놓았다. 이 보고서에 따르면 우리나라의 인공지능 기술 특허 건수는 197건으로 세계 4위를 기록했다.[171] 1위를 차지한 미국(9,171건)은 우리보다 특허 수가 47배 많았고, 2위 국가인 일본(1,965건)도 10배가량 많은 특허를 보유하는 것으로 나타났다. 특히 세부 분야 중 인공지능 응용특허 수에서 우리나라는 5개를 기록했지만, 미국은 1,114개, 일본 386개, 독일 59개로 조사됐다.

인공지능 연구의 최근 동향을 더욱 잘 나타내는 것은 특허출원 추세이다. 일본의 특허·논문 데이터 분석 컨설팅 기업인 아스타뮤제는 10개국을 대상으로 한 특허출원 현황 분석결과를 내놓았다. 이 보고서에 따르면 한국은 최근 5년간(2010년~2014년) 1,533건의 특허를 출원해 세계 5위를 차지했지만,[172] 1위인 미국(15,317건)과 비교하면 10분의 1, 중국(8,410건)과는 6분의 1 수준에 불과하다. 더 큰 문제는 최근 데이터를 대입하면 그 격차는 더욱 벌어질 것으로 예상된다는 점이다. 한편, 이전 5년간(2004년~2009년)의 특허출원 기록은 미국(12,147건), 중국(2,934건))으로 나타났다. 이 수치를 앞에서 본 최근 5년간(2010년~2014년) 기록과 비교해 보면 미국과 중국의 증가량은 각각 26%와 186%로 중국의 약진이 두드러지고 있다.

마지막으로 볼 건 연구생산성이다. 2015년 한국의 GDP 대비 R&D 투자 비중은 4.23%로 세계 1위, 국내 민간 기업의 R&D 투자액은 첫 50조 원을 넘어섰다. 그렇지만, 2014년 열린 아시아 중소기업 대회 정책포럼에서 발표한 국가별 지표를 보면 기업의 지속가능한 성장 역량을 측정하는 기업생태계 건강도 지수에서 한국이 46개국 가운데 16위를 기록했다.[173] R&D 투자가 실질적인 결실을 맺을 수 있는 사업화 역량이 부족하다는 점을 나타내는 대목이다. 한편, 2016년 국가과학기술연구회는 우리나라 정부 출연 연구기관의 R&D 생산성은 4.7%로 발표했는데[174] 이는 미국 산업연구 중심기관(10.0%), 독일 프라운호퍼(7.7%)의 연구생산성에 훨씬 뒤진 수준이다.

13.4 한국은 더는 IT 강국이 아니다

이미 앞에서 다룬 내용을 미뤄볼 때, 이 절의 제목이 무얼 말하는지 알 수 있을 것이다. 일종의 '불편한 진실'일 수 있다. 하지만 우리의 미래를 위해 꼭 짚고 넘어가야 할 사안이기에 굳이 한 개의 절로 짧게 다시 정리해 보려고 한다.

우리나라는 산업화에서 거의 100년 이상 선진국에 뒤졌지만, 정보화에서만은 그렇지 않았다. 1970년대 후반부터 본격적인 대장정을 시작했다. 세계적으로 유선통신망 구축 경쟁이 치열하던 시절 유선통신망을 잘 깔기 위해 전 세계 3개 회사만 개발하던 전자교환기(TDX)의 자체 개발을 착수한 것이다. 무모하다는 세간의 평가에도 불구하고 이 모험적 프로젝트는 성공했다. 세계 10번째로 전자교환기 개발국이 되는 쾌거로 우리나라는 세계가 놀랄 만한 속도로 전국 모든 집에 유선전화를 설치하게 되었다.

1991년 디지털 이동전화도 마찬가지다. 1991년 세계적으로 디지털 이동전화 도입 논의가 한창이던 시절 우리 정부는 디지털 이동전화 기술과 시장을 선도하겠다며 코드분할다중접속(CDMA)

상용기술 개발에 나섰다. 3년 만에 상용서비스가 시작됐고, 또 우리나라는 세계에서 가장 빠른 속도로 이동전화 대중화에 성공한 것이다. 이런 결과로 2000년대에 이르러 우리나라는 세계 최고 수준의 정보화 인프라를 구축했으며, 이 인프라에 바탕으로 세계 최고 수준의 정보화는 물론 IT 산업의 눈부신 성장을 이뤄냈다. 이런 성장은 'IT 강국'이라는 자부심을 온 국민의 마음속에 심어 놓았다.

2000년대 후반부터는 인터넷 환경이 성숙해지고 스마트폰으로 대변되는 모바일 시대로 접어들면서 상황이 바뀌게 된다. IT 산업발전의 무게 중심이 인프라보다는 혁신 쪽으로 옮겨졌다. 소프트웨어와 서비스 부문에서 혁신역량이 상대적으로 취약한 한국으로서는 고전할 수밖에 없는 상황이 벌어지면서 빠른 추격자 전략이 더는 힘을 쓰지 못하게 됐다. 승자독식의 정글법칙이 지배하는 인터넷·모바일 환경에서 국내 소규모 인터넷 서비스 기업은 거대 글로벌 서비스 기업에 맥없이 나가떨어지고, 글로벌 기업이 국내 기업 시장을 휩쓸기 시작했다.

이젠 현실적으로 우리가 가지고 있던 IT 강국의 위상을 재고해봐야 하는 상황에 다다랐다. 우리는 과연 IT 강국일까? 간단치 않은 질문이다. 하지만, 'IT 강국'의 위상이 부여될 수 있는 조건을 따져보면 실마리가 풀린다. IT 강국은 IT의 활용과 IT의 육성 두 측면이 균형적으로 잘 갖춰진 나라라고 해석할 수 있다. 상대적으로 IT 제품의 수출을 많이 하고 잘 갖춰진 IT 인프라를 바탕으로 다양한 IT 서비스를 잘 활용하는 국가에 붙여지는 계급장이라는 뜻이다. 한 가지 덧붙이자면 지속적인 성장을 담보할 견실한 IT 혁신역량의 보유 여부도 고려되면 좋을 것이다.

위와 같은 맥락에서 보면, 답은 바로 나온다. 우리는 더는 'IT 강국'이 아니다. 우선, 우리의 IT 산업은 기형적으로 미래 IT 발전에 적합하지 않은 구조로 되어 있다. IT 산업의 핵심이라고 할 컴퓨터 서버, 스토리지, 네트워크 장비, IT 서비스, 소프트웨어 부문에서는 거의 수출을 하고 있지 못하며, 국내 수요도 거의 외산에 의존하고 있으니 말이다(13.1절). 아울러 IT 활용의 꽃인 디지털 플랫폼 기반 서비스 부문에서도 글로벌 역량이 극히 취약해 미국이나 중국 등 선도국가에 많이 뒤처져 있다(13.3절). 한편, 미래도 매우 불투명한 상태이다. 혁신역량이 전반적으로 선진국에 비해 뒤져있고 그 격차는 더욱 커지는 상황이기 때문이다(13.3절).

이제 상황이 많이 바뀌었다. IT 기술환경이 하드웨어보다는 데이터와 소프트웨어 중심 환경으로 이동한 지 오래다. 단순히 반도체와 디지털 TV, 휴대폰만 가지고는 앞으로 험난한 IT 경쟁 환경에서 버텨낼 수 있다고 생각하는 것은 무리다. 경쟁국가에서는 IT 관련 글로벌 유니콘 기업이 일 년에 수십 개씩 생겨나고 있다. 국내의 굴지 혁신 기업이라도 그 안에 끼지 못하면, 작은 연못에서나 어깨에 힘을 주는 큰 고기(Small Pond Small Fish)에 불과할 뿐이다. 그런데도 정부뿐만 아니라 민간에서도 한국이 IT 강국이라는 점을 내세우는 일이 아직도 빈번하다. 여전히 한국이 IT 강국이라는 믿음을 유지한 나머지, IT 강국의 위상이 서서히 무너져 내리고 있다는 것을 제대로 인식하지 못하고 있다는 점을 보여주는 대목이다.

이제는 'IT 강국'이라는 허상을 던져버릴 때가 되었다. 한국의 IT를 폄하하려는 의도는 없다. 그간 일면 대단했던 건 사실이다. 다만, 미래의 4차 산업혁명 시대에는 적합한 여건이 아니라는 것이다. 이 점을 명확히 인식하지 않으면, 그 허상이 우리의 4차 산업혁명 대응 행보에 발목을 잡을 수도 있기에 하는 말이다. 이젠 'ICT 발전지수' 7년 연속 세계 1위 같은 것이 큰 의미가 없는 시대이다. 올림픽 금메달 수를 세며 국가적 자긍심을 세우는 일이 선진국에서는 이미 오래전에 사라졌다. 같은 맥락이라 보면 된다.

제5부

4차 산업혁명의 대응방향을 바로 알자

4차 산업혁명의 성패(成敗)는 스마트화가 가른다

'스마트화'는 4차 산업혁명의 첫 번째 화두이다. 스마트화의 흐름을 제대로 타는 국가는 생산성의 상대적 향상과 신성장 동력 산업 확보로 인한 막대한 혜택을 누릴 수 있다. 이런 국가에게는 4차 산업혁명이 한 단계 도약할 수 있게 발판이 될 것이며, 그렇지 못한 국가는 퇴보를 면치 못하게 되는 것이다. 4차 산업혁명의 첫 번째 화두인 스마트화가 4차 산업혁명의 성패를 가른다는 것은 이런 의미이다. 그렇지만 스마트화를 이행하는 일은 간단치 않다. 기술·산업·경제의 모든 현실적 여건이 발목을 잡을 수 있으며, 스마트화에 필요한 기술혁신과 산업화가 원하는 만큼 진척되지 않을 수도 있다. 스마트화의 기회를 잘 붙잡기 위해서는 체계적이며 실효적인 접근 방안이 강구되어야 하는 이유다. 이 장에서는 이런 문제를 논의할 것이다.

14.1 스마트화의 범위는 매우 넓다

4차 산업혁명 시대의 3대 화두 중 첫 번째인 스마트화를 떠올려 보자. 4차 산업혁명 시대에는 다양한 스마트 머신(기기, 서비스, 인프라)과 함께하는 세상이 되리라는 것이 요지다. 그렇지만 4차 산업혁명을 대비하는 상황에서는 그런 단순한 상상은 그리 도움이 되지 않는다. 정작 필요한 것은 실용적인 관점에서 스마트화 전개 양상을 구체적으로 따져보는 일이다. 여기서는 스마트화의 전개 양상을 가늠하기 위해 스마트화의 적용 범위와 진행 속도를 다룬다.

먼저 첫 번째 주제인 스마트화가 적용될 범위를 알아보자. 일단 분명한 것은 스마트화는 거의 모든 산업과 공공 부문에 적용될 것이란 점이다. 제조업, 서비스업, 공공부문 각각에 대해 스마트화의 전개 양상을 간략히 살펴보자.

제조업은 스마트화가 가장 빨리 진행될 부문이다. 4차 산업혁명과 관련해서 주목받는 의제이기도 한 스마트 팩토리가 이미 활발하게 진행되고 있다. 알다시피, 독일의 '인더스트리 4.0', 중국의 '제조 2025', 미국의 '첨단제조정책', 우리나라의 '제조 3.0'은 모두 제조업의 혁신을 위한 정책이다. 정책의 범위와 접근방법에서는 서로 다르지만, 모두 사물인터넷, 빅데이터 같은 신기술을 활용한 공장 스마트화를 포함한다. 이 정책들은 이전에 다루었으니 상세한 내용은 생략한다.

제조분야에서는 위와 같은 제조방식의 스마트화 외에도 제품의 스마트화가 별도로 진행될 것이다. 알다시피 자율주행 자동차가 대표적인 사례다. 아직 낮은 단계지만, 4차 산업혁명이 성숙해지면 사람을 대신해서 완전히 자율적으로 운전하는 자율자동차가 상용화될 것이다.[175] 제품의 종류별로 스마트화는 여러 다른 맥락으로 실현될 것이다. 예컨대 가전제품을 포함한 다양한 제품에 사물인터넷 기능이 탑재될 것이며, 이로 통한 선제적 유지보수는 고장 및 수리비를 대폭 감소시킬 것이다.

한편, 서비스업에서도 스마트화는 매우 활발하게 진행될 것이다. 서비스업은 일반적으로 전문서비스와 일반서비스로 구분할 수 있다. 전자는 의료, 법률 등과 같이 전문지식을 바탕으로 제공되는 서비스이며, 후자는 식생활, 숙박, 유통 등과 같이 우리 의식주와 밀접하게 관련된 서비스이다. 스마트화는 각기 고유한 방향으로 진행될 것이다.

먼저, 전문서비스는 스마트화의 가능성이 매우 높은 분야이다. 정보처리가 전문직 업무의 바탕이 되는 까닭이다. 최근에는 전문서비스의 향방에 대한 담론도 많이 나오고 있다. 리처드 서스킨드(Richard Susskind)와 다니엘 서스킨드(Diniel Susskind) 부자는 저서 『The Future of the Profession, 전문직의 미래, 2015』에서 의료, 교육, 종교, 법률, 언론, 경영컨설팅, 세무와 회계감사, 건축에 이르는 거의 모든 전문 직종에서 일어나는 변화를 다루고 있다. 이런 변화의 핵심 논지는 시간이 흐르면서 전문직 종사자의 수요가 줄어들 것이라는 것이다. 그 이유는 두 가지인데 하나는 자동화의 지배현상이고 다른 하나는 혁신의 지배현상이다. 기술로 인해 전자는 전문가 업무방식이 간소화, 최적화된다는 것을 말하며, 후자는 전문가의 업무 자체가 변화할뿐더러 전문성을 공유하는 방식도 변화한다는 것을 뜻한다. 이 두 현상은 동시에 발생해서 궁극적으로 전문가의 업무와 업무 수행 방식, 수요에 커다란 변화를 가져온다는 것이다.

한편, 일반 서비스 분야도 예외는 아니다. 일반 서비스 분야에서 일어나는 스마트화의 대표적인 사례는 이미 설명한 바와 같이 서비스 로봇에 의한 자동화를 꼽을 수 있다. 8장에서 다룬 아마존 물류센터의 로봇이나, 가정용 로봇 또는 개인용 엔터테인먼트 로봇, 호텔 안내용 휴머노이드 등과 같은 사례를 떠올리면 된다. 이런 서비스 로봇은 점진적으로 인간의 작업을 보조하거나 대신하게 될 것이다.

위에서 살펴본 산업 영역뿐만 아니라 교육, 환경, 안전, 교통 등과 같은 공공 영역에도 스마트화가 진행될 것이다. 이미 보고된 스마트화의 사례도 많다. 그중 몇 가지만 살펴보자. 교육부문에서 인공지능을 활용하는 사례는 많이 알려져 있다. 인공지능 기반 학습도구를 사용해서 학생의 학습성취도를 높이는 것이 대표적 사례다.[176] 학생의 자퇴 등과 같은 진로 이탈의 위험도를 예측한 후 이를 방지하기 위해 선제적인 조치를 취한다는 시나리오이다. 미국 워싱턴 주의 타코마 교육청에서는 마이크로소프트 사와 협력을 통해 그런 도구를 개발 · 적용해서 졸업률을 2010년 55%에서 2014년 70%로 향상했다고 발표했다.

환경에 적용된 사례도 보자.[177] 미국 IBM이 머신러닝을 적용해 중국 베이징의 오염도를 예측했다. 이 시스템은 3일(72시간) 후의 오염도를 1제곱킬로미터 구간마다 정밀하게 예측하는데도 정확도는 전통적인 시스템보다 30% 더 높다고 한다. 소방안전의 사례로는 미국 애틀랜타 주는 머신러닝을 사용해서 건물별 화재 발생 위험도를 산출하는 Firebird 시스템을 사용하고 있다.[178] 이 시스템은 건물의 구조, 크기, 자재 등과 같은 다양한 자료를 입력으로 사용한다. 과거 화재이력에 대해 적용한 결과 예측 정확도가 71%에 이른다고 발표했다. 한편, 정부 전자정부의 스마트화도 활발히 전개되고 있다.[179]

이제 두 번째 주제인 분야별 스마트화의 속도로 넘어가 보자. 설명에 앞서 스마트 기술을 다시 떠올려 보자. 스마트화에서 가장 중요한 기술은 인공지능이다. 하지만, 스마트화에는 인공지능 기술만 쓰이는 것은 아니다. 다양한 보완기술이 함께해야 한다. 사물인터넷이나 빅데이터, AR/VR, 로봇 등이 다 그런 기술이다. 사물인터넷은 실시간 데이터를 수집해서 상황과 맥락을 파악할 수 있도록 하며, 빅데이터 기술은 수집된 대량의 데이터를 빠르게 분석할 수 있는 수단을 제공한다. AR/VR은 물리적 공간과 사물의 현장감을 높이는 중요한 수단이며, 로봇은 알다시피 물리작업 능력을 강화하는 데 필요하다. 한편, 이런 기술은 각기 다른 기술성숙 과정을 밟아가고 있다. 사물인터넷과 빅데이터, AR/VR, 로봇 등의 기술은 이미 상당한 수준에 도달했지만, 인공지능은 10장에서 다룬 것처럼 아직 '인식수준'에 머물러 있다. 스마트 기술마다 성숙도에서 차이가 있는 것이다.

위와 같은 기술적 환경을 감안하면 스마트화의 속도는 대상 분야마다 차이를 보일 것이 분명하다. 스마트화의 분야마다 필요한 기술의 조합은 차이를 보이며, 조합에 속한 기술이 모두 성숙해야 스마트화가 진행될 수 있기 때문이다. 결국, 분야별로 스마트화는 기술 진보 속도에 보조를 맞춰 진행돼야 한다. 1장에서 살펴본 바와 같이 증기기관이 생산성 향상으로 이어지기까지 60여 년에 거친 실용화 과정을 밟았다는 점을 귀중한 교훈으로 삼아야 한다. 스마트화의 정책 수립에서 기술발전 추이에 대한 정확한 분석이 매우 중요한 이유다.

이 절을 간략히 요약해 보자. 결국 스마트화는 거의 우리 사회 전 분야에서 진행될 것이며, 그 진행 속도는 다양한 IT 기술의 기술진보에 의해 결정된다. 이때, 인공지능의 기술진보가 가장 중요한 키로 작용할 것이다.

14.2 경제적 부가가치의 절반은 생산성 향상에서 나온다

스마트화가 가져올 사회, 경제적 변화는 물론 개인의 생활양식 변화는 상당하다. 4차 산업혁명에 대응한다는 의미는 두 가지다. 한편에서는 그런 변화의 충격에 이겨낼 수 있는 유연한 산업·경제·사회 시스템을 갖추는 일이다. 다른 한편에서는 스마트화로 인한 경제적 부가가치를 최대한 획득해서 경제 성장의 동력으로 삼는 일이다. 여기서는 경제적 부가가치를 자세히 살펴볼 것이다.

스마트화를 통한 부가가치 창출은 기본적으로 두 가지 축으로 움직인다. 하나는 혁신기술의 산업화이고, 다른 하나는 생산성 향상이다. 일반적으로 새로운 혁신기술에 의한 부가가치를 따질 때 주로 산업화 측면이 주된 관심사다. 그렇지만, 스마트화의 경우는 다르다. 생산성 향상으로 의한 경제적 부가가치가 상대적으로 더 중요할 수 있기 때문이다. 스마트화로 창출되는 경제적 부가가치를 획득할 기회를 놓치지 않으려면 부가가치의 구성과 규모를 명확히 이해하는 것이 필요하다

일단 4차 산업혁명 시대에 생산성으로 인한 경제적 부가가치가 상대적으로 중요한 이유를 개략적으로 살펴보자. 4차 산업혁명 시대에는 생산성 향상의 범위와 양상이 기존 3차 산업혁명 시대와는 다를 수밖에 없다. 지금까지 생산성은 주로 산업, 특히 제조업에 초점이 두어졌다. 가치활동의 효율을 높이기 위한 정보화를 위한 노력도 있었으나, 생산성 향상과 관련해서 가장 큰 관심은 기계나 로봇에 의한 자동화였다.

하지만, 스마트 기술은 육체노동의 생산성 향상뿐만 아니라 지식노동의 생산성 향상도 가져온다. 지식작업(Cognitive task)의 자동화와 역량증가로 인해 민간 및 공공 서비스 영역의 생산성 향상이 가능해지는 까닭이다. 이뿐만 아니다. 스마트 기술은 도로와 같은 공공 인프라 영역에도 적용되어 사회 전반의 생산성을 향상할 기회도 제공한다. 스마트 기술로 생산설비가 효율적으로 작동되고 다운타임도 감소해 이른바 자본 생산성의 향상 기회도 커진다. 결국, 4차 산업혁명 시대에는 생산성 향상의 기회가 다양한 영역으로 확대되어 그로 인한 경제적 부가가치는 커질 수밖에 없다.

국내에서는 스마트화의 시각이 생산성보다는 혁신성에 편향되

어 있다. 혁신기술의 산업화에 더 많은 관심을 쏟고 있다는 뜻이다. 4차 산업혁명에 관한 논의를 살펴보면, 대부분 신산업 육성에 초점이 맞춰져 있다는 점을 쉽게 발견할 수 있다. 단골 메뉴가 신산업 육성과 관련된 창업, 규제 철폐, 스케일업(Scale-up) 지원 환경 등과 같은 산업육성과 관련된 것뿐인 까닭이다. 4차 산업혁명을 대비하는 입장에서는 다양한 신산업 육성 전략도 중요하지만, 스마트화를 통해 생산성을 향상하기 위한 전략을 마련하는 일도 필수다.

스마트화가 가져오는 경제적 부가가치의 구성과 생산성의 중요성은 이쯤 해두고, 지금부터는 스마트화가 가져오는 경제적 부가가치의 규모로 넘어가 보자. 알다시피 스마트화를 주도하는 기술은 인공지능이다. 대부분 시장조사기관에서 시행되는 스마트화의 시장조사도 인공지능에 초점을 두고 있다. 여기서도 그런 내용을 살펴볼 것이다.

인공지능 관련 경제적 효과에 대한 전망치는 여러 기관에서 나오고 있다. 이런 조사기관의 전망치를 액면 그대로 수용하는 것은 바람직하지는 않다. 인공지능과 관련 산업의 정의나 예측모형이 서로 달라 대개 서로 다른 수치를 보이기 때문이다. 이런 수치를 접했을 때 일단 공신력이 있는 기관인지를 살펴야 한다. 일반적으로 인공지능과 같은 혁신기술에 대한 시장 및 경제적 파급효과에 관한 전망치를 내놓는 기관은 크게 4가지로 구분할 수 있다.

첫 번째는 글로벌 경영전략 컨설팅회사이다. 매킨지(McKinsey & Company), B&C(Bain & Company), BCG(Boston Consulting Group)가 세계 3

대 글로벌 컨설팅회사로 꼽히고 있다. 두 번째는 글로벌 회계컨설팅 회사이다. 이 분야에서는 딜로이트(Delloit), PwC(PricewaterhouseCoopers LLC), 어니스트영(EY), KPMG가 글로벌 시장을 장악하고 있다. 세 번째는 글로벌 IT 컨설팅 회사이며, 액센투어(Accenture)와 IBM이 선두를 달리고 있다. 마지막은 IT 시장 조사기관인데 이 분야에서는 IDC, Forrest, Tractica, Gartner 등을 비롯한 기술분야별 특화된 기관이 많이 존재한다.

위에서 나열한 기관이 발표한 자료는 상대적으로 높은 공신력을 가진다. 이런 기관들이 내놓는 인공지능 관련 보고서는 단기 시장전망, 장기 경제적 파급효과, 인공지능 기술 및 활용 전망, 인공지능과 노동의 관계 등 다양하다. 이 절에서 필요한 자료는 장기 경제적 파급효과인데, 이 부문에 가장 철저한 분석자료를 내놓은 기관은 액센추어와 PwC이다. 앞에서 본 것처럼 액센추어는 글로벌 1위의 IT 컨설팅회사이며 PwC는 글로벌 2위의 회계 컨설팅 회사이다. 이 보고서가 나온 시점은 비교적 최근으로 액센추어 보고서는 2016년 9월, PwC는 2017년 6월에 나왔다.

먼저 PwC가 내놓은 전망치를 살펴보자.[180] PwC는 인공지능의 발전으로 전 세계 GDP(국내총생산)가 2030년에 14% 추가 성장할 것으로 내다보고 있다. 금액으로는 15조 7,000억 불에 달하는 새로운 부(富)가 인공지능 덕분에 만들어지는데, 이는 현재 중국과 인도의 GDP를 합한 것보다 큰 수치다. 이런 GDP 성장은 국가별로 큰 차이를 보이는데 중국이 26.1%로 가장 높고, 미국이 14.5%로 그 뒤를 따르고 있다. 금액으로는 미국이 3.7조 달러,

중국은 8.0조 달러로 미국과 중국이 전체의 3/4를 차지하는 셈이다. 한편, 인공지능으로 인한 GDP 증가액의 42%는 생산성 향상, 나머지 58%는 소비 증대 효과를 통해 창출되는 것으로 나타났다. 생산성 향상은 근로자의 역량증강(Augmenting Intelligence)에 기인하며, 소비증대 효과는 신제품, 서비스의 개인 맞춤화, 품질향상 등에서 비롯된다고 설명하고 있다.

한 가지 유의할 점이 있다. 앞에서 본 인공지능이 가져올 경제적 효과는 최종 연도인 2030년에 대한 값이다. 2030년도의 경제적 가치에 대한 기여 비율은 생산성 향상(42%)이 소비증대(58%)보다 작았다. 그렇지만 2017년부터 2030년까지 전체 기간에 대한 평균치를 보면 생산성 향상에 의한 GDP 기여분(55%)이 소비증대 기여분(45%)보다 더 큰 것으로 나타났다. 이런 전망은 개연성이 충분한 시나리오이다. 초기에는 인공지능 기술이 아직 미성숙 상태이기 때문에 제품혁신으로 인한 소비증대가 상대적으로 작을 수밖에 없는 까닭이다.

이번에는 액센추어가 내놓은 전망치를 살펴보자.[181] 이 분석연구는 미국을 비롯한 12개국을 대상으로 했으며, 분석 기간은 2035년까지로 하고 있다. 이 분석연구의 주안점은 인공지능이 경제성장률에 미치는 영향을 산출하는 데 두고 있다. 결과는 몇 가지로 요약된다. 먼저, 2035년을 기준으로 인공지능은 세계 GDP 연간 성장률을 평균 2% 증가시킬 것으로 전망했다. 국가별로 인공지능으로 산출될 GDP 성장률과 노동생산성, 총부가가치도 발표했는데 이 중에서 총부가가치(GVA, Gross Value Added)는 미국이 8.3조 달러(영국 0.8조 달러, 일본 2.1조 달러, 독일 1.1조 달러 등)로 가장 큰 것으로 나타났다. 이는 일본과 독일, 스웨덴의 2016년 총부가가치를 합한 것에 맞먹는 액수이다.

위 두 보고서에 나타난 인공지능의 경제적 효과에 대한 전망치는 얼마나 차이가 있는지를 알아보자. 전망치의 신빙성을 따져보기 위해서는 이런 비교는 반드시 필요하다. 사실 정확하게 비교하는 것은 가능하지 않다. PwC와 액센추어의 목표 시점이 각각 2030년과 2035년으로 다르기 때문이다. PwC는 기여분을 표현하는 기준으로 GDP를, 액센추어는 GVA를 사용해 발표한 것도 또 다른 이유다. 개략적인 수준에서 비교해 보자는 것이므로 연간 GDP 성장률을 3.5% 정도로 해서 PwC의 2030년 전망치로부터 2035년 전망치로 산출하면 인공지능이 기여한 미국의 2035년 GDP는 4.4조 달러가 된다. 한편, GDP는 GVA[10]에 순생산물세[11]를 합한 금액이다. 순생산물세를 부가가치세(10%) 정도로 해서 GVA를 GDP로 변환하면, 액센추어의 미국 GVA 8.3조 원은 GDP 기준으로 9.13조 원이 된다. 이렇게 얻은 값을 비교해 보면, PwC가 전망한 미국의 GDP 증가액은 액센추어의 절반 정도가 된다는 것을 알 수 있다.

---

[10] GDP(Gross Domestic Product)는 한 나라의 영역 내에서 가계, 기업, 정부 등 모든 경제주체가 일정기간 동안 생산활동에 참여한 결과로 창출된 부가가치(GVA, Gross Value Added)를 시장가격으로 평가한 값에 순생산물세를 더한 값(GDP=GVA+순생산물세)이다.

[11] 순생산물세(Taxes less subsidies on products)는 상품이나 서비스에 붙은 세금(간접세)에서 정부보조금을 제외한 금액을 말한다.

지금까지 인공지능이 미래 경제에 미치는 영향을 가장 체계적으로 분석한 결과를 살펴보았는데, 이 결과치가 과연 합리적인 값인지에 대해선 여러 이견이 있을 수 있다. 가장 큰 논란거리는 당연히 두 전망치의 차이이다. 자동화 및 중강비율, 기술발전 추세, 경제모형 등과 같이 분석에 사용한 요소들이 서로 달라서 차이는 발생할 수밖에 없다. 분석 목표 기간이 20년 정도에 달한다는 점도 고려돼야 한다. 앞에서 본 것처럼 PwC의 전망치가 액센추어의 절반 정도이다. 이 정도 차이면 두 전망치가 크게 상충한다고는 볼 수 없다. 앞으로 약 20년 후를 전망하는 것이니 말이다.

　물론 한 가지 유의해야 할 점은 있다. 이 두 전망은 거시적 맥락에서 인공지능이 막대한 경제적 부가가치를 가져다 준다고 한 점에선 일치한다. 하지만, 그 전망치 자체는 일부 과장된 면이 없지 않아 액면 그대로 수용할 수는 없다. 분석에서 사용한 경제 모델에 대해서는 최신 모델을 사용했기 때문에 큰 문제가 없다. 예컨대 액센추어의 경우엔 미국 조지 메이슨 대학의 경제학자인 로빈 한슨(Robin Hansen)이 개발한 수정성장모델(Modified growth model)을 사용하고 있다. 하지만 모델의 입력으로 사용한 지표가 문제다. 일부 지표로 아직 논란이 있는 자료를 사용한 까닭이다. 예를 들면, 프레이의 실업전망 자료를 인공지능 자동화와 역량증강의 지표로 삼고 있다. 프레이의 실업전망치는 크게 과장되어 있어 반론이 크다는 점은 이미 9장에서 지적한 바다. 한편, PwC도 노동인력의 규모가 줄어들지 않을 것이라는 가정을 하는 등 일부 결함은 있다. 하지만, PwC가 상대적으로 보수적인 전망을 하고 있다는 점에서 PwC의 전망치가 더 현실적으로 보인다.

아무튼, 액센추어나 PwC 전망치가 현재로서는 가장 신뢰할 자료임에는 틀림이 없다. 이런 수치가 시사하는 점은 세 가지이다. 첫 번째는 거시적 맥락에서 인공지능이 막대한 경제적 부가가치를 가져 준다는 점이다. 두 번째는 그 경제적 부가가치 창출에는 생산성 향상과 혁신제품의 산업화가 거의 절반씩 기여를 한다는 점이다. 마지막은 경제적 부가가치 면에서는 당장에는 생산성 향상이 산업화보다 더 큰 기여를 한다는 점이다. 4차 산업혁명에 효과적으로 대응하기 위해서는 산업화뿐만 아니라 생산성 향상에도 눈을 돌려야 하는 이유다.

14.3 4차 산업혁명 기조 정립이 대응 전략 수립의 출발점이다

국내에서도 4차 산업혁명에 대한 대응이 본격화했다. 2017년 6월, 정부의 인수위원회 역할을 하는 국정기획자문위원회가 내놓은 4대 복합혁신과제로 일자리 경제, 인구절벽 해소, 지방 균형 발전과 함께 4차 산업혁명이 포함됐다. 4차 산업혁명의 추진체계에 대한 청사진도 나왔다. 민·관이 함께하는 대통령 직속의 '4차 산업혁명위원회' 설치방안을 마련하였고, 4차 산업혁명 관련 주무부처를 과학기술정보통신부로 일원화하기로 한 데 이어 위원장직은 민간에 개방한다고 한다. 기술혁신이 민간 주도로 이뤄지는 만큼, 정부 주도 대신 민·관 협력모델로 대응하겠다는 뜻으로 풀이된다.

4차 산업혁명이 국가적 차원의 혁신과제로 선정되고, 이를 추진할 기구의 설치에 대한 청사진이 신속하게 나온 점은 매우 고무적인 일이다. 4차 산업혁명의 중요성을 감안할 때, 전략적 행보를 시급히 시작해야 하는 까닭이다. 그런데도, 그 전에 반드시 짚어볼 사안이 하나 있다. 바로 4차 산업혁명에 대한 국가적 기조이다.

우리나라는 4차 산업혁명에 대한 국가적 기조가 아직 정립되지 않았다고 봐야 한다. 4차 산업혁명에 대한 여러 시각이 공존하는 실정이다. 이런 시각에 따라 크게 세 진영으로 구분할 수 있다. 첫 번째는 외국에서 주창한 4차 산업혁명에 대한 기조를 그대로 채택하는 그룹이다. 주로 전문가들이 그렇다. 이들은 슈밥의 과학기술융합 주도론, 독일의 생산기술혁신 주도론, 일본의 IT혁신기술 주도론, 디지털 전환(Digital transformation), 인공지능 주도론 등의 4차 산업혁명을 바라보며 정책을 제시하고 있다.[182]

두 번째는 그냥 기술 진보를 둘러싼 상징적인 의미로 해석하자는 진영이다. 골치 아프게 따질 필요가 있냐는 것이다. 기술 진보로 큰 변화가 일어나고 있으니 이 변화가 가져오는 기회와 위기를 잘 읽어 대비하면 된다는 시각이다. 마지막은 4차 산업혁명을 전면 부정하는 진영이다. 이들은 대개 독일의 4차 산업혁명은 제조업 혁신을 위한 캐치플레이이며, 슈밥이 주창하는 바는 단순히 마케팅 차원의 수사(修辭)로 폄하한다. 최근 일부 경제학자는 생산성 추이를 내밀며 그런 주장을 이론적으로 뒷받침하려고 노력하고 있다.

다양성이라는 것은 긍정적인 면도 있을 수 있다. 그런데 문제

가 있다. '인공지능이 주도하는 스마트화'라는 4차 산업혁명의 본
질에서 벗어나면 4차 산업혁명의 대응행보에 커다란 문제가 발
생할 소지가 있기 때문이다. 이러한 문제점은 세 가지로 압축할
수 있다.

첫 번째 문제점은 4차 산업혁명의 국가적 대응행보가 정도(正
道)에서 벗어나 샛길로 빠질 수 있다는 점이다. 예를 들면, 독일
이 그런 경우다. 알다시피, 독일은 '인더스트리 4.0' 정책을 4차
산업혁명의 기조로 삼고 있다. 물론 제조업혁신은 중요하다. 단
지 그 점에서만 보면, 독일의 '인더스트리 4.0'은 매우 훌륭한 정
책임은 틀림없다. 이 정책의 범위는 여러 공장자동화와 정보화
관련 첨단화를 실현하고, 공장 간에 정보를 교환해서 분산 생산
까지도 포함하고 있으며, 공장을 넘어 원자재 조달부터 출시된
완제품 서비스에 이르는 기업 전체의 가치사슬을 통합하는 등 그
범위가 매우 방대하다.

하지만 기술적 관점에서 살펴보면, '인더스트리 4.0'은 인공지
능이 주도하는 스마트화와는 전혀 관련이 없다는 점을 발견할 수
있다. 일단 '인더스트리 4.0'의 주도기술은 두 가지다. 하나는 사
물인터넷 기술을 활용해서 모든 생산 장비의 상태를 실시간으로
수집해서 전체 생산 공정을 모니터링하고 비정상 상황이 발생하
면 바로 필요한 조치를 해서 불량률을 줄이고 가동중단시간
(Downtime)을 줄이는 것이다. 다른 하나는 이런 데이터를 모은 후
에 CPS(Cyber Physical System) 기술을 활용하여 설계부터 생산에 이
르는 전체 사이클을 실제 생산라인을 사용하지 않고 시뮬레이션

을 통해 검증하는 것이다. 여기서 한 가지 주목할 것은 바로 인공지능 기술이 빠져있다는 점이다. 실제로 인더스트리 4.0의 표준문서인 Rami.4.0(Reference Architecture Model for Industrie 4.0)과 이를 참조한 우리나라의 스마트 팩토리 국가표준 KSX 9001~3 어디에도 인공지능이라는 용어를 발견할 수 없다.

4차 산업혁명의 실체인 '인공지능에 의한 스마트화'의 잣대로 보면, '인더스트리 4.0'은 4차 산업혁명과는 무관하다는 의미다. 기존 IT 신기술을 접목해서 공장을 혁신하는 공장자동화와 정보화의 진화일 뿐 새로운 차원의 생산성 향상을 가져올 변혁은 아닌 것이다. 오히려 향후 공장에 도입될 인공지능 기반 서비스 로봇이 스마트 팩토리보다는 4차 산업혁명에 더 가깝다고 할 수 있다. 사람이 수행하는 비정형 작업까지 대체해서 생산성을 크게 향상시킬 수 있는 까닭이다. 아무튼, '인더스트리 4.0'만 놓고 보면 독일은 4차 산업혁명과는 거리가 먼 정책적 행보를 하는 것이다.

두 번째 문제점은 4차 산업혁명의 대응에 있어 상당한 정책적 혼선이 야기될 수 있다는 점이다. 4차 산업혁명의 기조를 '인공지능이 주도하는 스마트화'로 명확히 하지 않으면, 4차 산업혁명 대응 정책이 부처의 기존 정책과 상당 부분 겹칠 수 있기 때문이다. 뒤에서 좀 더 자세히 살펴볼 것이지만 2017년 초 기준, 한국의 4차 산업혁명은 'IT혁신기술 주도론'으로 많이 기울었다. 인공지능을 포함한 새로운 IT 관련 기술을 모두 4차 산업혁명을 일으키는 동력기술로 보는 것이다. 알다시피 산업·경제·사회 각 분야에서 IT 기술이 적용되지 않는 곳은 거의 없다. 이러니 거의 모든 정부부처의 정책이 정도의 차이는 있으나 4차 산업혁명과 관련성을 가질 수밖에 없다.

이런 상황에서는 4차 산업혁명위원회의 역할이 매우 불투명해질 수밖에 없다. 예컨대, 'IT혁신기술 주도론'으로 기울면, 인공지능, 빅데이터, 사물인터넷, AR/VR, 드론, 로봇 등 신산업의 육성이나 5G, 사물인터넷망 등과 디지털 인프라 구축 등이 모두 4차 산업혁명위원회에서 다뤄야 할 분야가 된다. 하지만, 이런 기술은 대부분 기존에 추진되던 4대 분야 19개 미래성장동력사업이나 과학기술정보통신부에서 진행해 온 기존 사업들과 겹치게 된다.[183] IT 진흥 차원에서 당연히 추진해야 하는 일들이 4차 산업혁명의 과제로 둔갑하는 상황이 전개되는 것이다.

한편 4차 산업혁명에서 다루어야 할 실업문제나 인력양성 문제도 마찬가지다. 고용노동부, 일자리위원회, 노사정위원회에서 다루는 의제와 많이 겹칠 것이고, 교육은 교육부와 중복이 될 터이니 말이다. 결국, 부처 간 업무충돌을 조율하고 감독하는 기능 정도밖엔 기대할 수 없을 텐데, 그런 4차 산업혁명위원회라면 굳이 설치할 이유가 없는 것이다.

마지막이자 세 번째 문제점은 4차 산업혁명에 대한 민관의 적극적인 협력을 끌어내기 힘들 수 있다는 점이다. 4차 산업혁명의 기조를 '인공지능이 주도하는 스마트화'로 명확히 하지 않을 경우에 반드시 발생하는 것은 모호성이다. 이미 지난 두 정부를 거쳐 일부 경험한 바다. '녹색성장'이나 '창조경제' 이야기다. 이 둘은 우리 실정에 그리 적합하지 않거나 모호했다. 속으론 냉소적이라도 치열하게 벌어지는 정부부처, 지방자치단체의 예산경쟁에선 이런 모호성이 오히려 훌륭한 도구였다. 아닌 것도 대충 포장을 하기가 쉬웠던 까닭이다. 민간에서도 마찬가지다. 아무튼 두 정책 모두 다 민관의 적극적인 협조를 얻는 데는 실패했다.

4차 산업혁명에 대해서도 그런 양상이 그대로 재현될 소지가 다분하다. 실제로 최근 거의 모든 부처의 정책이 '4차 산업혁명을 위한'이라는 형용구가 붙여져 나오고 있다. 2017년 3월부터 5월까지 석 달 동안 정부에서 나온 보도자료 중에서 '4차 산업혁명'이라는 표현이 들어있는 것이 무려 105개나 된다고 한다.[184] 지방자치단체나 민간도 마찬가지다. 국산 한약재 판로 확대의 목표도 '4차 산업혁명 선도'라고 붙였다고 한다. 개그맨 전유성이 나오는 한 지방의원 연수도 '4차 산업혁명 대응'이라는 제목으로 시행됐다고 한다.

벌써 4차 산업혁명에 대한 민간의 불신도 시작되었다. '기·승·전·4차산업혁명'이라는 우스갯소리가 나오고, 심지어는 4차 산업혁명은 허구라는 말도 돈다.[185] 이쯤 되면, 4차 산업혁명의 대응에 있어 민간이 정부의 정책에 보조를 맞춰 적극적으로 함께 움직이리라는 것은 아마 과한 기대일 것이다. 따지고 보면 이게 다 4차 산업혁명의 실체가 명확하지 않은 데서 비롯됐다.

지금까지 4차 산업혁명의 실체와 관련한 국가 기조가 명확하지 않을 때 발생할 여러 문제점을 살펴보았다. 아무튼, 4차 산업혁명의 대응 전략을 서둘러 수립하는 것이 엄연한 현실이다. 그렇지만 아무리 급해도 그 전에 4차 산업혁명에 대한 국가 기조를 분명하게 해야 한다. 4차 산업혁명이 '인공지능이 주도하는 스마트화'라는 사실을 기조로 채택하는 것이 전략수립의 출발점이어야 한다. 이미 미국도 4차 산업혁명이라는 표현은 사용하진 않았지만, 백악관 문서에 인공지능이 앞으로 산업·경제·사회에 혁명적인 바람을 불러일으킬 것이라는 점을 강조하고 있다. 글로벌 기업도 기존 모바일 우선(Mobile-first)에서 인공지능 우선(AI-First) 방향을 선언하고 있다. 이런 게 다 그런 맥락이다.

4차 산업혁명에 대한 국가 기조를 분명하는 일은 결코 시간 낭비가 아니다. '인공지능이 주도하는 스마트화'로 4차 산업혁명의 국가 기조를 명확하게 하면, 4차 산업혁명에 관한 전략수립에 여러 가지 도움이 된다. 일단, 기존 추진되는 4차 산업혁명 관련 사업 중에서 4차 산업혁명과 거리가 먼 것들은 솎아내는 것이 가능하다. 예컨대 스마트 팩토리나 드론이 그런 사례다. 이것들은 새로 부상하는 중요한 분야지만 기술적으로 보면 둘 다 인공지능과는 거리가 멀다. 단순히 IT 신기술을 활용한 혁신에 가깝다. 이런 사업들은 4차 산업혁명과는 무관하게 소관부처에 일임해서 잘 추진토록 하면 될 일이다.

4차 산업혁명의 대응을 위해 국가적 아젠다로 삼아야 할 분야를 찾아내는 데도 도움이 된다. '인공지능'과 '스마트화'라는 키워드가 선별의 잣대를 제공하기 때문이다. 자율자동차와 서비스 로봇이 바로 떠오르는 사례다. 하지만, 앞 장에서 살펴본 의료, 금융, 상거래 거의 모든 산업분야의 소프트웨어와 공공 서비스 및 인프라에 인공지능이 접목된다는 점을 떠올려보면 그 대상 분야는 매우 방대하다. 인공지능만 가지고도 할 일이 넘쳐나는 것이다. 이런 분야에 대해 연구개발, 산업화, 스마트화 등을 추진해야 하니 말이다. 한편, 스마트 도로 등과 같은 인프라는 당장은 인공지능과는 일부 거리가 있지만, 스마트화라는 관점에서는 매우 중요한 분야일 수밖에 없다.

14.4 지능정보기술은 4차 산업혁명 기조로 부적합하다

4차 산업혁명의 기조를 명확히 해야 한다는 점과 관련해 한 가지 더 짚고 넘어갈 것이 있다. 바로 4차 산업혁명과 관련해 그간 정부에서 정립한 '지능정보기술'의 개념과 이에 따른 '지능정보산업'과 '지능정보사회'라는 개념이다.[186] 이런 개념이 현재 우리나라의 4차 산업혁명 기조로 자리 잡고 있다. 하지만, 여기서는 이런 개념은 4차 산업혁명 기조로는 적합하지 않다는 점을 살펴볼 것이다.

지능정보기술은 4차 산업혁명과 관련해 정부가 주도해 만든 새로운 용어이다. 구체적으로는 인공지능으로 구현되는 '지능'과 ICBM(IoT, Cloud, Big Data, Mobile) 기술에 기반을 둔 '정보'가 결합한 기술을 말한다. 그간 정부는 4차 산업혁명의 핵심기술을 지능정보기술로 보고 있으며, 이를 둘러싼 여러 기술정책을 펼치고 있다. 지능정보기술에는 인공지능이 포함돼 있어서 일견 4차 산업혁명의 실체인 '인공지능 주도론' 또는 '인공지능이 주도하는 스마트화'에 매우 잘 부합하는 듯하다. 그렇지만 엄밀하게 따져 보면 여러 면에서 적절치 않다.

첫째는 지능정보기술이 인공지능으로 구현되는 지능과 ICBM

에서 창출되는 정보의 결합이라는 논리적 측면이다. 일부 인공지능 서비스는 ICBM에서 창출되는 정보를 인공지능이 사용한다. 예컨대, 소비자별 향후 거래를 예측하는 인공지능 기반 서비스 구현에는 ICBM에서 창출되는 거래이력(Transaction history)을 사용한다. 그러나 인공지능은 ICBM에서 창출되는 정보를 사용해야만 제대로 역량을 발휘할 수 있는 것은 아니다. 예컨대, 휴머노이드 로봇에 탑재된 인공지능은 그러한 자료가 전혀 필요 없다. 강화된 언어와 감성 등 인지능력이 더 중요하다. 법률 지식이나, 의료 영상을 판독하는 인공지능에도 각기 전문가가 해당 지식이나 영상을 수작업으로 가공한 기계학습용 자료가 사용된다. 결국, 지능정보기술은 인공지능 역량을 ICBM의 데이터에 종속시켜 제한하는 개념일 수밖에 없다.

두 번째는 인공지능과 ICBM의 결합이라는 기술적 측면이다. 인공지능은 자체적으로 산업을 질적으로 변화시키는 전략적 변곡점을 촉발하는 기술이다. 반면 ICBM은 산업에 점진적인 변화를 가져오는 기술에 불과하다. 이 둘의 결합, 즉 지능정보기술을 새로운 산업혁명의 동력으로 삼는 것은 인공지능과 ICBM를 상호 의존적인 관계로 보는 것이므로 당연히 오류다. 굳이 비유를 들자면, 18세기 증기기관이 나왔을 때, 기존 교통수단인 마차와 증기기관의 결합을 새로운 산업혁명으로 보는 것과 다름이 없다. 증기기관은 마차와 의존적 관계가 아니라 독립적으로 새로운 혁신을 일으키는 데 사용됐다. 증기기관으로 움직이는 철도가 한 사례다.

세 번째는 지능정보기술의 개념 측면이다. 지능정보기술은 기존

IT 환경에서 선별한 5개 트렌드 기술(인공지능, ICBM)의 정태적 (靜態的) 조합이다. 이런 기술 정의는 앞으로 적어도 50년 이상에 거쳐 진행될 수도 있는 4차 산업혁명의 동태적(動態的) 기술 환경에는 적합하지 않다. 당장에도, VR/AR, 스마트 글래스 같은 미래형 디바이스 같은 새로운 기술들은 엄밀하게는 지능정보기술에서 배제될 수밖에 없다. 지능정보기술을 새로 정의하려는 시도도 문제거니와 이를 몇 개의 기술의 조합으로 나타내려는 것도 잘못된 접근방식이다.

마지막이자 네 번째는 지능정보산업와 지능정보사회란 개념이다. 지능정보산업이나 지능정보사회도 마찬가지로 문제가 있다. 실체가 명확하지 않아 일종의 캐치프레이 정도밖엔 다른 의미를 찾기 힘들다. 지난 60년간 IT 산업은 변천에 변천을 거듭해 왔다. 불과 10년 전의 IT 산업과 오늘날의 IT 산업도 기술·제품·서비스 면에서 천지차이이다. 그래도 여전히 IT 산업은 IT 산업이다. 이런 점에서 향후 전개될 IT 산업을 새로운 산업인 지능정보산업으로 정의하는 것은 바람직하지 않다. 지능정보사회도 마찬가지다. 정보사회[12]는 학문적으로 정립된 '사회학적' 용어다. "지능 + 정보사회 = 지능정보사회"라는 묘한 산술적 개념으로 새로운 사회학적 용어를 정의하는 것 자체가 매우 무모해 보인다.

위와 같은 여러 가지 문제로 인해, 지능정보기술이나 지능정보

---

[12] '정보사회'는 Dinial Bell 〈The Coming of Post-Industrial Society, 1973〉, Ulrich Beck 〈Risk Society: Towards a New Modernity, 1992〉을 비롯한 수많은 서명 사회학자들의 연구와 논의를 거쳐 정립한 사회이론이다.

사회라는 개념은 비록 인공지능으로 구현될 지능을 포함하고 있지만, 4차 산업혁명에서 인공지능이 차지하는 위상이 상당한 축소될 위험이 있다. 자칫하면 'IT혁신기술 주도론'으로 기울 수도 있다. 이미 앞에서 언급한 바와 같이 우리나라는 거의 그런 상황에 빠져 있다. 이제는 모호한 지능정보기술과 작별하고 '인공지능 혁명' 또는 '인공지능이 주도하는 스마트화'로 4차 산업혁명의 실체를 선명하게 부각시켜야 할 시점이다.

14.5 생산성과 혁신성의 투 트랙 전략이 필요하다

4차 산업혁명에서 스마트화의 흐름을 제대로 타는 국가는 생산성 향상과 신산업 확보로 한 단계 도약할 수 있지만, 그렇지 못한 국가는 퇴보를 면치 못하게 된다. 바로 스마트화가 4차 산업혁명의 성패를 가르는 것이다. 여기서는 스마트화를 위한 행보에 우리가 취할 전략적 행보를 다뤄볼 것이다.

4차 산업혁명은 전 세계 모든 국가에 두 가지 방정식을 숙제로 내놓는다. 하나는 스마트화의 확산이 가져올 '생산성 향상'에 관한 것이고, 다른 한편에서는 스마트화의 흐름으로 창출될 다양한 신산업을 육성하는 '혁신성 증진'에 관한 것이다. 전자는 '스마트화의 확산'의 문제이고, 후자는 '스마트 기술의 산업화'의 문제이다. (앞으로 각각 '확산과 '산업화'로 부르는 경우가 많다.) 2015년 기준, 우리나라는 IT 산업의 수출이 전체 수출의 30%에 이르고 수지 흑자의 80% 이상이 IT에서 나온다.[187] 이런 상황에서 우리나라가 4차 산업혁명에서 성공하기 위해서는 당연히 두 가지 방정식을 다 풀어내야 한다.

그렇다면 우리가 이 두 방정식을 풀기 위해 취해야 할 효과적인 방안은 무엇일까? 이 두 방정식은 각기 따로 다른 독립적으로 풀기보다는 한꺼번에 풀어낼 필요가 있다. 이는 생산성 향상과 혁신성 증진을 한꺼번에 다루는 이른바 '투 트랙 전략'을 구사해야 한다는 의미다. 일단 서로 많은 공통 변수를 공유하고 있어 한꺼번에 다루면 상호 강화 피드백으로 시너지를 낼 수 있는 까닭이다. 특히, 큰 물고기보다는 빠른 물고기가 다른 물고기를 잡아먹는 시대, 즉 혁신의 속도가 관건인 시대에서는 그런 상호강화 피드백이 더욱 중요하다. '투 트랙 전략'의 상호강화 피드백의 강화내용은 다음과 같다.

첫째, 산업육성에 있어 국가의 중요한 역할 중의 하나는 글로벌 시장경쟁에 참여할 역량을 갖추도록 학습의 기회를 제공하는 것이다. 신산업 육성에는 그런 역할이 더욱 필요하다. '투 트랙 전략'은 스마트화 추진으로 국내시장을 형성하고, 이 시장을 통해 신산업 분야의 신생기업 또는 신규진입 기업에 그런 학습의 기회를 제공할 수 있다.

둘째, 스마트화의 경주는 지속 가능한 스마트 참조모델의 신속한 실현이다. 스마트화 참조모델이란 스마트 기능(Use case)과 기술적 구조(Technical architecture)를 아우르는 사양이라고 보면 된다. 스마트화는 아직 가보지 않은 길(A road untravelled)이다. 스마트화의 영역별로 이해당사자들이 머리를 맞대고 그 참조모델과 실현

방안을 짜내야 하는 체계가 필요하다. 공급자 기업의 참여와 탄탄한 뒷받침도 당연히 필요하다. '투 트랙 전략'으로 인한 유관 공급자 산업육성이 스마트화의 경주에 큰 힘이 되는 이유다.

위에서 말한 투 트랙 전략은 매우 단순하고 쉬워 보이지만, 실효성을 담보하는 제대로 된 투 트랙 전략의 수립과 성공적인 이행은 말처럼 그렇게 쉬운 일은 아니다. 그 이유를 몇 가지로 압축해 보면 다음과 같다.

첫 번째는 알다시피 스마트화는 인공지능 등과 같은 IT 혁신기술에 의해 실현되는데 그 기술발전의 향방과 속도를 정확히 예측하기가 어렵다는 점이다. 이른바 대부분의 중요한 스마트화 영역은 거의 최소 20~30년에 거친 장기적인 심화과정을 밟을 것으로 예상되기 때문이다. 예를 들어 인공지능은 물론이고 자율자동차, 스마트 팩토리도 그렇다. 두 번째는 국가적으로 스마트화를 추진할 대상 영역을 선별하는 데에 어려움이 따를 것이라는 점이다. 14.1절에서 본 바와 같이 스마트화 대상 영역은 산업, 공공서비스, 공공인프라를 망라하고 있어 매우 광범위하기 때문이다. 세 번째는 스마트화의 성공에는 추진체계가 매우 중요하다는 점이다. 스마트화 대상 영역별로 스마트화는 여러 부처가 함께 머리를 맞대고 숙의하고, 부처의 영역에 따른 고유역할을 나누어 분담하는 댜 부처 협력적 성격을 띠고 있다. 어느 한 부처가 전담해 수행할 성격의 일은 그리 많지 않다는 것이다.

지금부터는 스마트화를 둘러싼 '투 트랙 전략'의 수립과 추진 행보에 있어 앞에서 본 어려움을 극복하는 데 꼭 필요한 네 가지 중요한 점을 제시하려고 한다. 일종의 전략 수립을 위한 프레임 워크라고 보면 된다.

첫째, 4차 산업혁명의 핵심의제인 스마트화 관련 정책을 수립 하고, 추진할 국가적 컨트롤타워를 마련해야 한다. 이 책을 집필 하는 시점인 2017년 6월 중순, 4차 산업혁명 위원회를 조만간 설 치한다는 보도가 나오고 있다. 그렇다면 여기서 그런 역할을 하 면 될 것 같다. 단, 스마트화를 담당할 자체 전담 행정 조직을 갖 는 것이 바람직하다. 이런 전담조직이 없이 한 개의 정부부처를 주관부처로 지정해서 4차 산업혁명을 전체를 담당시키고, 이 주 관부처에서 올라온 안을 단지 심의, 의결하는 위원회 형태로는 충분하지 않다.

여러 가지 이유가 있다. 이미 앞에서 지적한 바처럼 각 영역의 스마트화는 다양한 부처의 연계·협력이 요청되는 다 부처 사업 적 성격을 띠기 때문이다. 알다시피 우리나라는 보이지 않은 부 처별 칸막이가 있어서 주관부처로 지정할지라도 현실적으로 다 른 부처와의 실효적 연계·협력을 기대하기가 힘들다. 최근, IT 기술의 소관 부처인 과학기술정보통신부를 4차 산업혁명의 주무 부처로 지정한다고 한다. 이 경우, 4차 산업혁명 대응이 산업화 쪽에 치중한 '원 트랙 전략'으로 전락할 소지가 있다. 스마트화의 확산을 추진하더라도 소관부서의 무관심으로 스마트화 확신 자 체가 더뎌질 위험이 있다. 국가적으론 큰 손해일 수밖에 없다.

우리의 정보화 역사를 되돌아보면 그런 점에서 귀감이 되는 좋 은 사례가 많다. 예컨대 참여정부 시절 청와대 정책실에 설치된 전자정부 전담 부서를 떠올려 보면 된다. 부처를 뛰어넘는 강력한 권한과 위상을 지녔기 때문에 전자정부 전담부서는 부처 간의 이해 상충 문제에 대한 해법을 찾아내고, 실효적 연계·협력을 이끌어낼 수 있었다. 그 결과, 4개 분야, 10개 아젠다, 31개 과제에 이르는 방대한 과업을 성공적으로 수행됐으며, 이로 인해 오늘날 우리가 자랑하는 세계 최고 수준의 전자정부의 기틀이 마련된 것이다.[188]그런 배경에는 유능한 인재의 역할도 컸겠지만, 그들의 능력이 성과로 이어지는 데 원동력으로 작용한 것은 바로 강력한 권한과 위상이었다.

물론 이런 방향에 어긋난 실패 사례도 있다. 사실 스마트화와 매우 흡사한 정책이 이미 있었다. 바로 非IT산업에 IT를 접목하는 'IT융합' 정책이다. 2009년 9월 미래기획위원회 'IT코리아 5대 미래전략' 회의에서 "대한민국의 모든 산업이 경쟁력을 가질 수 있다는 것은 IT의 힘이다."라며 IT융합 정책을 적극적으로 펼쳤다.[189] 자동차, 조선, 항공, 건설, 에너지, 교통, 의료, 제약, 섬유, 로봇 10개 분야를 대상으로 추진된 것이다. 그렇지만 노력에 비해 별로 신통한 결과를 거두진 못했다. 원인은 여럿 있겠지만, 소관부처 대신 IT 부처와 IT 관련 정부출연 연구소가 주도한 것이 가장 큰 원인일 것이다.

둘째, 스마트화의 전략영역을 선정해 국가적 아젠다로 삼아야 한다. 스마트화는 필요한 스마트 기술이 성숙 단계에 들어서고, 그런 기술에 대한 안정적인 기술 및 제품 공급자가 존재할 때만 가능하다. 이런 선결조건이 갖춰지더라도 스마트화의 추진에는 재정투입여력과 경제적 파급효과 등 여러 요건을 감안해야 한다. 특히, 기술의 혁신이 매우 빠르게 진행되는 상황에서는 매우 신속하면서도 신중하게 접근해야 한다. 아무튼, 스마트화의 대상영역은 14.1절에서 본 바와 같이 엄청나게 많다. 그 대상은 산업, 공공서비스 및 인프라 등 사회 전반에 두루 걸쳐있다. 이중에서는 단기간 추진과제로 진행할 분야도 있고, 장기적 과제로 추진해야 할 분야도 있다. 지금 바로 추진할 수 있는 분야가 있고 멀리 내다보고 준비할 분야도 있다. 이러한 점을 감안해 적절한 전략영역들을 선별해서 국가적 아젠다로 삼아야 한다.

셋째, 전략영역별로 제대로 된 거버넌스를 구축해야 한다. 거버넌스는 주무부처, 유관부처와 연구소, 기업, 과학기술계 등 이해당사자들이 모두 참여한 형태로 구성되어야 한다. 물론, 해당영역의 소관부처를 주무부처로 지정하는 것이 좋다. 예컨대, 스마트 농업이라면 농업의 소관부처인 농림수산부가 소관부처란 의미며, 농림수산부가 스마트 농업의 주무부처가 되어야 한다는 의미다. 우리나라도 이미 각 부처가 우수한 정보화 경험과 노하우를 지니고 있다. 예컨대, 스마트 팩토리는 산업육성을 담당하는 중소벤처기업부나 산업통상자원부가 잘할 것이고, 스마트 고속도로는 국토교통부가 최적일 것이다.

한편, 각 영역의 거버넌스는 해당 영역의 스마트화에 대한 수요조사, 로드맵 작성, 예산계획, 교육체제, 기술개발, 확산방안 등과 같은 전체 의제들을 주도할 수 있어야 한다. 이 거버넌스에서 주무부처를 포함한 유관부처의 역할도 매우 중요하다. 머리를 맞대고 숙의하며 부처의 소관업무에 따른 고유역할을 나누어 분담하는 다부처 협력이 필요한 까닭이다. 물론 인공지능, 빅데이터, 사물인터넷 등 대부분의 4차 산업혁명 기술들이 IT 기술에 속하므로 기술을 공급하고, 5G, 빅데이터 확산 기반 등과 같은 디지털 인프라를 구축하는 역할은 당연히 과학기술정보통신부의 몫이다. 관련 전문인력양성은 교육부가 담당해야 할 일이며, 스마트화로 인한 실업과 같은 역기능 해결 문제는 고용노동부의 소관일 터다. 아무튼, 각각의 영역마다 유관부처가 유기적으로 잘 연계해 협력할 고유한 거버넌스를 갖춰 추진하지 않으면 해당 영역의 성공적인 이행이 어렵다는 것은 불 보듯 뻔하다. 4차 산업혁명 성공의 반은 이런 거버넌스의 구축에 달려있다고 해도 과언이 아닐 것이다.

한 가지 유의할 점은 스마트화의 확산을 단순히 국내 미성숙 기술의 시범서비스 프로젝트 정도로 가볍게 생각해서는 안 된다는 것이다. 스마트화란 명목으로 확산 가능성도 없는 시범사업을 남발하고, 단지 보존기한을 맞추기 위해 쓸모없는 결과물이 흉물스럽게 방치되는 불편한 진실이 반복되지 않아야 한다. 아무튼 스마트화는 실용화에 분명한 목표를 둬야 한다. 이것이 스마트화를 해당 소관부처가 주관해야 하는 이유 중의 하나다. 과학기술정보통신부가 주관하면 스마트화가 기술정책으로 변질되기에 십상이다. 국내 기술이 부실할 경우에는 스마트화의 성공을 위해서라면, 그 구축에는 국내뿐만 아니라 국외업체도 구축에 참여해 동등하게 경쟁할 무대를 마련해 줄 필요도 있다.

넷째, 스마트화는 기존 생산성 향상노력의 연장선에서 추진되어야 한다. 분명 스마트화는 자동화(Intelligent Automation), 노동증강(Augmentation), 요소생산성(TFT, Total factor productivity) 증대를 통한 기존 생산성 향상노력과 궤를 같이한다. 스마트화를 새로운 패러다임으로 기존 것을 모두 대체하기보단 그 연장선으로 생각해야 한다는 의미다. 이미 스마트화를 위한 여건이 충분히 성숙해 있더라도 생산성 향상을 위한 기존 노력이 더 필요한 영역에 대해서는 그런 노력을 중단해서는 안 된다.

사실 인공지능이 직접 영향을 미치는 스마트화 이슈는 당장은 별로 없다. 앞으로 이, 삼십 년을 바라보며 스마트화를 중장기적으로 준비해야 하는 이유다. 당분간은 뒤떨어진 부문을 보완하는 노력에 더욱 많은 힘을 쏟아야 할 것이다. 예컨대 대기업과 중소기업 간의 자동화와 정보화의 격차는 이미 상당하다. 문제는 그 차이가 점점 더 벌어지고 있다는 사실이다. 이런 격차를 해소하지 못하면, 향후 해당 산업의 스마트화가 제대로 실효를 거둘 수 없을 것이다.

15 경쟁우위의 방편은 '플랫폼화'이다

'플랫폼화'는 4차 산업혁명의 두 번째 화두다. 4차 산업혁명의 시대에는 기존 디지털 플랫폼만 아니라 새로운 개념의 플랫폼들이 등장할 것이다. 플랫폼화는 자동차, 공장과 같이 물리적인 사물로도 확장될 것이다. 플랫폼이 중요한 이유는 경쟁의 우위를 확보할 방편인 까닭이다. 4차 산업혁명 시대의 글로벌 경쟁의 모습은 지배적 플랫폼을 놓고 겨루는 혈투로 표현할 수도 있을 것이다. 지배적 플랫폼을 확보하는 국가가 산업경쟁에서 우위를 점할 수 있으며, 국가경제 역동성은 디지털 플랫폼을 얼마나 잘 활용할지가 관건이라는 말이다. '스마트화'가 4차 산업혁명의 성패를 가르는 요소라면, 플랫폼이 경쟁우위의 지렛대가 되는 것이다. 이 장에서는 플랫폼을 둘러싼 환경을 조명하고 활성화 방향을 모색해 볼 것이다.

알다시피 3차 산업혁명 시대의 디지털 경제에서는 플랫폼 기업이 고공행진하며 맹위를 떨쳤다. 예컨대 2016년 8월 기준 글로벌 시가총액 10대 기업 중에서 6개가 플랫폼 기업이며, 각각 상위 1위에서 4위, 6위를 차지하고 있다. 바로 우리가 잘 아는 애플, 구글, 마이크로소프트, 아마존, 페이스북 순이다. 참고로 마이크로소프트는 소프트웨어 플랫폼 기업이고 나머지는 모두 디지털 플랫폼[13] 기업이다.

4차 산업혁명의 시대에도 플랫폼의 고공행진은 계속될 것이다. 그 이유는 무엇보다도 우리가 아는 기존 플랫폼 비즈니스 모델[14]에 아직도 새로운 기업이 발을 붙이고 성장할 여지가 충분하기 때문이다. 실제로 기존 플랫폼 비즈니스 모델에 갖는 새로운 유니콘 기업은 계속 생겨나고 있다. 2017년 1월 기준 전 세계 183개의 유니콘 기업 중에서 e-Marketplace(33개), 인터넷 소프트웨어와 서비스(22개), 핀테크(20개), 소셜네트워크(10개), 공유경제(11개) 기업은 96개나 된다.[190] 기존 플랫폼 비즈니스 모델을 따르는 기업이 전체 50%를 넘는 것이다. 한편, 전통적인 업종에서도 기존 플랫폼 비즈니스 모델의 기업이 새로 생겨나고 있다. 앞

---

[13] 디지털 플랫폼이란 정보 및 콘텐츠 서비스, 상거래, 중계 등을 위해 판매자와 구매자 양쪽을 특정 사이트로 유인해 새로운 가치를 창출하는 방식이다.

[14] 기존 플랫폼 비즈니스 모델이란 주로 상거래, 인터넷 서비스, 소셜 네트워크, 공유경제 등과 같은 모델을 말한다. 알리바바, 구글, 페이스북, 우버가 그 사례다.

에서 본 183개의 유니콘 기업들을 다시 살펴보면 헬스케어(14개), 부동산(16개) 등과 같은 일반 업종에 대한 디지털 플랫폼 기업의 약진이 눈에 띈다. 디지털 플랫폼화가 전통적인 업종으로 빠르게 확산하고 있다는 증거다.

한편, 4차 산업혁명의 시대에는 기존 플랫폼 비지니스 모델과는 전혀 다른 새로운 모습의 플랫폼이 앞으로 많이 등장할 거란 점과 이런 플랫폼이 더 강력할 수 있다는 점을 새겨 둬야 한다. 이 절에서 다루려는 주제가 바로 이런 플랫폼의 변신으로 인한 지속적인 플랫폼 영토의 확장이다. 그간 플랫폼의 변신은 이미 수차례 봐왔다. 이른바 OS로 대변되는 소프트웨어 플랫폼이 첫 번째이다. 이후, 인터넷과 함께 등장한 다양한 모습의 디지털 플랫폼이 등장한다. 상거래 플랫폼, 구글과 같은 정보 서비스 플랫폼, 페이스북과 같은 소셜 플랫폼이 대표적인 것들이다. 이런 플랫폼의 변신은 이미 우리에게 익숙하며, 앞에서 본 것처럼 디지털 경제의 발전을 견인하는 중심축으로 작용했다. 그런데 플랫폼의 변신은 여기서 그치지 않을 것이란 점이다.

플랫폼의 변신을 기술적인 맥락에서 해석하면, 소프트웨어 플랫폼 영역에서 두 가지, 디지털 플랫폼 영역에서 두 가지로 모두 네 가지로 분류할 수 있다. 먼저, 소프트웨어 플랫폼 영역에서 일어나는 플랫폼의 변신은 솔루션[15]이 플랫폼화하는 것인데 세부

---

[15] 솔루션이란 특정 응용 분야의 정보서비스를 위한 정보 시스템과 관련된 용어이다. 솔루션은 간혹 시스템 전체를 포괄적으로 나타내기도 하지만, 보통 하드웨어는 제외하고 응용 소프트웨어 부분만을 지칭한다. 정보시스템을 구축할 때 하드웨어는 일반적으로 기존 제품

적으로 '일반 소프트웨어 솔루션의 플랫폼화'와 '임베디드 소프트웨어 솔루션의 플랫폼화'로 나뉜다. 한편, 디지털 플랫폼 영역에서도 큰 변화가 일어날 것이다. 바로 사용자가 직접 사용하는 다양한 '전문 서비스의 디지털 플랫폼화'와 애플리케이션 개발자용 '웹서비스의 디지털 플랫폼화'이다. 지금부터는 이런 4가지 플랫폼 변신의 모습을 차례로 살펴본다.

첫 번째로 일반 솔루션의 소프트웨어 플랫폼화에 대해 알아보자. 쉽게 말하면 해당 정보서비스의 솔루션이 운영체제와 같은 소프트웨어 플랫폼의 역할로 발전하는 것이다. 장황한 설명보다 사례를 들어서 보는 것이 더 좋을 듯하다. 요즘 많이 언급되는 GE의 프레딕스(Predix)를 보자. 지금까지 산업용 설비 동작을 실시간으로 감시(monitoring)하기 위해 많은 솔루션들이 사용됐다. 이런 것들은 각기 독립적으로 개발된 사설 솔루션이므로 서로 기능적으로 많은 차이가 있을 뿐만 아니라 활용하는 방식도 다를 수밖에 없다. 간단하게 말하면, 호환성(Compatability)과 상호운영성(Interoperability)을 전혀 찾아볼 수 없다.

프레딕스는 이런 문제를 해결하려는 솔루션으로 궁극적으로 이 업계의 소프트웨어 플랫폼이 되는 게 목표다. 이 소프트웨어 플랫폼은 산업용 설비에 센서를 부착해서 데이터를 수집하고, 수집한 데이터를 클라우드에 저장해 분석하는 전 주기 작업에 대해

중에서 하나를 구매해 사용하지만, 응용 소프트웨어는 업무 프로세스에 맞게 자체 개발하는 경우가 많기 때문이다.

이해당사자들을 하나의 생태계로 묶는 것이다. 다시 말하면, 산업용 설비, 센서, 클라우드 소프트웨어, 데이터 분석, 응용 서비스와 같은 제품을 생산하는 업체들이 프레딕스가 규정하는 여러 규격에 맞춰 상호 공급과 수요 관계를 맺는 생태계를 형성하는 것이다. 마치 특정 OS가 컴퓨터 주변기기와 본체, 미들웨어, 응용 소프트웨어 등의 업체들로 구성된 플랫폼 네트워크를 형성하듯이 말이다. 이렇듯, GE의 프레딕스는 OS 편향적인 기존 소프트웨어 플랫폼의 모습에서 벗어나 특정 분야의 솔루션도 소프트웨어 플랫폼으로 발전할 수 있다는 대표적인 사례다.

두 번째로 임베디드 소프트웨어 솔루션의 플랫폼화에 대해 알아보자. 마찬가지로 사례를 들어보자. 아마 자율주행 자동차가 가장 잘 피부에 와 닿을 수 있으니 그것을 살펴보자. 초미의 관심사는 자율주행 자동차가 언제 가능할지다. 일부에서는 2025년대 전후가 될 것이라는 조급한 전망도 나오고 있다. 누가 승자가 될 것인지는 아직 오리무중인 상태지만, 아무튼 이른바 한다 하는 업체는 다 발을 들여놓고 있으니 치열한 경쟁이 벌어지리란 것은 분명하다.

그렇다면 누가 승자가 될 것인가? 그걸 꼭 집어 단정한다는 것은 아직 자율주행 자동차에 대해 지극히 무지하다는 걸 드러내는 것과 다름이 없다. 자율주행 자동차에 필요한 기술은 우리가 생각하는 범위보다 훨씬 더 광범위하기 때문이다. 그런데 어떤 기업이 승자가 될지는 몰라도 적어도 한 가지는 단정할 수 있다. 바로 자율자동차 분야의 주도적 소프트웨어 플랫폼을 가진 기업이 승자가 된다는 것이다.

　자율주행자동자 분야에 소프트웨어 플랫폼이 생긴다는 것에 다소 의아해하는 사람들도 있을 것이다. 자율주행기술이 아주 복잡해서 그런 생각을 품는 것은 당연하다. 비전센서, 거리센서 등을 통해 실시간으로 수집한 센서데이터를 지도 맵과 거리 뷰와 같은 데이터와 결합해서 도로 상황을 실시간으로 파악한 후에 실시간으로 동작을 취하는 일은 고난도 작업이다. 그 구현은 복잡하고 다양할 수밖에 없다. 이런 상황에서 공통 플랫폼을 기대하기는 쉽지 않다.

　그런데, 자율주행이라는 목표는 같아서 이 목표 달성의 수준을 평가할 표준화된 척도(예를 들어 안전성, 교통법규 준수, 에너지 효율성)로 이런 솔루션의 상대적인 비교는 가능하다. 그 과정에 자동차 전체 산업 또는 세부 산업별로 높은 평가를 받은 시스템들을 중심으로 여러 플랫폼이 난립하며 이른바 '플랫폼 전쟁'이 벌어질 것이다. 하지만, 궁극적으로 승자독식의 원리가 여기서도 작용하게 된다. 최종 승자가 바로 자동차 전체 산업 또는 세부 산업별 소프트웨어 플랫폼으로 정착할 거란 뜻이다. 자율주행 기능 구현에 필요한 센서와 컨트롤러 하드웨어는 물론 자동차 차체의 파워, 샤시, 보디 프레임의 분야의 수많은 업체가 이 소프트웨어 플랫폼을 중심으로 한 거대한 플랫폼 네트워크(생태계)가 형성되는 것이다.

　이런 시나리오는 미래의 이야기는 절대 아니다. 이미 현실에서 플랫폼 전쟁을 위한 준비가 시작되고 있다. 2017년 4월 중순 영국 ≪파이낸셜 타임스≫는 중국 최대 검색 서비스 업체인 바이두(Baidu)가 자율주행자동차 소프트웨어를 오픈소스로 공개한다는 소식을 전했다. 엄청난 투자를 한 자율주행차 기술을 공개하는 일은 당장은 손해가 나는 일이다. 바로 바이두가 자율주행자동차 분야의 안드로이드, 즉 소프트웨어 플랫폼의 강자가 되겠다는 야심이 숨어있는 대목이다. 이것뿐만 아니다. 자율주행 분야 이단아인 '콤마닷에이아이(Comma.ai)'의 '조지 호츠(George Hotz)'는 반자율주행 기능을 구현할 '오픈 파일럿'을 오픈소스로 공개했다.[191] 물론 규모에 있어서 두 기업은 엄청난 차이가 있다. 콤마닷에이아이는 신생 기업이고 바이두는 큰 자본력과 기술력을 갖은 세계적인 기업이다. 하지만 두 업체의 목표는 같을 것이다. 플랫폼 세계에서는 승자가 자본에 의해서 결정되지 않는다는 점을 고려하면 콤마닷에이아이를 내리깔고 볼 것만은 아니다.

세 번째로 전문 서비스의 플랫폼화를 알아보자. 이미 우리는 IBM 왓슨의 병원 진료에 활용하는 사례에 많이 접해왔다. 바로 의료 서비스에 도입된 플랫폼의 사례다. 의사들이 사용자 인터페이스 도구를 통해 환자의 질병에 대한 기초정보와 CT 영상과 같은 전문정보를 왓슨에게 제공하면 왓슨은 그 환자에 대한 최적이라고 판단되는 맞춤형 치료법을 제시한다. 물론 왓슨과 유사한 기능을 갖는 플랫폼이 여럿 나올 것이며, 서로 경쟁을 통해 가장 실효성이 있는 플랫폼이 이 분야의 명실상부한 디지털 플랫폼으로 자리를 꿰찰 것이라는 점은 자명하다.

이런 플랫폼을 사용하는 분야는 비단 의료 분야에만 한정된 것은 아니다. 오늘날 일반인들은 수많은 전문지식을 직접 습득하는 것은 가능하지 않다. 그만큼 전문지식의 폭과 깊이가 엄청나게 방대하다는 것이다. 전문지식이 필요한 일반인들과 해당 전문지식 간을 연결해 주는 것이 바로 전문가이며, 이들이 이른바 지식서비스 산업의 지식근로자인 것이다. 우리가 아는 전문분야는 의료, 법률, 금융, 교육, 행정, 요리, 스포츠 등 다양한 영역에 거쳐 무려 천 개가 넘을 수도 있다.

예컨대 법률영역의 전문분야만 봐도 꽤 많다. 변호사 등록 제도에 따르면 우리나라 변호사의 전문분야 개수는 22개이며, 독일은 20개, 미국은 주마다 다른데 대개 10~20개 정도이다. 전문분야별로 각기 고유한 전문서비스의 수요가 존재한다. 이런 서비스 분야에도 의료분야와 마찬가지로 전문서비스 플랫폼이 점진적으로 등장할 것이다.

마지막이자 네 번째로 웹서비스의 플랫폼화를 알아보자. 그간 우리는 이른바 '매쉬업(Mashup)'을 통해 그런 변화를 목격했다. 매쉬업은 음악에서 차용한 용어이다. 서로 다른 곡을 조합하여 새로운 곡을 만들어내는 것을 의미한다. 매쉬업은 웹서비스 업체들이 제공하는 다양한 정보(contents)와 서비스를 조합하여 새로운 서비스를 개발하는 것을 의미한다. 이를 위해 웹서비스 업체가 자신들의 서비스에 접근할 수 있도록 API와 같은 접근방법을 공개하고 있다. 실제로 구글·마이크로소프트·아마존을 비롯하여 네이버·다음·알라딘 같은 국내 업체들이 자사의 콘텐츠를 외부에서 사용할 수 있게 API(Application Programming Interface; 응용프로그램에서 사용할 수 있도록 운영체제나 프로그래밍 언어가 제공하는 기능을 제어하도록 만든 인터페이스)를 오래전부터 공개했다.

앞으로 매쉬업 서비스와 같은 웹서비스가 PaaS(Platform as a Service) 등과 같은 모습으로 등장할 것으로 전망된다. 2000년대 초에 시도된 웹서비스가 새로운 모습으로 다시 나타나는 것이다. 당시 웹서비스는 서로 다른 컴퓨팅 환경에서 구동하는 애플리케이션들이 동적으로 직접 소통하고 실행될 수 있는 분산 컴퓨팅 환경을 비전으로 삼았다. 이를 위해 소프트웨어 컴포넌트. 단순 객체접근 프로토콜(SOAP), 웹 서비스 기술 언어(WSDL), 전역 비즈니스 레지스트리(UDDI) 등과 같은 많은 표준 기술도 개발되었다.

하지만 당시 네트워크 환경 상대적으로 열악했던 탓으로 웹서비스 자체는 성공하지는 못했다. 오늘날 클라우드 시스템의 원조인 그리드 컴퓨팅 시스템이 꽃을 피우지도 못하고 시든 것과 마찬가지 이유다. 이젠 네트워크 대역용량(Bandwidth)의 제약에서 벗어났기 때문에 클라우드 컴퓨팅이 꽃을 피우고 있다. 전문 콘텐츠, 정보서비스를 클라우드 서비스로 애플리케이션에서 활용할 환경은 이미 성숙해 있다. 그렇다면 다양한 웹서비스가 플랫폼의 모습으로 나타나는 것은 시간문제다.

예컨대, 사람의 특정 질문에 대해 답변하는 '인공지능 비서'의 동작 시나리오를 생각해 보자. 우선 인공지능 스피커는 취득한 음성정보를 원격의 음성인식용 웹서비스에 전달해 인식정보를 취득하고, 이를 다시 자연어처리 웹서비스에서 보내 문장 해독 정보를 입수하며, 마지막으로 해독된 정보를 지식베이스용 웹서비스로 보내 최종 답변을 얻은 바를 사용자에게 음성으로 대답해 줄 수 있다.

이런 시나리오가 가능한 이유는 간단하다. 알다시피 음성인식, 자연어처리, 지식데이터 처리 등과 같은 분야는 아직 기술적으로 성숙단계에 도달하지 못했다. 머신러닝을 통해 음성 인식률과 같은 성능은 높아져 인공지능 스피커가 일부 상용화가 되고는 있으나 보편적으로 활용할 수준에는 많이 못 미친다. 예컨대, 외부 소음환경에서의 음성 인식률은 매우 떨어지며 일상에서 사용하는 구어체에 대한 자연어 처리는 아직 미완이다. 다국어 지원도 골칫거리다. 그런데 이 인공지능 비서 분야에서도 대다수 글로벌 IT 업체가 치열하게 경쟁을 하고 있다. 결국, 부문별로 가장 앞선 회사가 자신의 서비스를 디지털 플랫폼으로 정착시킬 것이다.

이상과 같이 앞으로도 소프트웨어 플랫폼과 디지털 플랫폼 모두 새로운 형태의 플랫폼으로 그 영토를 더욱 확장할 것이다. 그런 영토에서도 승자독식의 원리는 여전히 맹위를 떨칠 것이다. 그것이 바로 글로벌 역량이 부족한 우리나라가 가장 고민해야 할 대목이다.

15.2 디지털 경제는 효율적으로 계량화해야 한다

플랫폼은 디지털 경제의 한 단편이다. 견실한 디지털 경제 기반은 플랫폼 경쟁력 향상의 필요조건이다. 디지털 경제의 기반을 다지는 데 가장 중요한 일 중의 하나는 IT로 인해 파생된 경제적 부가가치의 명확한 계량화다. 디지털 경제에 대한 보다 정확한 계량화의 필요성과 중요성은 이미 11장에서 알아보았다. 여기서는 간략히 국내 실정에 맞는 계량화 방향을 다뤄본다.

2017년 초에 미국정부는 상무국 주도로 디지털화의 경제적 영향을 계량화하기 위한 준비에 들어갔으며, 그 내용은 11.1절에서 살펴보았다. 우리나라도 당연히 국가적 투자 및 진흥 정책의 수립에 디지털 경제의 계량화 자료가 요긴한 상황이다. 그렇지만 미국정부에서 고려하는 디지털 경제의 계량화 방식은 우리 실정에는 적합하지 않다. 그 이유는 두 가지로 요약된다. 먼저, 디지털 경제의 계량화를 위해 투입량과 산출량 모두를 계량화하는 것은 현실적으로 어렵다. 한편, GDP의 정확한 산출을 위해 디지털 경제의 정확한 계량화가 필요하다는 점도 설득력이 떨어진다.

먼저 첫 번째 이유를 좀 더 자세히 살펴보자. 다시 떠올려보면, 미국정부에서 고려하는 계량화 대상은 주로 산업부문의 디지털화에 중점을 두며, 이를 위해 네 가지 부문으로 구성된 프레임워크를 내놓고 있다. 이 네 부문은 1) 가구별, 기업별, 산업별 디지털화의 정도, 2) 디지털화에 따른 효과, 3) GDP와 생산성 같은 경제지표에의 영향, 4) 신규 디지털화 영역 추적으로 구성된다. 첫 번째 부문인 디지털화의 계량화에는 IT/SW 산업 및 인터넷 비즈니스의 산출량도 포함된다. 아무튼, 부문별 디지털 경제의 투입과 산출을 모두 보겠다는 것이다. 문제는 막대한 인력과 비용이 들어간다는 데 있다. 예컨대 사실 말이 쉽지 이런 통계 자료를 정확히 수집한다는 것은 현실적으로 무리다.

이번에는 두 번째 이유를 살펴보자. 디지털 경제에 전통적인 GDP 계량법이 적합하지 않다는 주장하는 진영이 제시하는 사례는 주로 소비자 잉여와 공유경제이다. 먼저 앱 스토어의 앱을 무료로 사용할 수 있고 검색과 같은 많은 인터넷 서비스를 소비자가 돈을 지불하지 않고 사용해 소비자 잉여분이 GDP에 포함되지 않는다는 주장을 보자. 그런 서비스는 기업의 비즈니스 모델에 따른 것일 뿐 단순히 소비자 잉여를 높이기 위한 무료로 서비스를 제공하는 것은 아니다. 예컨대 해당 비즈니스 모델에 따라 정상적인 광고 등과 같은 매출을 발생시키고 있다. 또한, GDP는 생산의 척도이지 소비자의 잉여를 나타내는 척도도 아니다. 따라서 그런 주장은 적절치 않다. 한편, 공유경제 건도 설득력이 떨어진다. 개인과 개인 간의 사적 형태의 공유경제형 거래가 일부 GDP에서 누락될 수 있지만, 대부분의 공유경제 거래는 공유경제 업체의 사이트를 통해서 이루어지기 때문에 GDP 누락은 매우 미미한 상황이다. 예컨대, 한국은행은 2017년 5월에 GDP에 반영되지 않은 한국의 공유경제 서비스 규모는 명목 GDP의 0.005% (820억 원) 수준이라고 발표했다.[192] 한편, 산업경제에서도 GDP는 모든 거래를 철저하게 반영한 정확한 값은 아니라는 점도 고려해야 한다.

그렇다면 우리 실정에 적합한 디지털 경제의 계량화를 위한 대안은 무엇인가? 일단 디지털 경제의 계량화 대상을 산출량으로 한정하는 것이 바람직하다. 대신 투입량은 기존 가용한 데이터를 활용하면 될 것이다. 투입량은 일종의 국가의 인프라와 기업의 정보화에 투입되는 IT 투자 총량을 말한다. 국제기구나 민간 기관에서 일부 계량화를 진행하고 있다. 국제기구나 매킨지의 국가별 연계 지표(MGI Connected Index), TUFTS 대학의 디지털 진화 지수, OECD 디지털 경제 지표 등이 그런 사례이다. 충분하지는 않지만, 당분간은 그런 데이터를 활용해도 무방할 것이다. 실질적으로 국가별 디지털 경제 규모와 성장을 가늠하는 것은 산출량이므로 산출량에 좀 더 중점을 두는 것이 비용 효율적인 대안이다.

디지털 경제의 산출량을 계량화할 때, 그 대상은 상거래와 인터넷 비즈니스, 소프트웨어 산업에 중점을 두면서 기존의 부족한 부문을 보강하는 것이 최상이다. 먼저, 인터넷 상거래를 보자. 여기서 상거래는 O2O(Offline to Online) 중계, 공유경제 등을 모두 포함한다. 최소한의 노력을 들이면서 향후 정책결정에 활용할 충분히 실효성 있는 부문을 중점적으로 계량하는 것이 중요하다. 방법은 간단하다. 우리나라도 이미 국가 통계청이나 인터넷진흥원 등 많은 기관에서 관련 통계를 산출하고 있다. 이런 자료들을 취합한 후에 미흡한 자료를 보강하면 된다. 상거래 유형별, 기업 규모별, 산업별 전자상거래 침투 비율과 CBT(Cross Border Trading) 거래, 전자상거래 사이트별 통계가 그런 사례일 것이다.

한편, 인터넷 비즈니스에 대해서도 마찬가지다. 관련 통계도 여러 기관에서 많이 수집하여 발표하고 있다. 하지만 유의할 것이 있다. 인터넷 비즈니스는 역동성이 커서 그 변화가 매우 빠르다는 점이다. 이런 상황에서는 인터넷 비즈니스의 현실을 반영한 분류체계가 갖춰져 있어야 한다. 그렇지 않으면 통계의 실효성이 떨어져 계량화의 의미가 줄어들게 된다. 미국의 경우 디지털 경제의 계량화를 위한 정책 아젠다 중에는 인터넷 비즈니스에 대한 표준 분류체계를 정립하는 과제도 들어있다. 통계의 실효성을 높이기 위한 행보다. 이 표준 분류체계에 따라 부문별로 접속자, 트랜잭션, 매출과 마켓 점유율, 고용인력 규모 등과 같은 지표에 대한 통계를 산출하면, 각 부문의 최신 동향을 제대로 파악할 수 있는 까닭이다.

마지막으로 소프트웨어 산업의 계량화를 보자. 약간 차이는 있지만, 그 방식은 인터넷 비즈니스와 비슷하다. 16.3절에서 소프트웨어 산업의 세분화된 분류체계를 정립하는 문제를 다룬다. 이런 분류체계에 따라 각 세분류 항목에 대해 산출량을 계량하면 된다. 소프트웨어의 계량화는 넓은 의미에서는 디지털 경제의 계량화의 일환이지만, 좁게는 소프트웨어 산업 육성 정책 수립에 반드시 필요하다.

이제 정리해 보자. 디지털 경제의 규모는 앞으로도 계속 커질 것이다. 이미 4차 산업혁명 시대의 성적은 디지털 경제의 총량이라는 점을 밝혔다. 디지털 경제를 정확하게 계량해야 할 필요가 있는 것이다. 하지만 현실을 참작한 단계적인 접근방식을 취하는 것이 중요하다. 계량화에 앞서 우선 인터넷 비즈니스와 소프트웨어 산업 등과 같은 부문에 대해 세분화된 분류체계를 정립해 놓아야 한다. 이런 분류체계에 따라 단기적으로는 산출량 중심의 계량모형 개발과 계량화를 추진하다가 향후 여건이 되면 투입량으로 확대하면 될 것이다.

15.3 플랫폼 네트워크는 초연결 협업문화가 관건이다

지속가능 경쟁우위(SCA, Sustainable Competitive Advantage) 확보는 기업 성장의 최대 관건이다. 기업들이 경쟁우위를 확보하기 위해 펼치는 경쟁전략은 변천에 변천을 거듭해 왔다. 오랫동안 저가격과 차별화의 실현이 경쟁전략의 핵심이었다. 기능과 품질의 차별화를 위한 노력과 원가를 낮추는 제조기술의 노하우가 경쟁우위의 관건이었다. 알다시피 이런 경쟁전략 중의 하나가 마이클 포터의 5 Force 모델이다.[193]

IT 혁명, 즉 3차 산업혁명 시대에 접어들면서 기업의 경쟁전략은 또 바뀐다. 시장경쟁은 단일 기업 차원이 아닌 기업군(群) 차원으로 변모한 까닭이다. 표준이나 소프트웨어 플랫폼을 중심으로 공급자 기업들의 연합체인 플랫폼 네트워크 간의 경쟁 양상이 전개된 것이다. 시장을 주도하는 플랫폼 네트워크에 참여해서 고착(Lock-in)하는 것이 경쟁우위 확보의 지름길이 된 것이다. 이런 경쟁전략인 델타모델은 기존의 개별 기업 차원의 저가격과 차별화 경쟁전략보다 더 큰 힘을 발휘하게 된 것이다.[194]

4차 산업혁명 시대에는 기존 IT 산업에 주로 적용되는 플랫폼 개념이 거의 모든 분야로 확대된다. 이로써, 전체 산업에서 디지털 플랫폼이 경쟁우위 확보를 위한 수단이 된 것이다. 공유 플랫폼이건 사설 플랫폼이건 승자 플랫폼을 확보한 기업이나 진영이 시장을 지배하는 게 거의 공식화됐다. 국가 차원에서 보면 더 많은 글로벌 디지털 플랫폼 기업을 확보한 국가가 4차 산업혁명에서 승승장구할 것이며, 그렇지 못한 국가는 당연히 경제성장의 어려움에 부닥칠 수밖에 없다. 4차 산업혁명의 시대에 앞으로 벌어질 디지털 경제의 전장에서 디지털 플랫폼을 경쟁우위 방편으로 삼아야 하는 이유다.

15.1절에서 이미 앞으로 벌어질 플랫폼 전쟁의 전방위적이고 광범위한 양상을 살펴보았다. 이런 전쟁은 우리나라가 감당하기에는 녹록지 않다는 것도 알 것이다. 그런데도 분명한 것은 이 플랫폼 전쟁은 항상 막다른 골목에서 벌어져서 피할 수는 없다는 것이다. 지금부턴 플랫폼을 경쟁우위로 삼기 위해 취할 방안들을 논의해 보려고 한다. 플랫폼의 분류는 다양하지만, 전통적인 기술 플랫폼과 디지털 플랫폼으로 구분해 차례로 설명할 것이다.

먼저, 전통적인 기술 플랫폼을 살펴보자. 기술 플랫폼은 PC 시장을 놓고 쟁투를 벌인 윈텔(윈도우 OS와 인텔의 CPU) 진영과 애플 진영의 플랫폼이 대표적 사례다. 각각의 플랫폼은 OS를 중심으로 다양한 기기와 응용 소프트웨어, PC 제조사 등과 같은 이해당사자들로 구성된다. 스마트폰 시장을 놓고 격돌하는 안드로이드 OS 진영과 iOS 진영의 플랫폼도 이런 영역이다. 12.3절에서 본 것처럼 이런 기술 플랫폼은 다면 플랫폼(Multi-sided platform)이며, 학술적으로 정확한 표현은 '플랫폼 네트워크'이다. 여러 다른 업종의 기업이 OS 플랫폼을 중심으로 네트워크를 형성하기 때문에 붙여진 이름이다. 여기선 필요한 경우를 제외하고는 그냥 '기술 플랫폼' 또는 '플랫폼'으로 부를 것이다.

알다시피, 앞으로도 기술 플랫폼 간의 경쟁은 다양한 분야에서 벌어질 것이다. 스마트 팩토리를 둘러싼 독일의 인더스트리 4.0

과 미국의 IIC(Industrial Internet Consortium)가 한 사례다.[195,196] 그뿐만 아니라, 자율주행차 AR/VR 시장, 인공지능 스피커를 비롯한 인공지능 서비스 등도 역시 플랫폼 네트워크 간의 경쟁이 치열하게 벌어질 것이다.

국내 기업의 전략은 매우 간단하다. 플랫폼 네트워크를 주도할 수 없으면 주도적인 플랫폼 네트워크에 빨리 참여해서 지분을 확보하는 게 상책이다. 이미 한국은 일부 성공한 전력이 있다. 스마트 폰 시장에서다. 안드로이드 진영에 참여해 스마트폰 하드웨어에서 좋은 성과를 거뒀다.

지금은 기술 플랫폼 영역에서 우리나라가 주도할 분야는 그리 많지 않다. 예컨대 앞에서 본 스마트 팩토리만 봐도 그렇다. 이미 독일의 인더스트리 4.0과 미국의 IIC가 주도하고 있다. 각각 독립적인 플랫폼 네트워크로 발전했을 때, 지향하는 표준의 범위와 내용이 큰 차이를 보여서 서로 경쟁할 수밖에 없다. 제대로 된 표준이 만들어지기까지 적어도 십 년은 족히 걸릴 것으로 전망된다. 이런 상황에서는 어느 진영이 주도권을 잡을지를 냉철히 판단해서 될 수 있으면 빨리 그 진영에 발을 들여놓는 것이 현명한 처사일 게다.

필자의 소견으로는 IIC 진영이 시장에서 우위를 점할 것으로 본다. 유럽의 표준화는 일반적으로 매우 상세하지만 복잡해서 실용화가 어려운 경향이 있다. 미국의 TCP/IP 네트워킹 모델이 유럽의 영향력이 컸던 OSI 7계층 모델을 누르고 인터넷의 표준 프로토콜로 자리 잡게 된 중요한 이유다. 현재 진행되는 독일의

RAMI 4.0 스마트 팩토리 표준도 그야말로 그런 전형이다.[197] 실용화 단계에 접어들면 기업들의 수용이 어려울 수 있다는 의미다. 참고로, 스마트 팩토리는 표준화 자체가 어려운 분야여서 非표준을 앞세운 일본의 엣지 컴퓨팅(Edge computing)[16] 같은 방식이 오히려 시장을 선점할 가능성도 배제할 수 없다.[198]

하지만, 더 적극적인 시각도 필요하다. 기술 플랫폼 영역에서도 우리나라가 주도할 분야는 분명 있다. 문제는 우리 기업의 협업 역량이다. 기술 플랫폼 영역은 대부분 여러 기업의 연계·협력이 요구된다. 이런 협업을 통해 개발한 플랫폼의 혜택은 상당히 크다. 여러 기업의 협업으로 기술 플랫폼의 품질을 더욱 향상할 수 있다. 특히 국내 수요기업들은 각자 자체 플랫폼을 제작할 시간을 자신의 제품 개발에 투입할 수 있어 제품 경쟁력을 높일 수 있다. 잘하면 해당 분야의 글로벌 플랫폼으로 도약할 수도 있다. 매우 이상적인 시나리오다. 관건은 기업들이 서로 연계하고 협력하는 초(超)협력 문화다.

정책추진에 있어 초협력을 진작시킬 기회는 많다. 다만 그 실현은 정책담당자들이 초협력의 중요성을 이해하는지가 관건이다. 일단 실패 사례를 보자. IT/SW 분야의 특징은 소프트웨어 플랫폼이 매우 중요한 역할을 한다는 것은 익히 알려진 사실이다. 공용 소프트웨어 플랫폼의 활용은 중소기업군의 성장의 지름길이

---

[16] 엣지 컴퓨팅은 공장에서는 IT 기술이나 IoT(사물인터넷)를 활용해 데이터를 수집하고 현장에서 최대한 가공·활용하되 꼭 필요한 경우에만 가공한 데이터를 원격 클라우드로 전송하는 스마트 팩토리 모델이다.

라고도 할 수 있다. 사실 그간 정부 주도로 임베디드 OS를 비롯한 운영체제부터 상황인지 플랫폼 등과 같은 특화기술에 대한 플랫폼까지 수많은 플랫폼 개발 프로젝트가 수행되었다. 하지만 실제 산업계에서 제대로 보급·활용된 것은 하나도 없다고 해도 과언이 아니다. 이유야 많겠지만 가장 큰 것은 입안부터 개발, 보급에 이르는 프로젝트의 전 주기에 거처 해당 산업에 속한 기업들의 연계·협력에 대한 개념이 결핍되었다는 데 있다. 프로젝트 구성요건을 맞추기 위해 명목상 몇몇 기업을 프로젝트에 참여시킨 정도가 다이다. 플랫폼을 활용할 대상 수요기업의 규모도 파악하지 않고, 일부 핵심기술을 가진 유망기업과의 연계·협력도 부족했으니 애당초 결과는 불 보듯 뻔했다.

초협력을 진작시킨 성공적인 정책 사례도 없진 않다. 파스타(Paas-Ta)가 대표적인 사례다. 파스타는 2014년부터 3년간 한국정보화진흥원 주관으로 ㈜크로센트, ㈜비디, ㈜한글과컴퓨터, ㈜소프트웨어인라이프, ㈜클라우드포유 등 5개 전문기업이 공동 연구·개발한 개방형 클라우드 플랫폼이다.[199] 대기업인 SK㈜ C&C에서도 파스타를 도입하는 등 확산도 이어지고 있다. 우리나라가 극히 취약한 기술 부문이지만 개발부터 확산까지 정부의 균형 잡힌 정책이 일궈낸 성과다. 성공여부를 예단하기는 아직 이르다. 하지만 적어도 이런 정책적 경험은 향후 국내에서도 글로벌 주도 플랫폼을 탄생시키는 데 좋은 본보기가 될 것이다. 성공적으로 정착된다면야 그야말로 금상첨화겠다.

15.4 상생의 생태계가 디지털 플랫폼 육성의 선결과제다

지금부터는 디지털 플랫폼을 살펴보자. 알다시피, 디지털 플랫폼은 대부분 양면 플랫폼(Two-sided platform)이다. 플랫폼 운영자가 디지털 플랫폼을 통해서 공급자 그룹과 사용자 그룹을 매개하는 것이 주된 작동 원리다. 대부분의 인터넷 비즈니스가 이런 디지털 플랫폼에 해당하며, 플랫폼 운영자는 대개 단일 기업이다. 디지털 플랫폼의 사례와 파괴력은 이미 충분히 살펴보았다. 요지는 디지털 플랫폼이 경제성장의 디딤돌이라는 것이다. 디지털 플랫폼을 둘러싼 효과적인 정책을 마련해야 하는 이유다.

일단, 그간 우리의 우리 상황을 이해하는 것이 필요하겠다. 이미 많이 언급한 것처럼 그간 디지털 플랫폼의 글로벌 경쟁에서 한국의 성적은 초라했다. 글로벌 시장에서 알아주는 디지털 플랫폼을 거의 하나도 배출하지 못한 것이다. 최근 글로벌 사업을 활발하게 진행하고 있는 네이버를 빼고는 글로벌 디지털 플랫폼 역량을 지닌 기업도 찾아보기 힘들다. 세계가 부러워하는 탄탄한 IT 인프라를 가진 국가로서는 아이러니가 아닐 수 없다. 디지털 플랫폼의 국제화는 여러 가지 요건이 충족되어야 가능하다. 일부 요건에서 결핍이 발생한 것일 텐데, 먼저 그것부터 따져보자.

일단 디지털 플랫폼 국제화에 가장 중요한 요건은 서비스의 '독창성'이다. 남들보다 빨리 사람들이 필요로 하는 서비스를 만들어내는 능력을 말한다. 한국은 독창성에서는 나름 큰 문제가 없었다고 자부해도 될 듯하다. 알다시피, 대부분 디지털 플랫폼의 원조는 우리나라다. 예컨대, 채팅문화를 연 스카이러브, 소셜 네트워크의 아이러브스쿨, 싸이월드가 그랬다. 잘만하면 오늘날의 페이스북이 될 수 있었던 것들이다. 다음 요건은 '자본'이다. 국내 벤처캐피털 투자 규모가 상대적으로 작은 것은 사실이다. 하지만, 위와 같은 서비스들이 국내에서 위력을 떨칠 정도로 성장했었다는 점을 생각하면, 물건만 된다면 자본 자체를 끌어들이는 것도 큰 문제가 없었다는 것이 분명하다.

마지막 요건은 '역동성'이다. 역동성은 기업이 경쟁에서 이기기 위한 몸부림의 척도다. 치열한 경쟁을 거칠수록 기업의 역동성은 점점 커지게 된다. 얼마나 빨리 혁신할 수 있는지는 역동성에 달려있다. 국내 시장을 평정하고 위세를 떨치던 많은 인터넷 기업들이 국제화에 실패한 것은 바로 이 역동성을 잃었기 때문이다. 국내 시장을 장악한 후에는 성(城)을 쌓아 수성하는 데 집중한 게 화근이다. '성을 쌓는 자는 반드시 망할 것이며, 끊임없이 이동하는 자만이 영원히 살아남을 것이다.' 1,300여 년 전 돌궐제국의 명장 톤유쿠크의 비문에 쓰인 글귀다. 현재의 인터넷 사용자는 디지털 유목민(Digital Nomad)이다. 한 플랫폼에서 다른 플랫폼으로 이동할 때, 사용자가 치러야 하는 비용이 크지 않다. 더 나은 서비스가 나오면 철새처럼 바로 떼로 이동한다. 잘 나가던 디지털 플랫폼도 역동성을 잃으면 바로 무너지는 이유다.

성을 쌓아 수성하는 데만 몰두하다 역동성을 잃어 실패한 사례는 무수히 많다. 예컨대 미국 SNS를 주름잡던 마이스페이스가 그랬고, 한국의 아이러브스쿨도 그랬다. 후발 주자인 페이스북이 오픈 아키텍처를 도입해 소셜 앱 생태계를 구축하는 동안에도 마이스페이스는 단순한 SNS 성(城)에 머물렀다. 당연히 마이스페이스는 망했다. 페이스북은 하버드 대학 내에서 소통을 위한 도구로 시작했다. 하지만 페이스북은 현재 전 세계 SNS의 대명사가 되었다. 인맥의 범위를 하버드 대학 내의 동창에서 보편적 사회관계로 확대한 까닭이다. 동창회 사이트인 '아이러브스쿨'은 시종일관 동창회에 집착하다가 결국 망했다. 다 역동성의 차이였다.

지금부터는 국내에서도 글로벌 디지털 플랫폼을 배출할 수 있는 육성방안을 알아보자. 디지털 플랫폼의 운영자는 대부분 구글, 우버, 페이스북, 알리바바와 같이 인터넷 비즈니스 기업이다. 디지털 플랫폼을 육성한다는 것은 이런 인터넷 비즈니스 기업을 육성한다는 의미다. 기업 입장에서 보면 플랫폼 구축에 필요한 기술도 중요하다. 그렇지만 경쟁우위는 궁극적으로 사용자와 공급자 양면의 확보를 통해서 실현된다. 사용자와 공급자를 둘러싼 플랫폼 기업 간의 치열한 경쟁을 감안할 때, 그 어떤 산업보다도 공정경쟁 환경이 중요하다. 정책의 초점을 공정경쟁 환경의 생태계를 조성하는 일에 맞춰야 하는 이유다.

공정경쟁 환경의 첫 번째 목표는 중소 플랫폼 사업자 보호이다. 국내 디지털 플랫폼의 상황은 소수의 거대 포탈이 시장을 장악한 실정이다. 기존 또는 신규 플랫폼 사업자가 성장할 여지가 상대적으로 매우 적다. 눈에 띄는 유망 플랫폼이 등장하더라도 대형 포털에서 유사한 서비스를 내놓음으로써 고사하는 경우가 많았다. 일종의 저격형 서비스인 셈이다. 2016년 기준 오프라인에서 74개 품목이 중소기업 적합업종으로 지정되어 있는 것처럼 유사한 규제 장치가 필요하다. 아주 급진적인 방안으로는 백화점처럼 대형 포털에 신규 디지털 플랫폼 사업자가 입주해서 사업을 펼칠 수 있는 제도도 한 번쯤 생각해 볼 만하다. 유망 디지털 플랫폼을 가장 빨리 성장시킬 수 있는 제도일 것이다. 대형포탈이 누리는 막대한 사용자 프리미엄을 중소 플랫폼도 누릴 수 있는 까닭이다.

공정경쟁 환경의 또 다른 목표는 콘텐츠 공급자의 보호이다. 콘텐츠 시장의 디지털화 비중은 2009년 24%에서 2015년 40%로 급증했다.[200] 2012년 이후 3년 동안 디지털 콘텐츠(연평균 성장률 15%)는 오프라인 콘텐츠 산업(연평균 성장률 4.5%)보다 3배 이상 높은 성장을 기록했기 때문이다. 그런데도 우리 상황은 콘텐츠 사업자가 포탈에 종속될 위험이 다분하다. 우리나라의 콘텐츠 사업자는 대부분 아직 영세한 상황이기 때문이다. 최근에는 페이스북, 아마존, 훌루, 넷플릭스, 네이버 등 국내외 거대 인터넷 사업자가 자체 콘텐츠 제작에 열을 올리고 있다.[201, 202] 콘텐츠 공급업체에 대한 더더욱 세심한 관심이 요구된다. 공급자를 차별하지 않는 플랫폼 중립성을 정립하는 것이 시급하다. 공급자가 여러 다른 플랫폼 사업자에게 콘텐츠를 제공하는 것을 가로막는 일종의 수직계열화 풍토의 개선도 필요하다.

사실 불공정 상황이 연출되면 국가적으로는 플랫폼 기업과 콘텐츠 공급자 모두 모두 손해를 보는 게임을 하게 된다. 예전 90년대 말의 2G 통신시대에 거대 통신사가 모바일 콘텐츠 제공업체들을 좌지우지해서 편파적, 불공정 시비가 끊임없이 발생했다.

일본과 비교해서 국내 콘텐츠 산업의 발전이 더뎌진 큰 이유다. i모드 플랫폼의 NTT 도코모를 비롯한 일본의 통신사들은 철저히 모바일 콘텐츠 공급자 배려 정책을 펼쳤다. 그 결과, 당시 애플 생태계의 콘텐츠 시장이 약 4조 5천억 원이었을 때, 일본의 모바일 콘텐츠 시장은 무려 6조 5천억 원이나 되었다.[203]

아무튼, 디지털 플랫폼 육성과 관련해 한 가지 분명히 알아야 할 것이 있다. 지금도 한국에는 독창적인 서비스를 제공하는 유망 디지털 플랫폼 기업이 계속 생겨나고 있다는 점이다. 이런 기업들이 불공정 환경으로 기회만 잃지 않는다면 분명 글로벌 플랫폼들로 성장할 수 있을 것이다. 2012년 한국인이 창업한 웹툰 회사인 타파스미디어(Tapas Media)가 대표적인 사례다.[204] 캡틴아메리카, 아이언맨, 헐크 등으로 유명한 마블코믹스와 슈퍼맨과 배트맨, 원더우먼 등의 캐릭터로 유명한 DC코믹스가 양분하는 미국의 만화시장에 신생기업이 도전한다는 것은 어리석은 일로 보였다. 하지만, 한국의 앞선 웹툰 비즈니스 모델은 미국에서도 통했다.[205] 5년이 지난 지금 타파스미디어는 북미시장 대표 웹툰 플랫폼으로 성장했다. 이쯤 되면 널리 퍼져있는 글로벌화에 대한 패배적 편견을 떨쳐버려도 된다.

16 경쟁수단은 소프트웨어 산업이다

'소프트웨어'는 4차 산업혁명의 세 번째 화두다. IT 혁신의 중심추가 하드웨어에서 소프트웨어로 옮겨간 지는 꽤 오래되었다. 4차 산업혁명 시대에는 화두인 '스마트화'와 '플랫폼화'도 결국 소프트웨어 산업으로 환원될 수밖에 없다. 따라서 소프트웨어를 중심축으로 한 혁신의 추세는 더욱 거세질 것이다. 결국, 4차 산업혁명 시대의 국가적 경쟁의 수단은 다름 아닌 소프트웨어 산업인 것이다. 이미 글로벌 소프트웨어 공룡기업들이 IT 혁신기술 분야의 시장을 거의 장악하고 있으며, 니치 시장에서는 수백 개의 탄탄한 글로벌 신생기업들이 쟁투를 벌이는 상황이다. 국내 소프트웨어 산업의 글로벌 경쟁력을 높이기 위한 장기적인 대응책이 마련되어야 하는 이유이다. 이 장에서는 이런 맥락에서 국내 소프트웨어 산업의 열악한 현실을 조명하고, 이를 타개할 방안을 모색해 보려고 한다.

스마트화는 소프트웨어 산업으로 환원한다

4차 산업혁명의 승패를 가를 스마트화를 위해서는 합당한 전략이 있어야 한다. 하지만 그 전략을 성공적으로 실행하기 위해서는 기초체력이 선결 조건이다. 이런 선결 조건 중에서 가장 중요한 것은 견실한 소프트웨어 산업이다. 소프트웨어 산업이 제대로 갖추어져 있지 못하면 아무리 좋은 전략이라도 공염불이 될 소지가 크다. 소프트웨어는 4차 산업혁명에서 차별적인 역할을 지니고 있는 까닭이다. 여기서는 그런 내용을 논의할 것이다.

일단 일반적인 관점에서 소프트웨어의 중요성을 다시 새겨보자. 굳이 다른 걸 볼 필요가 없이 소프트웨어에 관한 유명한 말을 몇 개만 모아보면 될 듯하다. "소프트웨어가 세상을 먹어치우고 있다(Mark Anderssen, Netscape Cofounder).", "자동차는 이제 기름이 아니라 소프트웨어로 달린다(Dieter Zetsche, Mercedes-Benz CEO).", "은행은 금융업을 가장한 소프트웨어 산업이다(Bank of America CEO)." 모두 다 소프트웨어가 IT 산업은 물론 거의 모든 산업을 질적으로 변화시킨다는 걸 시사하고 있다. 소프트웨어가 그만큼 중요하다는 거다.

IT 시장의 추이도 소프트웨어 중요성을 반영하고 있다. IT 산업발전의 중심축이 하드웨어에서 소프트웨어로 옮겨진 것은 이미 오래된 이야기다. 통신비 부문을 제외했을 때, 세계 기업용 IT 시장에서 2017년 기준 소프트웨어(1,430조 불, 기업용 S/W + IT 서비스)가 하드웨어(855조 불, 데이터센터장비 + 디바이스)보

다 1.7배가량 크며, 그 차이가 점점 더 벌어질 것으로 전망된다.[206]

이런 변화의 흐름에 제대로 대처하지 못해 자기 시장을 다른 기업에 내놓고 뒤로 물러앉은 기업들도 소프트웨어 중요성을 웅변해준다. 알다시피 전 세계 휴대폰 시장을 호령하던 노키아가 그 사례다. 휴대폰을 통신기로만 보고 소프트웨어를 등한시했다. 반면 휴대폰을 들고 다니는 컴퓨터로 만들려는 애플과 구글은 달랐다. 스마트폰 운영체제를 개발한 후 이를 지렛대로 삼아 혁신 생태계를 구축했다. 노키아가 IT 역사의 뒤안길로 밀려난 건 당연한 수순이었다.

소프트웨어를 축으로 한 발전의 흐름은 4차 산업혁명에서도 당연히 계속될 수밖에 없다. 하지만 더 중요한 사실이 있다. 4차 산업혁명의 핵심 화두인 스마트화는 대부분 소프트웨어 산업으로 환원된다는 사실이다. 다시 말해 스마트화에 필요한 제품과 서비스를 생산하는 주된 산업은 바로 소프트웨어 산업이다. 4차 산업혁명의 성공적인 대응을 위해서는 반드시 잘 새겨둬야 할 점이다. 지금부터는 이런 흐름을 상세히 살펴보도록 하겠다.

일단 4차 산업혁명을 주도하는 인공지능 기술의 산업분류부터 보자. 대부분 국가에서 인공지능의 주요 세부 기술인 지식처리시스템, 신경망기술, 기계학습은 컴퓨터 프로그래밍과 정보서비스 업종에서 주로 활용되는 것으로 나타나고 있다.[207] 이런 기술과 산업간 연계구조는 인공지능이 소프트웨어 산업에 속하는 기술이라는 점을 나타낸다.

인공지능의 산업화는 두 가지 양상으로 전개될 것이다. 하나는 새로운 소프트웨어 제품으로 인한 독립적인 신산업 창출이고, 다른 하나는 기존 소프트웨어 솔루션의 인공지능 기능 보강이다. 궁극적으로 이 두 양상 중에서 어느 쪽이 경제적으로 더 큰 규모를 형성할지는 아직 미지수다. 하지만, 전문가들 사이에서는 후자, 즉 기존 소프트웨어 솔루션에 인공지능 기능이 보강되는 양상이 훨씬 더 클 것으로 보는 시각이 우세하다. 인공지능은 기존 로봇에 적용될 것이며, 각종 엔터프라이즈 소프트웨어 영역에 적용되어 분석과 예측 기능을 고도화할 것이란 점을 생각해 보면 수긍이 갈 것이다.

실제로 어도브(Adobe), 구글(Google), IBM, 페사도(Persado), 세일즈포스(Salesforce), 세쿼로(Squirro)와 같은 굵직굵직한 소프트웨어 회사들이 이미 기계학습 기능을 자신들의 솔루션에 장착하고 있다. 마케팅, e-커머스, 제품관리, 기업자원관리 등 거의 모든 솔루션에 인공지능에 의한 통찰(Insight)은 당연히 필요한 기능이기 때문이다. 비단 이것은 인공지능 기술에만 국한한 것은 아니다. 예컨대 빅데이터도 마찬가지다. 비구조 데이터(Unstructured data)를 위한 빅데이터 시스템은 보통 기존 고객 데이터베이스와 분리된 별도의 전용 시스템으로 구축됐다. 최근 고객 통찰(Customer insight)과 같은 기능에 그런 전용 시스템의 효과가 미미하다는 사실이 드러나면서, 세계 최고 데이터베이스 기업인 오라클을 비롯하여 믹스패널(Mixpanel), 사스(SAS), 테라데이터(Teradata), 웹트랜드(Webtrend)와 같은 전통적인 분석 솔루션 기업은 자신의 솔루션에 빅데이터 처리 기능을 추가하고 있다. 사물인터넷도 마찬가지이다. IBM, SAP, 인포시스 등 알 만한 대형 소프트웨어 업체들은 거의 자체 솔루션에 사물인터넷 플랫폼 기능을 보강했다.

이런 양상은 스마트 팩토리 분야에서도 마찬가지다. 기존 공장 자동화와 정보화를 위한 다양한 소프트웨어를 제공하는 쟁쟁한 기업은 자신의 PLM(Product Lifecycle Management, 제품수명주기), MES(Manufacturing Execution System, 생산관리시스템), SCM(Supply Chain Management, 공급망관리), FMES(Factory Energy Management, 공장에너지관리) 등과 같은 솔루션에 스마트 팩토리 기능을 추가하는 데 주력하고 있다. 특히, 그간 산업 소프트웨어 부문을 주도한 글로벌 제조 기업들이 더욱 빠른 행보를 하고 있다. 독일의 보쉬와 지멘스, 미국의 로크웰 오토메이션과 GE, 일본의 미쓰비시와 파낙이 그런 기업들이다.

위에서 소개한 분야 이외에도 4차 산업혁명의 핵심 또는 연관 분야가 소프트웨어 산업으로 환원되는 사례는 수없이 많다. 대표적인 것을 몇 가지만 들어보자. 알다시피 자율주행 자동차는 이미 소프트웨어 플랫폼화 경쟁이 시작되었다. 이 분야가 별들의 각축장이 된 지는 오래다. 구글, 애플, 바이두, 우버, 네이버와 같은 IT 기업부터 메르세데스-벤츠나 BMW, 포드 같은 대형 자동차 기업까지 앞다투어 플랫폼 선점을 위한 경쟁에 뛰어들었다. 한편, 공유경제 관련 디지털 플랫폼 기업도 소프트웨어 산업으로 환원된다. 이미 15.1절에서 살펴본 바와 같이 전 세계 유니콘의 70% 이상이 디지털 플랫폼 기업군에 속한다는 사실이 그런 점을 웅변한다.

정리하면, 4차 산업혁명의 스마트화는 결국 기존 소프트웨어 산업의 확장과 고도화로 이어진다는 점을 주목해야 한다. 우리나라도 인공지능을 비롯한 다양한 스마트화 관련 기술 분야에서 우수한 연구개발 성과를 내기 위해 분투하고 있다. 하지만, 제대로 된 소프트웨어 산업이 갖춰지지 않은 상황에서는 그런 성과가 경쟁력을 가진 제품으로 전환되는 것을 기대할 수 없다. 소프트웨어 산업과 인공지능 같은 신기술의 관계는 '고깃국에 양념'이라는 표현이 제격인 셈이다.[208] 결국, 4차 산업혁명의 경쟁수단은 바로 견실한 소프트웨어 산업인 셈이다.

16.2 4차 산업혁명 골든타임의 최우선 과제는 SW 산업육성이다

스마트화는 소프트웨어 산업에 환원되어 소프트웨어 산업이 4차 산업혁명의 경쟁수단이 된다는 점은 단순하지만 중요한 사실을 시사힌다. 바로 소프트웨어 산업이 부실한 국가는 4차 산업혁명의 경쟁에서 살아남기가 힘들다는 점이다.

소프트웨어 산업이 제대로 갖춰진 국가는 4차 산업혁명의 시대를 크게 걱정할 필요가 없다고 해도 과언이 아닐 것이다. 전 세계 소프트웨어 산업을 호령하는 미국이 그런 사례다. 충분하지는 않지만, 샙(SAP)이나 지멘스처럼 ERP나 산업용 소프트웨어 분야에서 글로벌 선두를 달리는 기업을 가진 독일도 상대적으로 유리하다. 세계 로봇 시장에 가장 큰 공급자로서의 위상을 가진 일본도 마찬가지다. 로봇의 혁신기술이 하드웨어에서 소프트웨어로 옮겨지면서 로봇 관련 소프트웨어 핵심역량을 가진 다수의 세계적인 기업을 확보하고 있기 때문이다. 중국은 또 어떤가? 광활한 자체 시장을 지렛대로 삼아 이제는 전자상거래, 인터넷 서비스와 디지털 플랫폼 같은 분야에서 많은 글로벌 업체들이 배출하고 있다. 이미 인공지능 분야에서는 글로벌 선두(Top) 자리를 놓고 미국과 경합하고 있다.

그런데 한국은 어떤가? 아마 글로벌 소프트웨어 기업이 전무하다는 한 가지면 답으로 충분할 것이다. 그렇지만 한국의 소프트웨어 산업 수준을 나타내는 기본적인 자료를 좀 보자. 알다시피, 전 세계 글로벌 인터넷 서비스 또는 디지털 플랫폼 기반 유니콘 기업은 하나도 없다. 국내시장에 꽈리를 틀고 있는 유니콘 기업이 서너 개 정도 있을 뿐이다. 엔터프라이즈(Enterprise, 기업용) 소프트웨어 부문의 수출은 거의 없으며, 소프트웨어 인력도 국내 IT 전체 종사자의 17.1% 정도로 매우 부족한 실정이다.

국제기구의 평가에 나타난 상황도 마찬가지다. 2015년 OECD 평가에서 한국의 IT 부가가치 비율(10.7%)은 세계 1위이지만, 부가가치 대부분은 하드웨어에 의해 발생하고 있다. IT 서비스(1.9%)와 소프트웨어(0.3%)가 IT 부가가치에서 차지하는 비중은 1/5에 불과한 실정이다. 실제로 IT 서비스의 수출은 세계 25위로 뒤처져 있다.[209]

그렇다면, 소프트웨어 산업이 경쟁수단인 4차 산업혁명에서는 우리나라는 기울어진 운동장에서 경주해야 하는 불리한 처지다. 우리에겐 스마트화가 환원될 소프트웨어 산업이 매우 부실한 상황이기 때문이다. 글로벌 경쟁력을 갖춘 소프트웨어 산업이 마련되지 않은 상황에서는 앞서가는 국가들을 속절없는 바라볼 수밖에 없는 처지인 것이다.

그렇다고 우리가 아직 낙담할 정도로 늦은 것은 아니다. 인공지능으로 인한 새로운 전략적 변곡점[17]까지는 아직 시간이 좀 남아있다. 이런 사실은 기술발전 추이와 산업동향을 통해 충분히 확인할 수 있다. 인공지능 기술발전에 대한 기초는 이미 10절에서 충분히 다졌으니 산업동향만 개략적으로 살펴보면 그 점은 쉽게 파악할 수 있다. 인공지능 산업동향 중에서 인공지능 확산의 골자라 할 수 있는 스타트업에 대한 투자, 기업 자체의 R&D 투자, 인공지능 스타트업 현황 및 M&A를 간략히 살펴보자.

먼저 인공지능 스타트업에 대한 글로벌 투자 건수는 2013년 196건(7.6억 불), 2014년 307건(21.8억 불), 2015년 397건(23.9억 불)으로 매년 꾸준히 증가하고 있다. 2016년은 1분기에만 143건(6.0억 불)으로 그 증가세가 커지는 상황이다.[210] 인공지능 분야에 대한 투자는 기존 공룡기업의 자체 투자 규모가 크다는 점이 특징이다. 구글, 바이두, 페이스북, 알리바바 등이 그런 사례다. 그 규모는 2017년 6월 기준 총 200억 불에서 300억 불에 달한다고 발표되었다. 기업 자체 투자의 용도를 보면 90%는 R&D, 나

---

[17] 전략적 변곡점은 1980년대 중반 인텔의 앤드류 그루브(Andrew Grove) 회장이 말한 것으로 특정 환경 변화의 영향으로 산업이 질적으로 크게 변하는 시점이다. 이런 상황에서는 성공적인 기업들마저도 통제능력을 잃고 어찌할 바를 모르게 된다. 결국 산업계에 새로운 균형관계가 형성되어 일부 기업은 새롭게 도약하지만 다른 기업들은 쇠퇴의 길로 접어들게 된다.

머지 10%는 인공지능 스타트업을 인수(M&A)하는 데 사용되고 있다.[211] 한편, 인공지능에 대한 투자자의 믿음도 두터워져서 벤처캐피털의 인공지능 연평균 투자 증가율은 2010년 30%에서 2013년 40%로 점점 커지고 있다.

이런 상황에서 주목해 볼 점이 있다. 전 세계적으로 매년 수십조 원을 인공지능 분야에 쏟아붓고 있지만, 아직 성과는 미미한 상태라는 점이다. 2016년 기준 인공지능 기술의 주된 공급자인 스타트업 회사를 보면, 10% 정도만 매출을 올리고 있다고 하며, 500억 이상의 매출을 올리는 회사는 그중 절반 정도라고 한다. 인공지능을 활용해서 실효적인 성과를 내는 회사도 일부 대형 IT업체에 불과한 실정이다. 예컨대, 아마존과 넷플릭스와 같은 회사가 그 사례다. 이 기업들은 정교한 추천시스템으로 직접적인 매출 증가로 얻고 있다. 물론 IBM의 왓슨도 의료를 비롯한 여러 분야에서 매출을 발생시키고 있다.

수요 기업도 마찬가지다. 기업의 가치사슬에 인공지능 기술을 대규모로 적용한 기업은 거의 없는 것으로 나타나고 있다. 매킨지의 최근 발표에 의하면, 글로벌 인공지능 사용사례 160개를 조사한 결과 단지 12% 정도만 실험 단계를 넘어선 것으로 나타났다. 대부분의 산업분야에서 인공지능은 아직 초기 개념검증 수준에 머물러 있다는 뜻이다. 이른바 기술의 S 곡선의 네 단계(도입기, 성장기, 성숙기, 쇠퇴기)에서 인공지능은 도입기에 막 들어선 것으로 보면 될 것이다.

인공지능 기술개발 경쟁이 치열하고 스타트업 기업의 수가 빨리 증가하는 상황이지만, 아직도 도입기에 머무는 이유는 여러 가지가 있을 수 있다. 현재의 인공지능 기술은 아직 광범위하게 활용될 수 있는 수준에 도달하지 못했다는 것이 가장 큰 이유일 것이다. 인공지능과 관련한 R&D 투자의 60%가 머신러닝, 특히 딥러닝 영역에 집중되어 있다는 점을 보면 쉽게 유추할 수 있다. 딥러닝은 주로 인식(Recognition)에 적합한 기술이다. 음성인식, 영상인식과 같은 사람과 기계 간의 새로운 차원의 인터페이스를 제공할 수 있으며, 데이터 분석 및 예측에는 당장 큰 도움이 될 것이다. 하지만, 인지능력이 요구되는 다양한 작업에 적용하는 것은 아직 무리다. 보편적인 활용을 위해서는 아직 시간이 좀 걸린다는 이야기다. 이는 인공지능으로 인한 전략적 변곡점이 나타나려면 아직도 많은 시간이 있어야 한다는 뜻이기도 하다.

이런 사실은 우리에게 중요한 시사점을 던져준다. 지금이 바로 4차 산업혁명을 준비할 골든타임이라는 점이다. 앞에서 견실한 소프트웨어 산업을 확보하지 못하면, 아무리 좋은 인공지능 기술을 개발해도 산업화로 전환하는 것은 어렵다는 점을 봤다. 지금이 우리 IT 산업의 아킬레스건인 소프트웨어 산업을 육성할 마지막 기회인 셈이다. 이 시점을 놓치면 가뜩이나 인공지능 기술에서도 후발주자인 한국은 결국 4차 산업혁명을 주도하기는커녕 오히려 더 뒤처질 가능성이 크다. 2035년 인공지능으로 인한 전 세계 경제적 부가가치의 70%는 미국과 중국이 가져간다고 한다.[212] 이대로 가만히 있으며, 겨우 30%를 놓고 한국을 포함한 나머지 백여 개 국가가 서로 각축을 벌인다는 이야기다.

16.3 SW 산업에 대한 제대로 된 인식을 갖춰야 한다

4차 산업혁명의 도래와 함께 소프트웨어 산업육성이라는 과제가 다시 부상했다. 향후 닥칠 인공지능의 개화(開花) 시점이 산업을 질적으로 변화시키는 전략적 변곡점으로 작용할 것인데, 그전까지 어떻게든 소프트웨어 산업을 육성해야 하는 과제를 안고 있다. 하지만 주목해야 할 사실이 있다. 정도의 차이는 있겠으나, 소프트웨어 산업육성은 역대 정부에서도 역점사업으로 지속해서 추진해 왔다는 점이다. 그런데 앞에서 살펴본 것처럼 우리의 소프트웨어 산업은 아주 안 좋은 상태 그대로다. 투자와 성과의 미스매치가 발생한 것일 텐데, 그 원인은 무엇일까? 실패를 반복하지 않으려면, 재도전에 앞서 이 질문의 답을 찾아내는 것이 순서다.

우리나라의 소프트웨어 산업 성장이 더딘 데에는 당연히 여러 원인이 복합적으로 작용했다. 그것들을 하나씩 세세히 따져본다면 그 내용이 매우 방대할 것이다. 가장 근본적인 것을 하나 지목하자면, 바로 소프트웨어 자체에 대한 편향된 시각이다. 일반적으로 인식과 행동은 서로 인과관계로 엮여 있다. 물론 정책도 마찬가지다. 우리가 지닌 인식이 정책의 형태와 내용에 그대로 반영된다. 정책이라는 겉모습보다는 인식이라는 내면을 들여다보는 것이 원인을 규명하는 데 더 효과적이라는 뜻이다.

앞에서 지목한 소프트웨어 자체에 대한 편향적 시각은 그다지 새로운 내용은 아니다. 그동안 이해가 일부 부족했거나 간과했던 것들이다. 하지만 이것들이 소프트웨어 산업의 성장을 더디게 한 중요한 요인으로 작용했다. 올바른 교정이 꼭 필요하다는 의미다. 지금부터는 각각의 편향적 시각을 다룰 것이다. 설명에서는 편향적 시각 자체보다는 바른 시각으로 교정하기 위해 우리가 해야 할 일에 초점을 둘 것이다.

첫 번째는 소프트웨어 산업분류에 대한 인식이 부족하다는 점이다. 사실, 우리나라는 소프트웨어의 산업분류에 대한 무개념 상태라고 해도 과언이 아니다. 물론 소프트웨어 관련 산업분류는 존재한다. 표준산업분류(KSIC)상에 중분류로 소프트웨어 개발 및 공급업(582), 컴퓨터 관련 서비스업(620), 자료처리, 호스팅, 포털 및 기타 인터넷 정보매개서비스업(631)이 등록되어 있다. 이 중에서 한국은행의 산업연관분석에는 소프트웨어 개발 및 공급업(582)과 컴퓨터 관련 서비스업(620)이 사용된다. 국가 차원에서는 다양한 산업이 존재하므로 이런 정도의 산업분류는 이해가 간다.

하지만, 소프트웨어 산업을 육성하는 부처에서 보면, 위의 표준산업분류는 충분하지 않다. 더 세분화된 분류체계가 필요하지만, 정보통신통계(ITSTAT)의 소프트웨어 산업은 오히려 세분화 수준이 더 낮은 상태이다. 표준산업분류 소프트웨어 개발 및 공급업(582) 내의 세분류인 '시스템 소프트웨어(58221)'와 응용 소프트웨어(58222)를 '패키지 소프트웨어'로, 컴퓨터 관련 서비스업(620)을 'IT 서비스업'으로 각각 지정하고 있다. 여기에 '콘텐츠 개발·제작'을 추가해서 모두 3개로 관리하고 있다. 한편, 패키지 소프트웨어 내에 세분류인 '시스템 소프트웨어(58221)'와 '응용소프트웨어(58222)'는 그대로 유지했다. 결국, 콘텐츠를 제외하면, 순수 소프트웨어 산업은 단순히 시스템 소프트웨어, 응용 소프트웨어, IT 서비스로 분류해 관리한다고 보면 된다.

소프트웨어 산업에 대한 산업분류 세분화의 필요성은 제조업의 예로 들어보면 이해가 쉽다. 표준산업분류에서 '제조업'은 대분류로 등록되어 있으며, 생산하는 제품의 유형별로 하위 중분류로 세분된다. 현재, 식음료, 가구, 자동차, 등 모두 23개의 중분류 업종이 등록되어 있다. 우리가 제조업이라고 말할 때, 이런 중분류 업종을 모두 지칭하는 것이다. 업종별 특성에 따라 각각의 업종은 고유한 정책에 따라 육성된다. 소프트웨어도 마찬가지다. 분류체계에서 '소프트웨어 산업'은 제조업과 같이 일종의 대분류에 해당한다. 프로그래밍 언어로 작성된 프로그램은 모두 소프트웨어라고 부르기 때문이다. 그렇지만, 소프트웨어는 기능과 활용 분야에 따라 여러 유형으로 나뉘는데 각각은 코딩이라는 공통점만 같을 뿐 필요한 도메인지식과 시장 등에서 많은 차이가 있다. 육성에서도 차별화된 정책이 요구된다는 의미다. 따라서 소프트웨어 산업을 육성을 위해서는 소프트웨어 분류체계의 세분화에 대한 개념부터 가져야 한다.

일반적으로 소프트웨어를 분류하는 데는 여러 가지 기준이 사용된다. 여기서는 글로벌 시장에서 가장 중요한 엔터프라이즈(기업용) 소프트웨어에 대한 외국 시장조사 기관의 분류체계만 간략히 소개한다.[213] 우선 대분류로 '인프라스트럭처(Infrastructure) 소프트웨어'와 '엔터프라이즈 애플리케이션(Enterprise application)'으로 나뉜다. 인프라스트럭처 소프트웨어는 하드웨어 시스템을 작동하거나 상위의 응용소프트웨어가 공통으로 사용할 서비스를 제공하는 소프트웨어를 나타낸다. 예컨대, 운영체제나, 데이터베이스 관리시스템, 웹서버 소프트웨어, 클라우드 시스템을 위한 미들웨어 등이 인프라스턱처 소프트웨어에 해당한다. 우리나라에서는 시스템 소프트웨어라고 부르기도 하지만, 그보다는 범위가 더 크다고 생각하면 된다. 엔터프라이즈 애플리케이션은 우리가 아는 응용 소프트웨어에 해당한다. 앞으로 엔터프라이즈 애플리케이션은 필요에 따라 '기업용 응용 소프트웨어' 또는 줄여서 '응용 소프트웨어'로 부를 것이다.

앞에서 본 바와 같이, 우리도 인프라스트럭처 소프트웨어와 응용 소프트웨어를 대분류로 구분하는 분류체계는 가지고 있다. 그런데 문제는 중분류다. 특히 응용 소프트웨어의 분야는 매우 복잡하면서 다양하다. 응용 소프트웨어를 분류하는 것은 그만큼 어렵기도 하다. 일반적으로 업종과 기능이라는 두 개의 잣대를 사용한다. 업종별 분류는 자동차, 의료 등과 같이 소프트웨어가 활용되는 업종에 따른 분류를 말한다. 한편, 기능적 분류는 CRM(고객관리), ERP(전사적자원관리), PLM(제품수명주기관리) 등과 같이 소프트웨어가 제공하는 기능(Functionality)에 따라 분류하는 것을 말한다. 이 둘은 가로축은 업종, 세로축은 기능으로 한 2차원 격자 형태의 분류체계를 형성한다. 2차원 격자란 바둑판을 생각하면 된다. 실제로 일부 소프트웨어 시장조사기관은 16개의 기능적 유형과 21개의 업종으로 구성된 격자형 분류체계를 사용해서 소프트웨어를 분류하고 있다.[214] 총 332개 칸이 존재하므로 최대 332개의 분류가 가능하다. 하지만 실제로는 그보다는 훨씬 작을 수밖에 없다. 특정 기능의 소프트웨어는 지정된 산업에서만 사용되기 때문이다. 예컨대 16개 기능적 유형에서 ERP과 같은 소프트웨어는 거의 모든 업종에 사용되지만, PLM과 같은 소프트웨어는 주로 제조업에서만 사용된다.

소프트웨어 산업의 선진화를 위해서는 위와 같은 소프트웨어 산업에 대한 세분화된 분류체계가 반드시 필요하다. 단순히 패키지 소프트웨어, IT 서비스 정도의 대분류로는 소프트웨어 산업 중에서 우리 여건에 적합한 육성 부문을 선별하기 어렵다. 부문별 생태 현황을 제대로 파악하기 어려운 까닭이다. 따라서, 소프트웨어 산업의 부문별 통계자료를 산출하고, 육성대상을 선별해서 관련 생태계를 구축하는 등의 정책을 펼치기 위해서는 반드시 인프라스트럭처와 응용 소프트웨어에 대한 세분화된 분류체계를 갖춰야 한다.

지금까지 소프트웨어 산업의 분류에 대한 인식이 부족했다는 점을 지적했는데, 이제 다음으로 넘어가 보자. 나머지는 대부분 소프트웨어 분류와 일부 관련이 있어서 지금까지 다룬 첫 번째 내용을 참조하면 비교적 그 설명이 간단해진다.

두 번째는 도메인지식의 중요성에 대한 인식이 부족하다는 점이다. 소프트웨어의 설계 및 제작에 필요한 지식은 도메인지식, 전문기술지식, 소프트웨어 구현지식의 세 축으로 구성된다. 도메인지식은 소프트웨어가 사용될 업무 프로세스에 대한 지식을 말한다. 예를 들면, 제조업의 SCM(공급망관리) 소프트웨어를 제작하기 위해서는 제조기업의 조달물류와 관련된 업무의 내용과 업

제5부_ 4차 산업혁명의 대응방향을 바로 알자

무 간 연계절차에 대한 지식이 필요하다. 전문기술지식은 컴퓨터 및 전산학에 대한 전문지식을 말하는데 특히 인프라스트럭처 소프트웨어에 많이 필요하다. 예컨대 보안 소프트웨어를 제작하기 위해선 컴퓨터 보안에 대한 전문기술지식을 갖춰야 한다. 마지막으로 소프트웨어 구현지식은 실제 소프트웨어를 제작하는 데에 필요한 지식을 말한다. 소프트웨어 아키텍처 설계부터 코딩, 테스팅에 이르는 전주기에 거친 공학적 기법(Engineering Skill)이 그런 지식에 속한다. 이른바 'SW 엔지니어링'이라고 부르는 주제다.

그간 소프트웨어 산업 육성정책을 펼칠 때 전문기술지식이나 구현지식의 증진에는 많은 노력을 기울였다. 문제는 도메인지식이다. 기업용 응용 소프트웨어가 업종으로 분류되므로 도메인지식의 양은 매우 방대하다. 업종별로 업무 및 프로세스가 천차만별인 까닭이다. 하지만, 현재 응용 소프트웨어 인력에게 필요한 도메인지식을 가르치는 정규 또는 비정규 교육체계는 거의 전무하다. 우리나라의 대학교육은 모두 전문기술지식과 구현지식에 맞춰져 있기 때문이다. 응용 소프트웨어 개발자가 도메인지식을 획득할 유일한 기회는 SI 구축 사업에 직접 참여하는 길뿐이다. 글로벌 수준의 기업용 응용 소프트웨어의 인력수급을 위해서는 현재의 경험을 통한 도메인지식 습득 체계에서 벗어나 새로운 교육체계를 모색해야 한다.

세 번째로 꼽을 수 있는 점은 응용 소프트웨어에 대한 경시 풍조이다. 앞에서 기업용 소프트웨어는 인프라스트럭처 소프트웨어와 응용 소프트웨어로 구분된다는 점을 보았다. 그런데 우리나라는 상대적으로 응용 소프트웨어를 경시하는 경향이 높다. 응용 소프트웨어는 인프라스트럭처 소프트웨어보다 전문기술지식의 활용 정도가 작은 것은 사실이다. 하지만 앞에서 언급한 것처럼 복잡한 도메인지식 때문에 기업용 응용 소프트웨어의 규모는 매우 크며, 그 논리적 설계에는 상당한 역량이 필요하다. 이런 역량에 대한 이해 결핍이 응용 소프트웨어의 경시 풍조로 이어진 것이다.

사실, 엔터프라이즈 소프트웨어 시장을 보면 응용 소프트웨어 시장이 오히려 더 중요하다. 2017년 기준으로 보면, 응용 소프트웨어의 시장(약 200조 원)이 인프라스트럭처 소프트웨어(약 100조 원)보다 2배 정도 큰데 이 차이는 점점 더 벌어지고 있다. 인프라스트럭처 소프트웨어는 소수의 소프트웨어 공룡기업이 시장을 독차지하고 있어, 후발 국가가 따라잡기도 쉽지 않다. 이런 점을 고려하면, 소프트웨어 육성에서 응용 소프트웨어 부문을 절대 경시해서는 안 된다.

네 번째는 소프트웨어 산업에서도 기술과 산업을 혼동하는 경우가 많다는 점이다. 산업은 유관 요소기술을 활용해 유관 제품들을 만드는 기업의 집합이다. 여기서 요소기술은 제품의 재료가 되는 기술이란 뜻이다. 최근 회자하는 대부분의 신기술은 요소기술에 해당한다. 예컨대, 빅데이터는 데이터베이스 산업의 요소기술로서 대규모 비정형 데이터를 처리할 데이터베이스 구현에 사용된다. 이미 오라클, 마이크로소프트, IBM 등의 데이터베이스 솔루션을 가진 업체들은 요소기술인 빅데이터를 자신의 솔루션에 통합해 놓은 상태이다. 사물인터넷도 마찬가지로 하나의 요소기술에 불과하다. 단순히 센서를 통해 수집한 환경정보를 사용해 실시간 감시 기능이 그 핵심이다. 기존 감시와 제어 분야의 다양한 솔루션에 사물인터넷 기술이 도입되는 것은 그 때문이다.

일반적으로 IT 신기술은 대부분 요소기술의 성격을 지니고 있으며, 이런 기술에 대해 새로운 산업의 창출을 기대해선 안 된다. 물론 일부 요소기술에 대해선 틈새시장을 겨냥한 전문업체도 생겨나고 있지만, 이런 업체들이 하나의 새로운 산업을 형성할 것으로 보는 것은 무리다. 그간 기술과 산업을 혼동하는 사례가 많았다. 예컨대 빅데이터 산업이나 사물인터넷 산업같이 기술명에 산업을 붙인 경우가 대부분 그런 경우다. 인공지능 산업이란 표현도 차츰 늘어나고 있다. 아무튼, 신기술에 따라 다르지만, 요소기술에 해당하는 신기술에 대해서는 독립적인 신산업육성 정책보다는 R&D 차원의 기술정책을 우선해 펼쳐야 한다. 그런 후에 이런 신기술을 요소기술로 활용하는 기존 소프트웨어 산업 부문에 기술보급을 하면 된다.

지금까지 국내 소프트웨어 발전에 걸림돌로 작용했던 소프트웨어 산업에 대한 일부 편향된 인식에 대해서 살펴보았다. 소프트웨어 산업육성을 위해서는 그런 인식은 반드시 교정되어야 한다.

16.4 장기적이며 정교한 SW 산업육성 전략을 마련해야 한다

소프트웨어 산업육성을 위해서는 소프트웨어에 대한 편향된 시각의 교정과 함께 소프트웨어 산업의 고유한 특성을 이해하는 것도 필요하다. 여기서는 그런 특성을 살펴보고, 우리 여건에 알맞은 전략적 행보가 무엇인지를 알아볼 것이다.

소프트웨어 산업을 육성한다는 것은 생각한 것보다 훨씬 어렵다. 이는 그간 경험을 통해 확인한 사실이다. 소프트웨어 산업육성을 위한 노력은 앞으로도 계속돼야 한다. 그렇다면 소프트웨어 산업육성을 위한 다음 행보를 하기 전에 왜 소프트웨어 산업의 육성이 어려운지를 먼저 짚어 보는 것이 순서다. 중요한 몇 가지만 살펴보자.

첫째는 소프트웨어는 생산재라는 점이다. 생산재의 수요처는 기업이다. 생산재 산업의 육성은 일반 소비자가 수요자인 소비재 산업보다 훨씬 어렵다는 것이 정설이다. 특히 후발주자일 경우는 더욱 그렇다. 수요기업과의 부단한 교류를 통해 획득하는 암묵적 지식이 제품의 품질에 큰 영향을 미치는 까닭이다. 기존 공급자를 대체할 품질우위를 확보하는 것도 어렵지만, 품질우위를 확보하더라도 수요기업을 움직이는 것은 더욱 어렵다. 이미 자신의 가치사슬에 익숙해진 기존 생산재를 대체할 때 발생할 위험부담 때문이다. 이미 이런 현상은 여러 곳에서 나타났다. 국내시장에서조차 우수한 국산 데이터베이스를 개발한 국내 기업이 거의 10년 이상 노력해도 오라클 같은 다국적 기업이 쌓아놓은 아성을 허물지 못하고 있다. 국내 기업인 티맥스 소프트웨어 이야기다.

의료기기나 정밀기계도 마찬가지다. 아무튼, 지난 경제발전을 추적해 보면, 소비재 산업보다는 생산재 산업의 육성에서 상대적으로 더 많은 어려움을 겪었다.

두 번째는 소프트웨어도 지식서비스 산업이라는 점이다. 일반적으로 육체노동의 영역에서는 체계적인 훈련으로 단기간에 숙련노동자를 배출할 수 있다. 일반 제조분야에서 후발 국가가 선진국을 쉽게 따라잡는 이유가 거기에 있다. 지식근로자는 그렇지 않다. 장기적인 자기 주도적 혁신과정을 통해 숙련에 이르게 된다. 육체노동자는 생산수단을 지니고 있지 않지만, 지식근로자는 일종의 생산수단을 지닌 것이다. 숙련된 지식근로자는 정상적인 거래로는 사거나 팔 수 없는 일종의 자본적 자산인 셈이다. 한국은 지식서비스 산업에서는 아직 선진국 수준에 이르지 못한 상태다. 여러 이유가 있겠지만, 급한 산업화 과정에서 아직 자기 주도적 혁신역량을 연마할 기회가 부족했던 까닭이다. 그런 족쇄는 지식서비스 산업의 범주에 속한 소프트웨어 산업에도 작용했다는 점은 부인할 수 없다.

이제 소프트웨어 산업 자체가 원래 육성이 어려운 분야라는 점을 전제로 깔고 소프트웨어 산업육성을 위한 방향을 본격적으로 논의해 보자. 먼저 우리의 소프트웨어 산업 여건에 알맞은 산업육성 패러다임의 문제를 다뤄보자. 우리 사회엔 산업발전의 패러다임을 추격형에서 선도형으로 변화시켜야 한다는 담론이 무성하다. 그간 후발 주자로서 선진국을 추격하던 패러다임에서 벗어나 이제는 혁신을 선도해야 한다는 취지다. 물론 반도체나 디지털 TV 등 전 세계 선두권에 있는 산업의 경우에는 그런 패러다임의 변화가 당연히 필요하다. 하지만 소프트웨어 산업의 경우는 다르다. 알다시피 현재 상황은 여전히 후발 주자로서 추격형 전략을 취할 수밖에 없다. 괜히 선도형이니 하고 멋있는 척하다가 오히려 더 뒤처질 수 있다는 말이다.

하지만 추격형도 나름 여러 가지가 있다. 가급적이면 발전적인 것을 택해야 한다. 후발주자가 선두권을 좇아가는 방법의 종류는 크게 세 가지로 나뉜다.[215] 첫째는 경로 추종형 추격이다. 후발 기업은 선발 기업이 택했던 것과 동일한 경로를 밟는 방식이다. 두 번째 유형인 단계 생략형 추격은 후발 기업이 기존의 경로를 따르지만, 특정 단계는 뛰어넘어 추격의 시간을 절약하는 것을 말한다. 마지막 세 번째 유형은 개척형 추격으로 후발 기업이 기술 발전에 대한 자신만의 고유한 경로를 만들어내는 것을 말한다. 후발자가 선발자의 경로를 따르다가 어느 시점에는 더 나은 새로운 경로를 취하는 경우다. 위 세 가지 중에서 우리가 지향해야 해야 하는 것은 당연히 개척형 추격일 것이다. 추격시간을 단축하고 향후 추격형에서 선도형으로 전환하기 위해서다.

개척형 추격을 위해서는 이른바 신슘페터학파에서 말하는 산업혁신시스템(Sectoral System of Innovation)의 조속한 구축에 초점을 두어야 한다. 이런 혁신시스템은 크게 4가지 요소로 구성되는데, 각각 △지식·기술 체제, △수요 조건(혹은 시장 체제), △이해당사자 간의 네트워크, △지적재산권, 규제 등과 같은 제도이다.[216] 먼저, 소프트웨어 산업의 분류체계에 따라 선정된 각 부문에 대해 위의 혁신요소의 내용을 구체적으로 정의해야 할 것이다. 그 다음, 이를 실효적으로 구축하기 위해 힘을 써야 할 것이다.

그렇지만, 위와 같은 개척형 추격 패러다임과 산업혁신시스템을 우리의 여건에 실제로 구현하는 것은 말처럼 간단하지 않다. 상당한 고민이 있어야 한다. 지금부터는 이를 위한 전략방향을 세 가지로 압축해 제시해 볼 것이다.

첫 번째는 소프트웨어 산업의 기초체력을 키워야 한다. 한국의 소프트웨어 산업은 구조적으로 매우 취약하다. 일단, 전체 소프트웨어 산업에서 엔터프라이즈 소프트웨어 분야의 기업은 전체(16,511개)의 56.3%(9,300개)로 IT 서비스업체(30.7%, 5,067개)보다 많다.[217] 하지만, 매출에서는 엔터프라이즈 소프트웨어 부문(29.6조 원)이 IT서비스 부문(52.3조 원)보다 훨씬 작다. 아울러, 엔터프라이즈 소프트웨어 기업 중에서 매출 10억 미만의 기업이 55.5%(5,161개)에 달하고, 1,000억 이상 기업은 0.1%(11개)에 그치고 있으며, 종업원 수가 10명 미만인 영세한 기업이 전체의 63.4%(5,899개)에 이른다. 전형적인 후진적 롱테일 구조이다. 물론, IT서비스 부문도 역시 마찬가지다. 소프트웨어 산업의 기초체력이 매우 열악한 상태다. 단기 처방으로 해결할 수 있는 문제는 아니다. 중장기인 정책적 노력이 요구된다.

두 번째는 글로벌화를 위한 육성대상 소프트웨어 분야를 명확히 하는 일이다. 세계 소프트웨어 시장을 주름잡은 미국, 절대적으로 소프트웨어 인력이 많은 인도와 중국, 응용 소프트웨어 강국인 독일 등과 경쟁하기 위해서는 나름 우리가 잘할 분야를 선별해 집중해야 한다. 병아리 모이 주듯 흩뿌리는 재정 투입과 정책은 효과가 미미할 수밖에 없다. 그간 소프트웨어 육성정책을 보면, 신기술에 대한 선별적 육성 정책이 일부 진행됐을 뿐 대부분은 보편적 산업 육성 정책의 틀에서 진행되었다. 최근에도 선별적 육성보다는 공공시장을 두고 벌어지는 대형, 중견, 중소 SI 업체 간의 공정한 경쟁 환경 조성이나 하도급 분쟁조정 등과 같은 사안들이 여전히 정책의 단골이슈다.[218,219]

글로벌 시장경쟁을 위해서는 엔터프라이즈 소프트웨어 부문을 육성하지 않고서는 답이 없다. 엔터프라이즈 소프트웨어 부문도 역시 매우 넓어서 일부를 선별해서 육성대상으로 삼아야 한다. 앞 절에서 엔터프라이즈 소프트웨어 부문은 인프라스트럭처 소프트웨어와 응용 소프트웨어 분야로 나뉘고, 각각은 더 세분화되어 있다는 점을 보았다. 일단 세부분야별 국내 업체들의 경쟁력을 파악하고, 이를 바탕으로 향후 우리가 육성해야 할 세부분야를 선별해야 할 것이다. 예컨대, 인프라스트럭처의 경우에 클라우드 미들웨어나 보안 분야를 보자. 국내에도 네이버가 신규진출하고 있으며, 이미 여러 견실한 중소기업이 존재한다. 이들이 국제경쟁력을 가질 때까지 역량을 키울 수 있는 충분한 국내 시장도 존재한다. 그렇다면 이런 분야는 충분히 육성대상으로 선정될 여건을 갖췄다. 아무튼 이건 단지 사례다. 다른 인프라스트럭처 소프트웨어 부문도 많이 있다. 마찬가지로 응용 소프트웨어 분야도 우리가 잘할 분야가 이미 여럿 있다.

한편, 육성 대상 소프트웨어 부문은 엔터프라이즈 소프트웨어 영역에만 제한되는 것은 아니다. 4차 산업혁명에서 중요한 기기들을 위한 소프트웨어도 주목해야 한다. 예컨대 로봇과 자율주행차가 그런 것들이다. 특히 로봇의 경우에서는 향후 인공지능을 탑재한 서비스 로봇의 시장이 급격히 확산할 것인데, 서비스 로봇 내에 장착할 인공지능 기반 소프트웨어가 경쟁우위를 좌우할 것이다. 이런 로봇 소프트웨어에서 앞선다면, 일본과 독일, 미국에 경쟁에서 뒤처져있는 상황을 역전시킬 수도 있다.

세 번째는 작금의 스마트화의 흐름을 지렛대로 활용해야 한다는 점이다. '비약 가설'이란 것이 있다. 신슘페터주의의 학자들이 제기한 것이다.[220,221] 추격의 과정에서 신기술이 등장하는 시기가 후발자에게는 기회라는 게 요지다. 즉, 과거 기술에 얽매일 필요가 없는 후발국은 새로운 기술 패러다임에 먼저 과감히 투자함으로써, 과거 기술에 묶여 있는 선진국을 추월할 수 있다는 것이다. 최근, 국내에서도 스마트화의 일환으로 다양한 공공사업들이 입안되고 있으며, 이런 움직임은 앞으로 더욱 커질 것이다. 국토교통부가 2030년까지 추진할 C-ITS(차세대 지능형교통체계) 사업이 좋은 사례다.[222] 비록 부족하지만, 국내 소프트웨어 산업은 이런 사업을 받쳐줄 정도는 된다. 우리는 일부 대형 SI 업체들이 있으며, 매출 300억 이상의 엔터프라이즈 소프트웨어 기업이 꾸준히 늘어 이미 100여 개를 넘어서고 있다. 신기술에 대한 R&D 투자도 매우 활발하게 진행되고 있다.

아무튼, 지금은 '비약'할 수 있는 시점이다. 국내 기업들에겐 글로벌 역량을 확보할 좋은 기회가 열리고 있다. 우리나라의 소프트웨어 산업의 구조나 규모가 독일과 유사하지만 SAP, 지멘스와 같은 글로벌 소프트웨어 기업을 가진 독일과는 달리 우리나라에는 글로벌 소프트웨어 업체가 하나도 없다. 한편에서는 보편적인 소프트웨어 산업의 기초체력을 다지면서, 다른 한편으로는 독일과 같이 글로벌 엔터프라이즈 소프트웨어 기업을 몇 개 양성할 기회가 왔다. 이 기회를 잘 잡으면 한국의 소프트웨어 산업도 글로벌 경쟁력을 갖고 저절로 굴러갈 수 있다.

이를 위해서는 파격적인 정책도 필요하다. 한편으론 소속 대기업 그룹 중심의 SI 매출구조를 탈피해서 글로벌 IT 서비스 기업으로 전환하고, 다른 한편으로는 소프트웨어 솔루션 부문으로 신사업을 확장해 나갈 수 있도록 유도하는 것도 필요하다. 제조업 같은 산업 분야의 수요기업이 소프트웨어 사업에 진출하도록 유도하는 것도 생각해 볼 일이다. 소프트웨어의 사용경험과 소프트웨어의 구현에 필요한 전문적인 도메인지식을 가장 잘 알고 있어서 소프트웨어 사업에 유리한 점이 많다. 수요 대기업의 경우에는 투자여력이 충분해서 빠른 성장도 가능하다. 제조업체인 일본의 미쓰비시와 독일의 지멘스, 미국의 GE가 대표적인 사례다. 독일의 지멘스의 2016년 산업 소프트웨어의 매출은 우리나라 엔터프라이즈 소프트웨어 수출(27.8억 불, 2015년 기준)의 두 배가 넘는 59억 불에 달하고 있다.[223] GE는 2025년에 250억 불의 소프트웨어 매출을 올려 글로벌 소프트웨어 톱 10에 진입하는 목표로 세우고 있다.[224] 교훈으로 삼아 볼 대목이다.

위에서 국내 소프트웨어 산업육성을 위한 전략 방향을 간략히 세 가지를 제시했는데, 이것 말고도 고려해야 할 중요한 사안이 무수히 많다. 한 사례가 소프트웨어 진흥기관과 유관 포럼, 협회의 정비다. 난립이라는 표현이 적당할 정도로 기술, 업종, 정책 면에서 정체성이 부족하고, 역할 중복도 보이고, 상호 연계마저 부족한 실정이다. 소프트웨어 산업의 중요성을 고려하면 이런 지원기관들을 다시 재정비하는 일도 매우 시급하다. 하지만 이런 일들은 대부분 위의 세 가지 전략 방향을 뒷받침하는 각론으로 보면 될 것이다. 정책수립 과정에서 꼼꼼히 챙기면 될 일이다.

17 인프라 혁신은 필수다

앞에서 4차 산업혁명의 3대 화두인 '스마트화', '플랫폼화', '소프트웨어' 각각에 국가적 차원에서 필요한 안목과 정책적 의제를 살펴보았다. 이들은 각각 정책목표, 경쟁전략, 경쟁수단이라는 나름의 위치에 있지만, 상호 밀접하게 엮어져 있다. 이런 상위레벨 정책 간의 상호 연계성은 많은 부분 추진 체계, 교육, 연구, 생태계와 같은 하위 인프라를 통해서 뒷받침된다. 따라서 4차 산업혁명에 실효적 대응에는 상위 레벨의 정책들과는 별도로 하위 레벨의 인프라도 매우 중요한 요소로 작용한다. 이 장에서는 인프라의 영역에서 일부 우선순위가 높은 부문을 가려내 그 혁신 방향을 생각해본다.

17.1 인공지능은 인프라 차원에서 접근해야 한다

알다시피 4차 산업혁명의 키는 인공지능이 쥐고 있어 인공지능을 선점하는 국가가 4차 산업혁명의 가장 큰 수혜자가 될 것이다. 인공지능의 실효적 가치화를 위해서는 튼튼한 IT와 소프트웨어 산업의 뒷받침이 있어야 하므로 당장엔 5G, 사물인터넷망 등과 같은 디지털 인프라와 소프트웨어 산업의 육성에도 힘을 쏟아야 한다. 그렇지만, 인공지능을 IT 진흥정책의 대상인 빅데이터나 사물인터넷 같은 여느 신기술 중의 하나로 여기면 된다고 오해해서는 안 된다. 인공지능에 대해서는 매우 특별하고 철저한 대비가 필요하다.

전 세계가 인공지능을 놓고 뜨거운 한판 대결을 벌이고 있는 중이다. 미국을 비롯한 선진국은 인공지능 기술개발에 국가적 차원에서 전력투구하고 있다. 우리나라도 이미 그런 경쟁 대열에 참여하고 있다. 그렇지만 인공지능에 관한 한 한국은 변방의 후발주자이다. 향후 앞서가는 국가들을 따라잡고 선도하기 위해서는 특별한 전략이 필요한 이유다. 이 장에서는 이런 전략을 위한 몇 가지 방향을 제시해 보려고 한다.

첫 번째는, 범부처 차원에서 인공지능 정책을 추진할 체계가 마련돼야 한다. 인공지능 동향 분석, 인력양성, R&D, 산업화, 공공 및 민간의 서비스 발굴 및 적용, 역기능 분석 및 해소 등 다양한 방면의 정책적 노력이 필요하다. 단순히 연구개발에만 힘써서는 될 일이 아니다. 인공지능의 경쟁력 향상은 정부 부처 간 역할분담과 협력뿐만 아니라 민간의 공조가 조화롭게 이뤄질 때

만 가능하다. 미국이 좋은 벤치마킹 사례이다.[225,226]

　두 번째는 인공지능에 대한 R&D 거버넌스를 구축해야 한다. 현재 국내에서도 인공지능 연구가 활발하게 진행되고 있다. 자연어 분석 및 질의응답 핵심기술 개발에 중점을 둔 엑소브레인(Exobrain, 2013년~2020년, 총 1,000억 원), 시각지능 원천기술 개발을 위한 딥 뷰(Deep View, 2014년~2024년, 총 1,000억 원) 프로젝트가 대표적인 사례다. 하지만 이런 단위 프로젝트로는 충분하지 않다. 인공지능은 뇌과학, 정보과학, 수리 등 다학제적 성격을 지니고 있기 때문이다. 현재, 한국뇌연구원, KIST 뇌과학연구소, 기초과학연구원, ETRI, 대학 등에서 기초, 원천, 응용 영역의 다양한 인공지능 관련 R&D가 진행되고 있다. 인공지능에서 앞선 미국이나 중국보다 인력과 투자가 절대적으로 작은 한국으로서는 R&D 효율성을 높이는 것이 전략적으로 가장 중요한 요소다. 이를 위해서는 현재 가용한 R&D 기관의 역할 조율 및 상호 유기적 연계를 강화할 R&D 거버넌스의 구축이 시급히 요구된다. 한편, 여러 정부출연 연구기관에 흩어져 있는 인공지능 연구 부서를 하나로 모아 인공지능 전담 정부출연 연구소를 출범시키는 것도 생각해볼 만하다.

　세 번째는 국가 인공지능 R&D 로드맵을 작성해야 한다. 인공지능 기술발전은 매우 광범위하고 복잡한 양상으로 진행될 것이다. 단순히 시류에 따라 인기가 높은 몇몇 분야에 초점을 맞춰서는 안 된다. 기초, 원천, 응용을 아우르는 다양한 분야의 전문가들이 모여 작성한 단기, 중기, 장기 인공지능 R&D 로드맵에 따라 R&D가 추진되어야 한다. 이미 인공지능 분야의 전문가들은 한 번 정도 다 읽어 봤겠지만 2016년 10월에 발표된 미국의 R&D 전략을 한 번 보자.[227] 7개의 전략으로 구성되어 있지만, 연구의 내용만 간추리면 다음과 같다. 기초연구의 영역은 데이터 분석, 인식, 이론적 한계돌파, 일반 인공지능, 확장형 인공지능, 인간형 인공지능, 로봇, 인공지능 하드웨어 등 종합적이고 포괄적이다. 한편 시의성이 높은 인간-AI의 협업을 위한 연구도 강조하는데 자연어 휴먼웨어 인공지능, 증강인간, 자연어 처리, 인터페이스 및 시각화 등이 그 대상이다. 한편, 농업, 의료, 유통 등 14개 이상의 분야별로 인공지능을 적용할 응용 연구도 포함하고 있다.

이 보고서와 관련해 몇 가지 눈여겨볼 점이 있다. 하나는 인공지능의 혜택은 매우 광범위하나, 기술개발에는 많은 시간과 비용이 소요되고 불확실성이 높다고 지적한 점이다. 미국 정부가 장기적 투자를 계획하는 이유이다. 다른 하나는 다른 미국 정부기관의 기술 보고서들과 마찬가지로 이 보고서에도 113개의 논문 및 보고서, 기술동향 기고 등의 참고자료가 본문에 빼곡히 인용되어 있다는 점과 보고서 작성 과정에 산업체를 비롯한 다양한 기관으로부터 공식적인 RFI(Request For Information)를 통해 기초자료를 획득하는 과정을 밟았다는 점이다. 미국의 정책 수립이 철두철미한 분석과 검증의 과정을 거쳐 이루어진다는 점을 엿볼 수 있는 대목이다. 아무튼, 한국도 철저한 인공지능 R&D 로드맵의 조속한 작성은 필수다.

마지막이자 세 번째는 인공지능의 저변확대에 힘써야 한다는 점이다. 2017년 6월에 딥러닝 분야의 개척자 중의 한 명인 캐나다의 얀 레쿤(Yann LeCum) 교수가 중국에 학술 강연차 방문 중에 페이스북에 올린 글이 있다. 시내를 거니는데 중국 젊은 여성 두 명이 레쿤 교수에게 다가와 사진 찍기를 요청했다고 한다. 영문을 모르는 레쿤 교수에게 그 여성들은 유튜브 강연을 보고 얼굴을 알게 되었다고 말했다는 것이다. 중국의 인공지능에 대한 열기가 얼마나 뜨거운지를 웅변하는 대목이다.

우리나라에서도 인공지능 관련 온라인 커뮤니티가 결성되는 등 열기가 만만치는 않다. 현재 수준의 인공지능 기술로도 응용할 분야는 매우 많다. 이런 열기가 창업이나 신제품으로 이어지려면 국가에서 교육 및 인프라를 제공해줄 필요가 있다. 특히 현재 가장 뜨겁게 달궈진 딥러닝 분야는 개인적인 실험환경을 구축하기가 어렵다. 방대한 기계학습용 데이터를 구하기도 어렵고, 기계학습을 실행할 대규모 컴퓨팅 인프라 구축도 비용부담으로 어렵다. 대학이나 중소기업에서 연구와 제품개발에 공용으로 사용할 기계학습 데이터의 보급체계를 마련하고, 원격에서 접속해 사용할 기계학습용 컴퓨팅 테스트베드를 마련해 준다면 인공지능 저변확대에 매우 효과적일 것이다. 국가적으로도 이런 공용 인프라 제공이 저변확대에 가장 비용 효율적인 방안이기도 하다.

아무튼, 위에서 한국의 현 여건상 필요하다는 것을 몇 가지 제시해 보았는데 다양한 영역의 중요한 이슈들도 많다. 예컨대, 인공지능 분야의 경우에 국외뿐만 아니라 국내에서도 기업들이 대규모 R&D 투자를 하고 있어, 기업의 R&D와 정부의 R&D가 중복되는 경향이 높다. 국가적 자원 낭비 방지를 위해선 필수적으로 점검을 해봐야 할 사안이다. 인공지능 기술의 산업화가 빨리 진행되고 있어 정부 R&D 성과의 공유체계도 신경을 써야 할 문제다. 아무튼, 산적해 있는 많은 이슈에 대한 논의는 앞에서 제시한 범부처 추진체계나 R&D 거버넌스를 통해 체계적으로 이루어져야 할 것이다.

17.2 IT 정책 인프라도 선진화해야 한다

World Bank(2010)는 혁신 촉진자로서 정부의 역할을 땅을 일구고(교육), 토양을 비옥하게 하며(R&D), 잡초와 해충을 제거하며(공정경쟁, 탈규제), 식물에 물을 주는(재정지원) 정원사의 역할에 비유했다.[228] 단순명쾌한 비유다. 단, 유의할 점은 일반 산업과는 달리 IT의 경우는 다소 복잡하다는 것이다. IT 기술이 공공서비스와 산업 생산성 향상의 초석이며(정보화), 독자적인 산업을 형성하며(산업화), 다른 산업의 요소기술(융합화)로 널리 사용하기 때문이다. 이해당사자가 많다는 이야기다.

그간 IT 둘러싼 국내 여건과 활용 환경의 변화에 발맞춰 IT 정책의 내용뿐만 아니라 추진체계도 많은 변천을 거쳤다.[229] 일단 중요한 것들을 짚어보자. 1960년대부터 80년대 중반까지는 외국인 투자유치, 국내 기술개발 연구소 개원 등을 통해 IT와 정보화의 길을 닦은 시기였다. 과학기술 및 IT 연구개발을 위해 KIST(1966)가 KCRI(1976, ETRI의 전신)를 설립했으며, 통신사업 5개년 계획, 반도체공업 육성계획, 행정전산화 기본계획을 추진했다. 민간의 연구역량이 아직 일천해서 주요 기술개발은 주로 정부주도로 진행했던 시기이다.

80년대 중반부터 2007년까지는 세계적으로 우수한 IT 인프라를 구축한 시기이다. 1987년부터 네트워크 인프라를 구축하기 위해 국가기간전산망 사업을 시작했다. 이런 인프라를 활용해서 1996년부터는 정보화촉진 기본계획을 통해 시장활성화 정책을 추진하기 시작했다. 2004년부터 2007년까지는 IT 839 전략, u-IT 839 전략, u-Korea 전략이 추진되어, 인프라뿐만 아니라 서비스, 기기를 포괄하는 가치사슬의 확립에도 힘을 쏟았다. 알다시피, 이런 정책은 정보통신부가 전담해 추진했다.

2008년부터는 IT 융합의 기치를 내걸고 IT 활용의 고도화에 돌입한다. IT 정책을 틀어쥐고 있던 정보통신부는 해체되고, IT 정책은 지식경제부, 방송통신위원회, 문화체육관광부로 분산되었다. 지식경제부는 관련부처와 함께 뉴 IT 전략(2009년), IT R&D 발전전략(2010년), IT Korea 미래전략(2010년) 등을 통해 IT 융합기술개발 및 산업화에 중점적으로 투자하였다.

2013년부터는 IT 정책 추진체계가 분산형에서 다시 통합형으로 바뀐다. 미래창조과학부가 IT 정책을 총괄했으며, ICT R&D 중장기 전략(2013년~2017년)을 추진했다. 콘텐츠, 플랫폼, 네트워크, 디바이스, 정보보호(CPNDS) 등 5대 분야의 10대 핵심 기술을 전략적으로 확보하고, 이를 15대 미래서비스로 구현하는 것이 주요 골자다.

그간의 각 IT 정책은 기준에 따라 여러 다른 평가가 존재한다. 최종적인 성과를 기준으로 보면 당초 목표를 제대로 달성하지 못한 경우도 많다. 예컨대, IT 839 전략(2003년)은 DMB, Wibro 등을 포함한 많은 신규서비스를 산업화로 연결하지 못했다. 뉴 IT 전략(2009년)도 1조 원의 IT 융합산업 10개를 창출하고, 매출 500억 원의 IT 기업 1,000개와 10개의 글로벌 소프트웨어 기업을 양성하는 목표는 실패했다. 그럼에서 이런 정책들은 선진국과의 기술격차를 많이 줄이는 등 IT 진흥의 역할에는 나름 역할을 했다는 평가다. 지난 정책을 살펴본 것은 정책의 성과를 따지자는 것이 아니다. IT 환경의 변화에 따라 IT 정책의 내용과 추진체계도 함께 변해야 한다는 것을 강조하기 위함이다.

IT 정책을 둘러싼 환경은 지금이 예전보다 훨씬 복잡해졌으며, 이런 추세는 더 심화할 것이 분명하다. 방송망, 통신망, 인터넷 등 망의 융합으로 인한 망 인프라를 둘러싼 가치지향적 영역과 가치중립적 영역의 중첩으로 인해 업무구분이 점점 난해해지고 있다. 방송통신위원회와 과학기술정보통신부의 이야기고, 기술정책과 산업정책과의 관계다. 초기 국가정보화와 IT 산업육성이라는 단순한 환경에서는 기술정책과 산업정책을 하나로 묶어 다뤄도 됐다. IT 기술이 非IT산업의 제품화에 점점 더 많이 활용되면서 IT 기술정책과 산업정책을 하나로 묶어 다루는 것은 점점 어려워지고 있다. 정보화도 녹록지 않다. 정보화의 중요성이 공공부문에서 민간부문으로 옮겨지고 있다. 산업의 생산성 향상에 지대한 영향을 미치는 까닭이다. 특히 우리나라는 산업 간 정보화

격차가 매우 크다. 산업 전반의 정보화를 산업혁신 정책의 하나로 추진해야 한다는 의미다. 산업육성을 담당하는 부처가 정보화에 관여해야 하는 상황이다.

4차 산업혁명은 인공지능이 주도하지만, 이미 지금까지 여러 번 강조했듯이 4차 산업혁명에서 성공하려면 소프트웨어 산업을 포함한 IT 산업 전반의 경쟁력이 뒷받침되어야 한다. 성공적인 IT 정책 추진이 절실하다는 의미다. 이를 위해서는 IT 정책 자체도 중요하지만, IT 정책 추진 체계도 매우 중요하다. IT 정책 추진 체계는 IT 관련 정책의 부처별 분장에 관한 체계라고 보면 된다. 앞에서 본 것처럼 IT 환경은 매우 복잡하므로 적합한 체계를 찾는 일은 쉽지 않다. 다만, 분명한 것은 지난 IT 정책 추진 체계에 대한 냉철한 평가와 기존 IT 환경에 대한 철저한 분석이 선행되어야 한다는 점이다.

참고로 몇 가지 훈수를 두자면 다음과 같다. 앞으로의 IT 환경을 고려해 볼 때, 중앙형보다는 분산형 정책이 바람직할 것이란 점이다. 산업정책과 기술정책의 분리, 육성과 활용의 구분, 규제와 진흥의 분리 등을 통한 정책 부분별 전문화에 비중을 두자는 것이다. 예컨대 전자정부 추진을 비롯한 국가정보화 총괄 및 조정기능은 행정안전부로, 방송심의 및 관련 가치지향적 정책기능은 방송통신위원회로, 콘텐츠 육성기능은 문화체육관광부로 재편하는 것이 한 방법이다. 소프트웨어 산업 및 IT 산업 육성은 산업통상자원부와 중소벤처기업부 같은 산업육성 부처가 맡는 것이 바람직하다. 특히, 기업용 소프트웨어 산업은 다양한 수요 산업과의 긴밀한 협력이 필요한 까닭이다. 과학기술정보통신부는 5G, 사물인터넷망, 방송망, 통신망 등과 같은 '네트워크 인프라', 보안 등과 같은 국가차원 '소프트 인프라', '경쟁정책', 'IT R&D' 등 국가 IT 플랫폼 부처로서의 역할에 초점을 두면 좋을 것이다. 즉 다른 부처에 네트워크 인프라와 기술을 공급하고 공정경쟁 환경을 조성하는 역할 말이다.

한편, IT 정책을 추진할 때 유의할 점이 한 가지 있다. 바로 모호한 융합 정책에서 벗어나야 한다는 점이다. 언제부턴지 한국에서는 '융합'이라는 용어가 널리 사용되고 있다. 대략 서로 다른 기술들을 결합해서 새로운 제품혁신을 창출해 낸다는 일종의 패러다임의 의미를 내포하고 있다. IT와 非IT의 융합, 소프트웨어와 전통산업의 융합, 융합서비스가 그런 사례다. 그런데, 엄밀하게 따져보면, 그런 의미의 '융합'이라면 '새로운 패러다임'으로 해석할 근거가 별로 없다. 산업혁신의 역사가 새로운 혁신기술을 도입해서 기존 제품의 혁신성을 높이는 과정이었던 까닭이다. 이런 점에서, 피터 드러커 같은 경제학자는 지난 50년간 산업을 변혁시킨 파괴적 기술의 절반 이상은 외부에서 들여왔다고 언급하기도 했다.

더 큰 문제는 융합이라는 용어가 무차별적으로 사용된다는 데 있다. 가령 지난 두 정부에서 정책에 많이 등장한 'SW와 전통산업의 융합'이라는 표현을 보자. 말하려는 취지가 무엇인지는 알겠다. 하지만 적어도 세 가지 문제점이 있다.

첫 번째는 융합이 나타내는 의미가 상당히 모호하다는 점이다.

제품에 소프트웨어 기술을 접목해서 제품의 혁신성을 높인다는 것인지, 아니면 제품의 생산과정을 정보화해서 생산성을 향상하려는 것인지 불분명하다는 것이다. 예컨대, 조선업의 경우에는 선박에 첨단 소프트웨어 기술을 적용한다면 선박 자체에 대한 제품혁신이겠고, 설계 소프트웨어 도구를 선박 설계에 사용한다면 선박 생산과정의 정보화를 의미할 것이다. 농업의 경우에는 농산물을 소프트웨어화하는 것은 어불성설이므로 농업생산 방식에 소프트웨어를 접목해 정보화/자동화를 실현하는 것일 것이다.

두 번째 문제점은 'SW와 전통산업의 융합'은 기술 진보의 맥락에서 봐도 적합하지 않은 표현이라는 점이다. 非IT산업에 IT 기술을 적용해 제품의 혁신성을 높이거나 해당 산업의 생산성을 높이는 것 자체가 지난 60여 년 진행되어 온 디지털혁명의 전부라고 해도 과언이 아니다. 이미 농업을 위한 자동화 기계나, 선박에도 그간 꾸준히 IT 기술을 접목해 왔다. IT 기술 자체가 하드웨어와 소프트웨어로 구성되어 있지만, 최근 소프트웨어의 비중이 점점 커지는 것은 맞다. 그렇다고, 'SW와 해당 산업의 융합'으로 표현한다는 것은 상당히 우스운 발상이 아닐 수 없다. 최근 가정에서 사용하는 스마트 TV를 '컬러 TV와 소프트웨어의 융합'이라고 부르는 꼴이다. 스마트 TV는 IT 기술을 접목해서 TV의 고부가가치화를 실현한 TV의 혁신과정의 일환일 뿐이다.

마지막이자 세 번째는 'SW와 전통산업의 융합'은 융합의 본래의 의미와도 배치된다는 점이다. 융합이라는 것은 두 개의 독립적인 것을 조합해서 새로운 것을 만들어내는 일종의 화학적 결합을 말한다. 'SW와 조선업의 융합'을 보자. 그 결과물로서 선박의 고부가가치화가 이뤄질 수는 있지만, 선박이 아닌 새로운 것이 생성되는 것은 아니다. 오히려 "SW를 전통산업에 접목한다"라는 표현이 더 적합한 표현일 것이다.

아무튼, 앞으로는 정책을 펼칠 때 융합이라는 용어를 무차별적으로 사용하는 일을 경계해야 한다. 지금도 인공지능과 관련된 정책들을 보면 '융합서비스'를 창출한다는 내용이 많이 들렸다. 새로운 IT 기술이 등장할 때, 무엇보다도 기존 IT/SW 산업의 육성과 연계·정합된 기술정책을 추진해야 한다. 융합서비스를 창출한다는 기치로 모호한 정책을 펼치다간 결국 산업과 기술이란 두 마리 토끼를 다 놓칠 수 있다. 그간 경험을 통해 얻은 교훈이다. 그런 우를 범하기에는 더 이상 시간도 많지 않다.

17.3 기술과의 경주에서 이기는 교육체계를 갖춰야 한다

4차 산업혁명에서는 인적자원도 가장 중요한 인프라에 속한다. 당연히 인재양성에 대해 관심이 클 수밖에 없다. 실제로 4차 산업혁명에 걸맞은 인재양성에 대한 논의가 무성하다. 국가의 공교육시스템부터 기업의 재직자 교육시스템까지 다양한 혁신방안들이 제시되고 있다. 교육혁신을 둘러싼 시스템 전반의 혁신은 국가·사회적 의제이니만큼 이 책에서 그런 의제까지 다룬다는 것은 주제넘은 일이다. 여기서는 논의의 범위를 IT/SW 분야의 고등교육[18]으로 좁혀 실용적인 의제를 다뤄볼 것이다.

4차 산업혁명 시대에 필요한 교육, 특히 IT/SW 교육에 대한 이해를 위해서는 크게 두 가지 기본적인 배경지식을 갖추고 있어야 한다. 첫 번째는 공학교육과 기술과의 관계이다. 20세기에 접어들면서 본격화된 산업화 시대에는 교육과 기술은 서로 밀접한 관계를 맺으며 발전했다. 교육의 실용적인 측면이 부각되면서 기술발전 흐름에 따라 교육의 내용뿐만 아니라 교육시스템도 변모했다. 과학 및 공학 분야에서는 더욱 그랬다. 이런 맥락은 IT/SW 분야의 고등교육도 예외는 아니다.

흔히들 20세기를 "기술과 교육이 경주하는 시대"라고 부른다. 미국의 경제학자 골딘(Claudia Goldin)과 카츠(Lawrence Katz)의 저서 『The Race between Education and Technology, 2008』에서 비롯된 표현이다.[230] 이들은 교육문제가 불평등 확대의 중요한 원인 중의 하나라고 역설하는데, 이를 설명하는 과정에서 미국이 세계 최고의 선진국이 될 수 있었던 비결 중에 하나로 바로 공교육과 직업교육을 강화한 교육 시스템을 꼽았다.

이런 학자들은 공통적으로 20세기의 기술 진보의 특성을 숙련 편향적 기술 진보(Skill-biased technical change)로 본다. 기술 진보가 일어남에 따라 비숙련 노동자보다 숙련 노동자[19]의 수요가 더 많이 증가했다는 뜻이다. 이런 상황에서는 기술 진보에 뒤처지지 않으

---

[18] 고등교육(高等教育)은 대학교육(전문대학·교육대학·4년제 대학)과 대학원교육 등을 총칭하는 말이다

[19] 여기서 '노동자'는 생산직이 아닌 전체 직업의 근로자를 말하며, '숙련'은 노동자가 가진 지식, 기능, 기술을 가리킨다.

려는 교육과 기술 간의 경주는 계속되기 마련이다.

숙련 편향적 기술 진보에 대처하기 위한 교육의 변화와 관련해 몇 가지 주목할 점은 있다. 첫 번째는 교육기간의 증가다. 기술 진보에 따라 갖춰야 할 전문성이 더 심화하는 까닭이다. 미국의 경우에 역사적으로 평균 교육 기간이 십 년마다 일 년씩 증가하는 추세를 보였다. 1890년에 태어난 사람이 평균 7년 정도의 교육을 받았지만, 1950년에 태어난 사람은 13년 정도의 교육을 받았다. 이후 증가 추세가 둔화하였지만, 여전히 증가해서 1980년에 태어난 사람은 평균 14년 정도의 교육을 받는 것으로 나타나고 있다. 이런 둔화추세는 20세기 후반부터 불거지는 공교육시스템의 부실과 대학진학률의 하락 등으로 인한 것이다. 최근, 미국에서는 교육이 기술과 경쟁에서 많이 뒤처지는 상황이 연출되는 것이다.

두 번째는 공학교육의 본질은 큰 변화가 없었다는 점이다. 고등교육 자체가 그렇듯이 공학교육의 본질도 사회에 필요한 '인재' 양성이다. 문제는 인재가 갖추어야 하는 역량에 대한 개념이 시대에 따라 변화한다는 점이고, 그 내용은 학자마다 천차만별이라는 데 있다. 실제로 우리나의 최근 인재상인 '창의인재'에 대해 학자들이 제시하는 역량들을 모아보면, 역량 범주는 수십 가지, 각 범주의 하위 역량은 수백 가지에 이르고 있다. 한국교육개발원에서는 2016년에 이런 범주를 정리하여 5개 범주로 압축한 연구 결과를 발표하기도 했다.[231] 이 범주는 △기초역량, △전문역량, △자기주도적 역량, △문제해결 역량, △글로벌 역량으로 구성된다. 각 범주별 3개씩 모두 15개로 하위역량도 지정되어 있는데, 예컨대, 문제해결능력의 경우에 통합적 판단력, 의사소통 능력, 변화의 수용·적응능력이 그것이다. 비록 압축해 놓았지만, 여전히 상당히 복잡하다.

위와 같은 역량들을 기존 고등교육체계에 따라 지극히 단순화하면, 전문역량과 일반역량의 두 그룹으로 묶을 수 있다고 본다. 전문역량은 앞에서 제시한 5가지 역량 중에서 전문역량과 문제해결 역량으로 구성되고, 이 둘을 뺀 나머지 3가지 역량은 일반역량으로 보자는 것이다. 여기서 전문역량은 해당 전공에 대한 이론적 지식을 습득하고 이를 실무에 활용할 실무능력을 말한다. 일반역량은 개인적 인성과 소양, 사회성 등과 관련한 부분이다. 일반 역량은 주로 교양교육을 통해서 이루어지며, 전문역량은 대부분 전공교육을 통해 이루어진다. 압축해 말하면, 공학교육의 본질은 위에서 본 일반역량과 전문역량을 배양시키는 것이다.

위에서 논의한 두 가지 기본적인 배경지식을 바탕으로 4차 산업혁명 시대의 과학과 IT/SW를 포함한 공학 분야를 생각해 보면, 결론은 이렇다. 4차 산업혁명 시대라고 특별한 패러다임의 변화가 필요한 건 아니다. 앞에서 알아본 숙련 편향적 기술 진보에 따른 '교육과 기술의 경쟁'의 양상은 그대로 유지될 것이기 때문이다. 4차 산업혁명의 시대라고 공학교육 체계 자체는 달라질 것이 없다. 4차 산업혁명의 시대의 주도기술인 인공지능도 기술진보의 한 단편에 불과하다. 해당 기술 진보에 부응하는 일반역량과 전문역량을 갖춘 인력을 수요에 맞춰 제대로 충분히 공급할

교육 체계의 근간은 변함이 없는 것이다. 4차 산업혁명 시대의 공학교육의 이슈는 교육 패러다임이 아니라 '교육의 질'이라는 의미다.

사실 우리 공학교육에 대한 불신은 매우 크다. 이런 불신은 그간 다양한 지적으로 나타나고 있다. 기업에서는 수요지향적 교육이 제대로 이루어지지 않으며, 졸업생들이 당장 현업에 투입할 정도의 실무능력을 갖추고 있지 못하다는 말이 나온 지 오래다. 일부 공학교수들은 개념설계 역량을 갖춘 인력의 배출이 안 되고 있다는 보다 근본적인 지적을 내놓았다.[232] 따져보면 다 일리가 있는 지적들이다. 이른바 교육부에서 주창하는 '미래를 이끌어나갈 창의 인재' 양성이 제대로 되지 않고 있다고 보면 된다.[233] 한마디로 말하면 우리의 공학교육 자체가 부실한 상태다. 그러면 우리의 공학교육에 부실이 발생한 원인은 어디에 있을까? 당연히 사회문화, 교육시스템, 초중고 공교육 등 여러 측면의 다양한 요소가 작용한 탓이다. 공학교육이 질 제고에 대한 해법도 그만큼 어려울 수밖에 없다. 여기서는 일단 대학의 교육현장에서 직접 해결할 사안을 몇 개만 추려보겠다.

첫 번째로 학부의 융합교육에 대한 시각 교정이 필요하다. 근래에 대학가에서는 융합교육에 관심이 모이고 있다. 전국 각지에 '융합'이라는 단어를 포함한 학과가 늘고 있고, '융합전공' 등의 학사 제도를 운용하는 대학교도 늘고 있다.[234] 융합화 시대에 걸맞은 인재를 양성한다는 취지다. 그런데 문제가 있다. 융합 역량을 앞에서 설명한 '일반역량'이 아닌 '전문역량'으로 보려는 시각에서 비롯된다. 융합교육은 학생들이 타 분야와의 소통과 협업을 할 수 있는 역량, 즉 일반역량 영역에서 모색돼야 하는데 학생들에게 여러 분야의 전문지식을 갖출 수 있도록 하는 데 초점을 두고 있다는 뜻이다.

앞에서 숙련 편향적 기술진보는 점점 더 심화된 전문교육을 요구한다는 점을 들었다. 점점 더 심화하는 전문역량 요구에 따라 전공교육시간을 오히려 늘려야 할 판이다. 융합이 시대적 흐름인 것은 맞지만, 융합 자체를 위해 학부 전공의 경계를 허물거나 전공을 통합하는 것은 오히려 전문가 시대의 흐름에 역행하는 일이다. 예컨대 융합학과와 같은 접근방식은 결국 학생들이 한 가지 전공 분야도 제대로 갖추지 못한 학생들을 양산할 우려가 크다. 이른바 학부 전공교육시간의 총량 불변의 원칙에 따라 잘못된 융합은 무색무취의 학생들을 양산할 수밖에 없다. 다시 말하지만, 융합교육은 학생들이 타 분야와의 소통과 협업을 할 역량, 즉 일반역량 영역에서 중점적으로 모색되어야 한다. 전공 내에서 심화학습이 필요한 부분은 그대로 유지하고, 융합이 꼭 필요한 부분에 대해서만 융합을 잘할 수 있도록 길을 터주는 지혜가 요구된다.[235]

두 번째 무너지는 대학원을 재건해 놓아야 한다. 숙련 편향적 기술 진보에 따라 대학원 교육의 중요성이 점점 늘고 있다. 실제로 인력수급 계획에 따르면 학사 이하와는 달리 대학원 이상의 고급인력은 초과수요, 즉 공급이 달리는 현상이 발생하는 것으로 나타나고 있다.[236] 더 큰 문제는 대학원의 진학률이 계속 감소한다는 데 있다. 국내 상위 15개 대학의 공대 진학률(30.6%, 2016년 기준)은 일본 상위 25개 공대의 진학률(80.1%, 2015년 기준)의 절반을 훨씬 밑도는 수준인 것으로 나타났다. 급기야 2017년 서울공대의 후기 모집에서 대학 설치 후 첫 미달사태가 발생했다. 지방공대의 경우에는 공동화가 심해져 초토화되다시피 했고, 석·박사를 한 명도 못 받는 학과가 속출하는 지경이다.[237,238] 물론 IT/SW 분야의 전공도 유사한 현실이다. 2016년도 전국 IT/SW 분야의 대학원 진학률은 23.4%에 불과한 실정이다.[239] 앞으로 4차 산업혁명 시대를 이끌어 나갈 핵심 인적자원의 결핍이 심각하게 우려되는 대목이다.

17.4 실효성 있는 SW 인력양성도 필수다

앞에서 공학교육의 전반적인 문제를 다뤘다. 소프트웨어도 공학에 속하므로 앞에서 본 이슈 대부분이 소프트웨어 고등교육에도 적용된다. 4차 산업혁명 시대에는 가장 중요한 인적자산이 소프트웨어 인력이다. 여기서는 우리나라의 소프트웨어 인력양성의 현주소와 개선이 필요한 부문을 짚어보려고 한다.

첫 번째는 소프트웨어교육을 너무 쉽게 생각하는 시각을 버려야 한다는 점이다. 4차 산업혁명에서 소프트웨어 중요성은 이미 충분히 논의했다. 우리 정부도 2014년 7월을 기점으로 'SW중심사회'는 소프트웨어가 혁신과 성장 그리고 가치창출의 중심이 되는 사회라고 규정하며, 이를 위한 다양한 정책을 펼치고 있다.

그리하여 2015년 7월에는 소프트웨어 인재 양성을 위한 청사진으로 'SW중심사회를 위한 인재양성 추진계획'을 내놓았다. 이 계획에는 ① 초중등 소프트웨어교육 본격 확산, ② 산업현장의 요구를 반영한 대학 소프트웨어교육 혁신, ③ 민관협력으로 친(親)SW문화 확산 등 3대 분야 12개 과제가 빼곡히 들어있다.[240] 이 계획에 따라 초등학교는 2017년부터 중학교는 2018년부터 소프트웨어(SW) 교육이 의무화된다. 특히 중학교의 경우, 확대 시행되는 '자유학기제'를 통해 소프트웨어분야 진로교육이 강화된다.

초중등 소프트웨어교육 정책은 선진국, 특히 영국과 미국에서도 이미 활발하게 진행되고 있다. 이른바 '모든 학생에게 컴퓨터과학(CS for All, Computer Science for All)'을 기치로 내건 교육정책의 일환이다. 이런 정책은 2006년의 카네기멜론대학의 지넷 윙(Jeannette Wing) 교수가 주창한 '컴퓨팅 사고(Computational Thinking)'에 뿌리를 두고 있다.[241] 컴퓨팅 사고란 컴퓨터 과학의 이론과 기술, 도구를 활용하여 실세계의 복잡한 문제를 해결하는 사고체계를 뜻한다. 윙 교수는 컴퓨팅 사고력은 점점 디지털화하는 세상에서 누구나 필요한 역량이며, 읽기 · 쓰기 · 셈하기와 같이 반드시 교육해야 하는 영역이라고 주장했다.

그렇지만 초중등 소프트웨어 교육이 그리 만만한 것은 아니다. 선진국에서는 아직도 컴퓨팅 사고에 대한 정의가 여러 가지로 분분하며, 컴퓨팅 사고와 소프트웨어의 관계 설정도 불분명하다. 최근에는 컴퓨팅 사고력이 모든 사람에게 필요한 역량이라는 점에 대한 의구심도 커지는 상태다.[242] 자칫하면 컴퓨팅 사고력의 증진이라는 본래 취지에서 벗어나 단순히 소프트웨어 코딩 위주의 조기교육으로 변질하기 십상이다.[243] 컴퓨팅 사고력을 갖추지 않은 상태에서 소프트웨어 코딩을 강조하면 당연히 학생들에겐 큰 부담이 될 수밖에 없다. 향후 대학진로 결정 시에 소프트웨어 분야를 기피하는 역효과를 낼 수도 있다.

비단 초중등 소프트웨어 교육만 그런 것이 아니다. 최근 국내 대학가에서 부는 비전공자에 대한 소프트웨어 교육도 마찬가지다. 이런 흐름은 비전공자에 대한 소프트웨어 교육 신드롬을 일으킨 미국 하버드 대학에서 개설한 CS50 과목의 영향이 컸다. 비전공자에게 컴퓨터과학과 프로그래밍 기초를 가르치는 CS50 과목엔 2014년에 818명의 수강생이 몰렸다. 이 과목 30년 역사를 통틀어 가장 많은 수강생을 기록하고, 대학의 전체 개설교과목 중에서 1위로 올라선 것이다.

그렇지만 CS50 강의를 10년째 맡은 데이비드 말란(David J. Malan) 교수가 수강자를 대상으로 한 강의설문조사의 내용에는 몇 가지 주목할 점이 있다.[244] 교육지원 만족도 항목에서 불만족 답변이 2008년(38%)부터 점점 증가해 2016년에는 58%로 커졌다는 점이다. 2016년에는 무려 30명의 조교가 투입되었는데도 그런 결과가 나왔다니 의외다. 한편, 70% 이상의 수강생이 이 과목을 위해 주당 14시간 이상을 투입하는 것으로 나타났다. 30명의 조교 배치나 한 과목에 학부학생이 주당 14시간 이상을 투자한다는 것은 우리 실정에는 맞지 않는다. 강좌를 개설하는 학교 측이나 수강 당사자인 학생이나 감당하기 힘든 수준이다. 비전공자를 대상으로 한 소프트웨어 교육이 얼마나 힘든 것인가를 나타내는 단면이다. 제대로 준비하지 않으면 수박 겉핥기식 교육으로 전락하기 십상이란 의미다.

두 번째는 대학의 소프트웨어 인력양성을 위해서는 그 대상의 폭이 넓은 정책을 우선시해야 한다는 것이다. 국가적 차원에서 보면, 소프트웨어 산업의 건실한 육성은 무엇보다도 국내 소프트웨어 학과 전반의 내실화가 가장 중요하다. 학부 소프트웨어 학과가 소프트웨어 인력자원 배출의 주역이기 때문이다. 한편, 일반 공학교육에서도 그런 편이지만 사실 소프트웨어 교육의 내실화의 요건은 간단하다. 교수, 교과과정, 실습의 세 요소가 제대로 갖춰지면 된다. 이미 국내 대학 교수의 수준은 상당히 높은 편이다. 예컨대 2016년 기준 국내 4년제 대학교의 박사학위 보유(56,405명) 교원 중에서 외국대학 학위 비율은 약 40%(21,485명)에 가깝다.[245] IT/SW 계열은 훨씬 더 높다. 교과과정은 공학교육 인증 등의 제도의 도입으로 지속해서 개선되고 있어 큰 문제가 되지 않는다. 결국, 실무 수준의 실습을 할 실습환경만 제대로 갖춰지면 되는 것이다.

이런 상황이라면, 교육 내실화에 필요한 정책도 단순할 수밖에 없다. 예컨대 학부를 대상으로 하는 'SW 중심대학 정책'은 주로 비전공자의 소프트웨어 교육이나 소프트웨어 융합전공 운영 등과 같은 프로그램을 지향하고 있다. 이런 프로그램은 앞에서 설명했듯이 실질적인 효과를 거두기 어렵다. 한편, 대학 차원의 프로그램이니만큼 예산의 제한으로 수혜는 일부 소수 대학으로 제한될 수밖에 없다. 결국, 국내의 소프트웨어 학과 전반의 내실화에는 크게 기여하지 못하리란 것이 자명하다. 그렇다면 국내 소프트웨어 학과의 실습 인프라를 폭넓게 개선하는 단순한 정책이 오히려 국가적으로 훨씬 도움이 될 수 있다.

마지막이자 세 번째는 소프트웨어 인력양성 정책에는 소프트웨어 인력의 수요 양태가 충분히 반영돼야 한다는 것이다. 다른 분야와는 달리 소프트웨어는 인력수요가 여러 업종에서 발생한다는 독특한 특성을 갖는다. 전체 소프트웨어 인력에 대한 국내 수요는 주로 소프트웨어 산업, 소프트웨어를 뺀 나머지 IT 산업, 非IT 산업에서 발행한다. 2015년 기준, 소프트웨어 인력(65만6천 명)의 분포는 소프트웨어 산업(15만3천 명), 소프트웨어를 뺀 나머지 IT 산업(4만9천 명), 非IT 산업(55만8천 명)으로 나타나고 있다. 非IT 산업의 소프트웨어 인력은 전산 인력이 대부분을 차지한다. 한편, 소프트웨어 산업인력 중에서 패키지 소프트웨어나 IT 서비스의 개발에 종사하는 소프트웨어 개발인력의 수요도 마찬가지다. 2015년 기준, 국내 소프트웨어 개발인력(22만6천 명)의 분포는 소프트웨어 산업(5만8천 명, 22.7%), 소프트웨어 산업을 뺀 나머지 IT 산업(4만9천 명, 19.0%), 非IT 산업(14만9천 명, 58.3%)으로 나타나고 있다.[246]

이런 소프트웨어 산업 인력의 수요 양태는 국내 대학의 획일적인 전공교육에 변화가 있어야 한다는 점을 강력히 시사한다. 현행, 학부의 소프트웨어 학과는 대부분 전통적인 컴퓨터 과학(CS, Computer Science) 중심의 교과과정을 운영하고 있다. 기본적으로 디지털, 컴퓨터 구조와 같은 일부 하드웨어 과목, 자료구조, 운영체제, 컴파일러, 데이터베이스, 컴퓨터 네트워크 등과 같은 전산이론 과목, 프로그래밍 언어 및 실습 같은 프로그래밍 과목이나 소프트웨어 공학 등과 같은 설계 이론과목 등이 주를 이루고 있다. 물론, 고학년 과목 중에는 이런 공통 과목들 외에도 최신 기술 트렌드를 반영한 일부 교과들도 포함되어 있다. 한편, 응용 소프트웨어, 임베디드 소프트웨어 등의 색채를 가미한 학과도 있지만, 극히 일부에 불과하다.

알다시피 소프트웨어 인력의 수요업종은 증가하고, 필요한 소프트웨어 역량의 스펙트럼은 점점 더 넓어지고 있다. 획일적인 전공교육과정으론 역부족일 수밖에 없다. 기존 CS 중심 교과과정은 소프트웨어 산업 중에서 주로 시스템 소프트웨어를 포함한 인프라스트럭처 소프트웨어 부문에 적합하다. 하지만, 전산직종이나 엔터프라이즈 응용 소프트웨어 부문에는 이론 과목의 비중이 과하다. 소프트웨어 구현에 필요한 업종별 도메인지식이나, 대규모 소프트웨어 설계 방법론 등과 같은 소프트웨어 설계 과목이 상대적으로 더 요구된다. 특히, 이미 16.3절에서 설명한 것처럼 도메인지식은 매우 방대하다. 아무튼, 하나의 교과과정에 담는 것은 무리다. 학부 소프트웨어 학과를 수요업종의 성격에 따라 구분할 필요가 있다. 단순히 대학은 산업인력, 대학원은 고급인력으로 구분한 정책으로는 부족하다는 이야기다.

잠깐 훈수를 두자면, 인프라스트럭처 소프트웨어 산업을 육성은 국내 주요 연구중심 대학에 맡기면 될 것 같다. 수요규모는 크지 않지만, 이론적 난이도가 높은 기존 CS 중심의 교과과정 운영이 필요하기 때문이다. 한편 인터프라이즈 응용 소프트웨어는 육성대상 부문별로 대학들을 그룹화해서 특성화하면 좋겠다. 꼭 필요한 CS 이론과목과 대규모 소프트웨어 설계 과목, 소프트웨어 관점에서 필요한 해당 산업군에 대한 도메인지식 관련 과목 등이 조합된 응용 소프트웨어 중심 교과과정을 운영하면 될 것이다. 한편, 소프트웨어 활용이 산업 전반에 두루 활용되는 추세이니, 이공계 非IT학과에서도 일부 소프트웨어 과목을 필수로 도입해서 기본적인 소프트웨어 지식을 갖출 수 있도록 하는 것도 고려해볼 만하다.

지금까지 공학교육 전반과 특히 소프트웨어 교육을 둘러싼 여러 의제를 아주 장황하게 논의했다. 다른 어떤 인프라부문보다 인력자본이 중요한 까닭이다. 한국이 산업화를 이행하는 동안 경제성장의 절반은 양질의 인력을 배출한 교육 정책의 덕분이라고 해도 과언은 아니다. 그간 한국에서는 적어도 기술과 교육의 경쟁에서는 교육이 승자였다. 기술 진보가 전례 없이 빨라지는 4차 산업혁명의 시대에도 그런 흐름이 계속 이어지길 바란다.

참고문헌 /

01 산업혁명은 전방위적이며 광범위한 변화를 가져온다

1 Eric Brynjolfsson, Andrew McAfee, 『The Second Machine Age』, (London: Curtis Brown Group Ltd., 2014)

2 Walter Ong, 『Orality and Literacy: The Technologizing of the Word』, (2nd ed. New York: Routledge, 2002)

3 Karl Jaspers, 『The Origin and Goal of History』, Translated From the German by Michael Bullock (London: Routledge K. Paul, 1953)

4 Karen Armstrong, 『The Great Transformation The Beginning of Our Religious Traditions』, (Anchor Books, 2007)

5 Ian Morris, 『Why the West Rules-For Now: The Patterns of History, and What They Reveal About the Future』,(New York: Farrar Straus and Giroux, 2010)

6 Eric Brynjolfsson, Andrew McAfee, 『The Second Machine Age』, (London: Curtis Brown Group Ltd., 2014)

7 Alfred Crosby, 『Children of the Sun: A History of Humanity's Unappeasable Appetite For Energy』, (W. W. Norton & Company, 2006)

8 Petri Juuti at al,『Environmental History of Water: Global View of Community Water Supply and Sanitation』, (IWA Publishing, 2007)

9 Louis Hunter, Eleutherian Mills,『A History of Industrial Power in the United States, 1790-1930: Steam Power』,(Charlottesville, Va: University Press of Virginia, 1979)

10 조지프 슘페터, 『경제발전의 이론』, (지식을만드는지식, 1011)

11 D. Acemoglu, J. Robinson, 『Why nations fail: the origins of power, prosperity, and poverty』, (Random House Digital, Inc. 2012)

12 R. Mott, H. Cort, M. Grossbritannien, 『Henry Cort: the great finer : creator of puddled iron』, (London: The Metals Society, 1983)

13 송성수, 『기술의 역사 : 뗀석기에서 유전자 재조합까지』, (살림출판사, 2009)

14 Kirkpatrick Sale, 『Rebels Against The Future: The Luddites And Their War On The Industrial Revolution: Lessons For The Computer Age』, (Perseus Publishing, 1995)

15 Gregory Clark, 『The Industrial Revolution In: Handbook of Economic Growth』, (Elsevier, 2014)

02 슈밥이 제창한 4차 산업혁명은 허구다

16 손현규 외, "스마트 팩토리 전망 따지는 건 시간낭비, 獨도 맨바닥서 출발", 〈매일신문〉, 2017. 1. 31

17 "The background to Platform Industrie 4.0", Federal Ministry for Economic Affairs and Energy, http://www.plattform-i40.de/I40/Redaktion/EN/Standardartikel/plattform.html

18 클라우스 슈밥, 『클라우스 슈밥의 제4차 산업혁명』, (새로운현재, 2016)

19 클라우스 슈발, 『4차 산업 혁명의 충격 : 과학기술 혁명이 몰고 올 기회와 위협』, (흐름출판, 2016)

20 Jeremy Rifkin, 『The 2016 World Economic Forum Misfires With Its Fourth Industrial Revolution Theme』, The World Post, 2016.1.14

21 "Northwestern economists Robert Gordon and Joel Mokyr debate critical issue", Northwestern University, 2016. 4. 28

22 R. Geissbauer at al, 「Industry 4.0 : Opportunities and Chanllenges of the Industrial Internet」, PwC, 2014. 12

23 M. Blanchet, T. Rinn, 「THINK ACT Industry 4.0」, Roland Berger, 2016

24 経済産業省,「新産業構造ビジョン : 第4次産業革命を リードする 日本の 戦略」, 産業構q造審議会 中間整理, 2016. 4

25 「日本 再興戦略 2016 : 第4次産業革命に向けて」, 2016. 6

03 4차 산업혁명의 기존 담론도 실체에서 비켜났다

26 김용경, 『제조업 자동화 시스템』, (대경출판, 2002)

27 한국국가표준, 「KSX 9001-2, 스마트 팩토리-제2부: 용어」, 2016. 6. 30

28 한국국가표준, 「KSX 9001-1, 스마트 팩토리-제1부: 기본 개념과 구조」, 2016. 6. 30

29 한국국가표준, 「KSX 9001-3, 스마트 팩토리-제3부: 운영관리시스템(진단 평가모델」, 2016. 6. 30

30 장윤종, "4차 산업혁명과 한국산업의 과제", KIET 산업정책, pp 7-20, 2016. 6

31 "한국, 30년 前 4차 산업혁명 대비할 기회 놓쳤다", 조선비즈, 2017. 2. 4

04 IT 기술의 가속적 진보가 한계에 다다르고 있다

32 「Artificial Intelligence, Automation, and the Economy」, 미국 대통령실, 2016. 12

33 "Moore's Law", https://en.wikipedia.org/wiki/Moore%27s_law

34 Adrian Paenza, "How folding paper can get you to the moon", Ted-Ed video https://ed.ted.com/lessons/how-folding-paper-can-get-you-to-the -moon

35 Chip Walter, "Kryder's Law", Scientific American, 2005. 8. 1

36 "Nielsen's Law", http://wiki.p2pfoundation.net/Nielsen%E2%80%99s_Law

37 "After moore's Law", Economist, 2016. 3. 12

38 T. Simonite, "Moore's Law Is Dead. Now What?", MIT Technology Review, 2015. 5

39 Katherine Bourzac, "Intel: Chips Will Have to Sacrifice Speed Gains for Energy Savings", MIT Technology Review, 2016. 2

40 강일용, "무너진 무어의 법칙, 최적화로 승부하는 인텔", 동아일보, 2016. 9. 1

41 Kevin Morris, "Intel's Semiconductor Secrets", Electrical Engineering Journal, 2017. 4

42 Alan Patterson, "Nvidia CEO Says Moore's Law Is Dead", EE Times, 2017. 6. 1

43 Dennard, Robert H. at al, "Design of ion-implanted MOSFET's with very small physical dimensions", IEEE Journal of Solid State Circuits. SC-9(5), 1974. 10

44 Adam Lashinsky, "Intel celebrates Moore's Law with Gordon Moore", Frotune, 2015. 5. 12

45 "Software Productivity since 1970", http://www.softwaremetrics.com/Articles/history.htm

46 Randall W. Jensen, 「Traditional software development productivity gains-1960 to 1990」

47 E. Dijkstra, "Software Crisis : we have gigantic computers, programming has become an equally gigantic problem", Turing Award Lecture, 1972

48 피터 드러커, 『21세기 지식경영』, (한국경제신문사, 1999)

49 Robert Solow, "We'd better watch out", New York Times Book Review,

1987. 7. 12

50 "U.S. Productivity: the problem plaguing the economy", Intelligence Qua rterly, 2016. 8. 25

51 Tyler Cowen, "The Great Stagnation: How America Ate All the Low-Hang ing Fruit of Modern History, Got Sick, and Will(Eventually) Feel Better Dutton", 2011. 6. 9

52 Robert Gordon, "The Demise of U. S. Economic Growth: Restatement, Rebuttal, and Reflections." Working Paper No. 19895, National Bureau of Economic Research, Cambridge, MA.

53 Robert Gordon, "U.S. Economic Growth Is Over: The Short Run Meets the Long Run." In Growth, Convergence and Income Distribution: The Road from the Brisbane G-20 Summit, 173–80. Washington, DC: Brookin gs Institution.

54 Eric Brynjolfsson, Andrew McAfee, The Second Machine Age, (London: Curtis Brown Group Ltd., 2014)

55 Ebrahim Rahbari, "Technology at Work v2.0, CiTi", 2016

56 J. Manyika at al., 「The US Economy: An Agenda For Inclusive Growth」. McKinsey Global Institute, 2016. 11

57 Martin Feldstein, "Underestimating the Real Growth of GDP, Personal Income, and Productivity, Journal of Economic Perspectives", Vol. 31(2), pp 145–164, Spring 2017

58 마이클 포터, 『경쟁론』, (21세기북스, 2011)

06 4차 산업혁명의 실체는 '인공지능이 주도하는 스마트화'이다

59 J. McCarthy, M. Minsky, N. Rochester, C. Shannon, "A Proposal for

the Dartmouth Summer Research Project on Artificial Intelligence," 1955.
8. 31

60 마쓰오 유타카, 『인공지능과 딥러닝: 인공지능이 불러올 산업 구조의 변화
와 혁신』, (동아엠엔비, 2015)

61 박선후, 「로보어드바이저에 관한 오해와 진실」, IBK 경제연구소, 2016. 8

62 Daniel Castro, Joshua New, 「The Promise of Artificial Intelligence, Cente
r for data innovation」, 2016. 10

63 「Federal Cybersecurity Research and Development Strategic Plan」, NITR
D, 2016. 2

64 Andrew Ng, "Artificial Intelligence is the New Electricity", Stanford Gradu
ate School of Business Lecture, 2017. 1. 25

65 박혜영, 이관용, 『패턴인식과 기계학습 : 기초부터 활용까지』, 이한출판사,
2011

66 Thomas Clabur,"IBM: AI Should Stand For 'Augmented Intelligence", Info
rmationWeek, 2016. 8. 4

07 싱귤레리티가 일어난다?

67 Ray Kurzweil, 『The Singularity is Near: When humans transcend biology
』, (Penguin Books, 2005)

68 Robin Hanson, 『The Age of Em: Work, Love, and Life when Robots
Rule the Earth』, (Oxford university press, 2016)

69 "Ray Kurzweil Predicts computers will be as smart as humans in 12
years", Fox News, 2017. 3. 16

70 "John Searle's Critique of Ray Kurzweil", The online magazine of the

Institute for Ethics & Emerging Technologies, 2016. 6. 30

71 Ryan Calo, Michael Froomkin, Ian Kerr, 『Robot Law』, (Edward Elgar, 2016)

72 Peter Diamandis, Steven Kotler, 『Abundance: The Future Is Better Than You Think』, (Free Press, 2012)

73 마틴 포드, 『로봇의 부상』, (세종서적, 2016)

74 Richard Susskind, Diniel Susskind, 『The Future of the Profession』, (Oxford University Press, 2015)

75 Salim Ismai at al, 『Exponential Organizations: Why new organizations are ten times better yours』, (Division Books, 2014)

76 Robert Atkinson, "Choosing a future, Issues in Science and Technology", pp90-92, Spring 2014 http://issues.org/30-3/book-review-choosing-a-future/

77 Gene Quinn, "Why Patents Matter for Job Creation and Economic Growth", IPWatchdog, 2011. 1. 2

78 Dick Thompson Monday, "The Most Hated Man In Science: Jeremy Rifkin", Time, 1989, 12. 4

79 류청희, "조립 라인 덕에 포드 모델 T 대량 생산 자동차 대중화 길 열어", 한국일보, 2014. 6. 16

80 John M. Keynes, "Economic Possibility for Children", 1930

81 Matt Novak,"A Robot Has Shot Its Master : The 1930s hysteria about machines taking jobs and killing people", Future Tense, 2011. 11. 30

82 Rodney Brooks, "Mistaking Performance For Competence Misleads Estimates Of AI's 21st Century Promise And Danger", Edge, 2015

08 로보칼립스가 곧 다가온다?

83 "Robot history: Timeline, International Federation of Robotics, Internatio nal Federation of Robotics, https://ifr.org/robot-history

84 장길수, "산업용 로봇업계 탄생 60주년", 로봇신문, 2015. 7. 28, http://ww w.irobotnews.com/news/articleView.html?idxno=5377

85 Beijia Ma, 「Robot Revolution: Global Robot & AI Primer」, Bank of Ameri ca, Merrill lynch, 2015. 12. 16

86 Harold Sirkin at al., 「The Robotics Revolution: The next leap in manufact uring」, Boston Consulting Group, 2015. 9

87 Stacy Liberatore, "Amazon's robot army revealed: Firm now has more than 45,000 bots around the world", DailyMail, 2017. 1. 4

88 「2016 World Robotics Service Robots」, International Federation of Robot ics

89 Gill A. Pratt, "Is a Cambrian Explosion Coming for Robotics?", Journal of Economics Perspectives, 29(3), pp. 51-60, Summer 2015,

90 Goldman Sachs, "Summary on Cobots", Robotenomics, 2016. 7. 26 https: //robotenomics.com/2016/07/26/goldman-sachs-summary-on-cobots/

91 「2016 World Robotics Industrial Robots」, International Federation of Robotics

92 Mandy Zuo, "Rise of the robots: 60,000 workers culled from just one factory as China's struggling electronics hub turns to artificial intelligenc e", South China Morning Post, 2016. 5. 22

93 Georg Graetz, Guy Michaels, "Robots at Work", CEP(Centre for Economi cs) Discussion Paper No 1335, Lonson School of Economics and Polical Science, March 2015

94 James Manyika, 「Harnessing automation for a future that works」, McKin

sey Global Institute, 2017. 1

95 Carl Samson, "Chinese Factory Replaces 90% Of Its Workers With Robot
    s, Productivity Increases 250%", NextShark, 2017. 2. 6

96 Daron Acemoglu, Pascual Restrepo, "Robots and Jobs: Evidence from
    US Labor Markets", NBER(National Bureau of Economic Research, Worki
    ng Paper No. 23285, 2017. 3

97 Harold Sirkin at al, 「The Robotics Revolution: The next leap in manufact
    uring」, Boston Consulting Group, 2015. 9

98 News letter, 「US Bureau of Labor Statistics」, 2017. 5

99 Adams Nager, 「Trade vs. Productivity: What Caused U.S. Manufacturing'
    s Decline and How to Revive It」, Institute of Technology & Innovation
    Foundation, 2017. 2

09 급진적 실업이 발생한다?

100 Carl Frey, Michael Osborne, 「Technology at Work: The Future of Innovation
    and Employment」, Citi GPS: Global Perspectives & Solutions, 2015. 2

101 Carl Frey, Michael Osborne, "The Future of Employment: How Susceptib
    le are Jobs to Computerisation?", Mimeo. Oxford Martin School, 2013

102 M. Pajarinen, P. Rouvinen, 「Computerization Threatens One Third of
    Finnish Employment」, ETLA Brief, No. 22, pp. 13, 2014

103 C. Brzeski, I. Burk, 「The Robots Come. Consequences of Automation
    for the German Labour Market」, ING DiBa Economic Research, 2015

104 J. Bowles, "The Computerization of European Jobs", Bruegel, Brussels.,
    2014

105 김세움, 「기술 진보에 따른 노동시장 변화와 대응」, 한국고용정보원, 2016

106 Michael Chui at al, 「Four fundamentals of workplace automation」, McKinsey Global Institute, 2015. 1

107 「The Risk of Automation for Jobs in OECD Countires」, 2016

108 M. Arntz, T. Gregory, U. Zierahn, "The Risk of Automation for Jobs in OECD Countries: A Comparative Analysis", OECD Social, Employment and Migration Working Papers, No. 189, OECD Publishing, Paris, 2016

109 Ben Miller, Robert Atkinson, "Are Robots Taking Our Jobs, or Making Them?", The Information Technology & Innovation Foundation, 2013. 9

110 James Manyika, "Harnessing automation for a future that works", McKinsey Global Institute, 2017, 1

111 Robert Goodin, "Theories of Compensation", Oxford Journal of Legal Studies, 9(1), pp. 56-75, Spring 1989

112 Aaron Smith, "Public Predictions for the Future of Workforce Automation", Pew Research Center, 2016. 3. 10

10 인공지능 시대가 곧 열린다?

113 Marvin Minsky, Seymour Papert, 『Perceptrons』, (MIT press, 1969)

114 David Rumelhart, Geoffrey Hinton, Ronald Williams, "Learning representations by back-propagating errors". Nature. 323 (6088): 533−536, 1986. 10. 8

115 Michael Nielsen, 『Neural Networks and Deep Learning』, (Determination Press, 2015)

116 Nils J. Nilsson, 『The Quest for Artificial Intelligence: A History of Ideas

and Achievements』, (Cambridge, UK: Cambridge University Press, 2010)

117 Russ Altman at all, 「Artificial Intelligence and Life in 2030」, One hundred year study on AI by Stanford University, 2006. 9.

118 Smith Craig, "The Man Who Helped Turn Toronto Into a High-Tech Hotbed", New York Times, 2017 6. 23

119 G. Hinton, R. Salakhutdinov, "Reducing the Dimensionality of Data with Neural Networks", Science, Vol. 313, pp 504-507, 2006. 6

120 Google, "Machine learning finds new ways for our data centers to save energy", 2017. 4

121 David Silver at al., "Mastering the game of Go with deep neural networks and tree search", Nature, 529(28), 2016. 1

122 Will Knight, "The Dark Secret at the Heart of AI", MIT Technology Review, 2017. 4

123 Alistair Barr, "Google Mistakenly Tags Black People as 'Gorillas,' Showing Limits of Algorithms", Wall Street Journal, 2015. 7. 1

124 Volodymyr Mnih, at al, "Human-level control through deep reinforcement learning", Nature 518, 529-533, 2015. 2. 26

125 John Launchbury, "A DARPA Perspective on Artificial Intelligence", 2017. 2. 15 https://www.youtube.com/watch?v=-O01G3tSYpU

126 Geoffrey Hinton, "What is wrong with convolutional neural nets?", MIT TechTV, December 4, 2014

127 Yoshua Bengio at al, "Creating Human-level AI: How and When?", Panel discussion in the BAI Conference, 2007

128 Tom Simonite, "The Missing Link of Artificial Intelligence", Tom Simonite, MIT Technology Review, 2016. 2. 18

129 Will Knight, "This AI Algorithm Learns Simple Tasks as Fast as We Do", MIT Technology Review, 2015. 12. 10

130 Brenden Lake, Ruslan Salakhutdinov, Joshua Tenenbaum, "Human-level

concept learning through probabilistic program induction", Science, vol 350(6266), 2015. 12.

11 4차 산업혁명의 전장(戰場)은 디지털 경제이다

131 Don Tapscott, 『The digital economy : promise and peril in the age of networked intelligence』, (New York: McGraw-Hill. 1997)

132 OECD, 「OECD Hearings The Digital Economy 2012」, 2013

133 Mark Knickrehm at al, 「Digital disruption: The growth multiplier」, Accenture, 2016

134 Paul Daugherty at al., 「Accenture Technology Vision 2016」, Accenture, 2016. 1

135 T. Mesenbourg, 「Measuring the Digital Economy」. U.S. Bureau of the Census, 2001

136 Martin Feldstein, "Underestimating the Real Growth of GDP", Personal Income, and Productivity, Journal of Economic Perspectives, Vol. 31(2), pp145-164, 2017

137 "First Report of the Digital Economy Board of Advisors", U.S. Department of Commerce, 2016. 12

138 L. Lessig, 『Remix: Making Art and Commerce Thrive in the Hybrid Economy』, (Great Britain: Bloomsbury Academic, 2008)

139 Sarah Kessler, "The Sharing Economy is Dead, and We Killed it.", Fast Company, 2015. 9. 14.

140 Rachel Botsman, Roo Rogers,『What's Mine Is Yours: The Rise of Collaborative Consumption』, (Harper Collins Publishers, 2010)

141 Lisa Gansky, "*The Mesh: Why the Future of Business Is Sharing*", Penguin Group, 2010

142 Bryan Walsh, "Today's Smart Choice: Don't Own. Share", Time, 2011. 3. 7

143 Robert Reich, "Why the sharing eonomy is harming workers and what must be done", 2015. 11. 27, http://robertreich.org/post/134080559175

144 Shellie Karabell, Sharing "Economy: Nice, But Does It Create Real Jobs?", Forbes, 2017. 1. 29

145 Deborah Bothun at al, 「The Sharing Economy」, PwC Consumer Intelligence Series, 2015

146 Brian Arthur, "Increasing Returns and the New World of Business", Harvard Business Review, 1996 July-August Issue

147 "Metcalfe's Law", P2PF WiKi, http://wiki.p2pfoundation.net/Metcalfe%27s_Law

148 주강진, "공유경제와 미래 사회-손끝에 닿는 창조경제 세미나15", SkyWalk, 2016

149 박건형, "텐센트·알리바바… 20大 인터넷 기업중 7곳이 중국", 조선일보, 2017. 6. 5

150 박현영, "구글 페이스북 아마존의 독과점 규제론 힘 받는다", 중앙일보, 2017. 5. 7

151 Jonathan Taplin, "Is It Time to Break Up Google?", New York Times, 2017. 4. 22

12 4차 산업혁명의 3대 화두는 스마트화, 플랫폼화, 소프트웨어이다

152 Edward D. Hess, Katherine Ludwig, 『Humility Is The New Smart : Rethinking Human Excellence In the Smart Machine Age』, (Berrett Koehler

Publishers, Inc.: 2017)

153 Shoshanna Zuboff, 『In the Age of the Smart Machine: The Future of Work and Power』, (Basic Books, 1988)

154 Andrew Burton, "What have we learned from the Smart Machine", Information and Organization 24, Elsevier, p71-p105, 2014

155 J. Kallinikos, "Smart machines". P. A. Laplante (Ed.), Encyclopedia of Software Engineerng, Vol. 2. (pp. 1097−1103), Taylor and Francis, 2010

156 David Evans, "The Antitrust Economics of Multi-Sided Platforms", Yale Journal on Regulation, vol. 20(2). pp. 325-381, 2003

157 Jean Rochet at al, "Platform Competition in Two-Sided Markets", Journal of the European Economic Association, vol. 1(4), pp. 990-1029, 2003

158 Terry Costlow, "New AUTOSAR platform offers more freedom for vehicle electrical architectures", SAE inter2016. 5. 14, http://articles.sae.org/14820/

159 Sangeet P. Choudary at al., "Platform Revolution: How Networked Markets Are Transforming the Economy-And How to Make Them Work for You", (W. W. Norton & Company, 2017)

160 Keith Devlin, 『인포센스』, (사람in, 1999)

161 Lauro Rizzatti, "Digital Data Storage is Undergoing Mind-Boggling Grow", EE Times, 2016. 9. 14 http://www.eetimes.com/author.asp?section_id=36&doc_id=1330462

162 Patrick Cheesman, "The Internet Of Things: Big Data Is About To Explode", 2014. 12. 9

163 Syed Hosain, "Reality Check: 50B IoT devices connected by 2020: beyond the hype and into reality", RCRWirelessNews, 2016. 6. 28

13 우리의 IT 여건은 녹록지 않다

164 OECD, 「OECD Digital Economy Outlook 2015」, 2015. 7

165 「Gartner Says Global IT Spending to Reach $3.5 Trillion in 2017」, Gartner, 2016. 10. 19

166 「2015 소프트산업 연간보고서」, 소프트웨어정책연구소

167 "ICT 수출입동향", e-나라지표, www.index.go.kr

168 민경실 외, 「디지털 경제와 한국무역」, IIT Trade Focus, 한국무역협회 국제무역연구원, 2016. 5.

169 「Unicon Trends Report」, CB Insights, 2017. 1

170 「인공지능 연구동향 및 Machine Learning에 대한 연구/특허 성과분석」, Clarivate Analytics, 2016

171 이병기, 「인공지능 기술의 특허 경쟁력과 기술·산업 연관성 분석: 주요 선진국의 비교분석」, KERI 정책제언 16-37, 한국경제연구원, 2017. 1

172 한기성, "인공지능 특허출원 경쟁 속 제자리 걷는 대한민국", Pressman, 2017. 2. 28

14 4차 산업혁명의 성패(成敗)는 스마트화가 가른다

173 안지영, "韓 R&D 생산성 세계 16위…투자는 1위, 효율성은 바닥", 조선비즈, 2014. 10. 29

174 송혜영, "출연연 연구생산성 4.7%.. 100원 투입하면 5원도 못벌어", 전자신문, 2016. 7. 20

175 신지나 외, 『인공지능은 어떻게 산업의 미래를 바꾸는가』, 한스무크 Vol 03, (한스미디어, 2016)

176 "ML Predicts School Dropout Risk & Boosts Graduation Rates," Microsoft, June 4, 2015,

177 Will Knight, "How Artificial Intelligence Can Fight 인공지능r Pollution in China," MIT Technology Review, August 31, 2015,

178 Michael Madaio et al.,"Firebird: Predicting Fire Risk and Prioritizing Fire Inspections in Atlanta," KDD 2016, San Francisco, California, August 13-17, 2016

179 Daniel Castro, "How Artificial Intelligence Will Usher in the Next Stage of E-Government", Govtech, 2016. 12. 16

180 Gerard VerweijSizing at al, 「The prize: What's the real value of AI for your business and how can you capitalise?」, PwC, 2017

181 Mark Purdy, Paul Daugherty, 「Why artificial intelligence is the future of growth」, Accenture, 2016

182 장윤종, 「4차 산업혁명과 한국산업의 과제, KIET 산업정책」, pp 7-20, 2016. 6

183 변지민, "수조원 쏟은 미래성장동력, 셋 중 하나는 파급효과 없었다", 동아사이언스, 2016. 12. 26

184 김신형, "기·승·전, 4차 산업혁명?", 조선일보, 2017. 5. 25

185 양지호, "4차 산업혁명은 허구다", 조선일보, 2017. 7. 10

186 「제4차 산업혁명에 대응한 지능정보사회 중장기 종합대책」, 미래창조과학부, 2016. 12

187 "ICT 수출입동향", e-나라지표,

188 이영범, 「2011 경제발전경험모듈화사업: 전자정부제도 도입」, 한국정책학회, 2011

189 윤형준, "MB정부 IT 전략 밑그림 나왔다", 전자신문, 2009. 9. 2

15 경쟁우위의 방편은 플랫폼화이다

190 「Unicon Trends Report」, CB INSIGHTS, 2017. 1

191 장길수, "자율주행자동차 분야에 불고있는 혁신의 바람", 로봇신문, 2017. 4. 21

192 조귀동, "한국은행, 공유경제·디지털거래 반영 GDP 통계 2019년 발표", 조선비즈, 2017. 5. 29

193 마이클 포터, 『경쟁론』, (21세기북스, 2011)

194 Arnoldo C. Hax at al., "The Delta Model - Toward a Unified Framework of Strategy", MIT Sloan Working Paper No. 4261-02, 2002. 9

195 Platform Industry 4.0, http://www.plattform-i40.de/I40/Navigation/EN/Home/home.htm

196 Industrial Internet Consortium, http://www.iiconsortium.org

197 「Reference Architectural Model Industrie 4.0 (RAMI 4.0」, Platform Industry 4.0

198 나준호, "스마트 서비스로 내공 키운 일본 기업들 출발 늦었지만 '몸에 맞는 솔루션'찾아", 동아비즈니스리뷰 227호, 2017. 6.

199 보도자료, "국내 개발 오픈소스 PaaS,'파스-타'확산 힘 받는다", 미래창조과학부, 2017. 1. 12

200 송종길, "융합콘텐츠산업법 제정하자", 전자신문, 2017. 6. 14

201 허준, "네이버, 넷플릭스처럼 자체 콘텐츠로 승부", 파이낸셜뉴스, 20017. 6. 14

202 윤봄이, "페이스북 자체 콘텐츠 제작 추진…올여름 공개 목표", KBS, 2017. 6. 26

203 오바라 가즈히로 『플랫폼이다. 세상을 바꾸는 새로운 원리』, (한스미디어, 2015)

204 타파스, https://tapas.io/

205 고승연, "美만화시장 뚫은 한국의 '웹툰 플랫폼'", 동아일보, 2017. 7. 3

16 경쟁수단은 소프트웨어 산업이다

206 "Gartner Says Global IT Spending to Reach $3.5 Trillion in 2017", Gatner, 2016. 10. 19.

207 이병기, 「인공지능 기술의 특허 경쟁력과 기술·산업 연관성 분석: 주요 선진국의 비교분석」, KERI 정책제언 16-37, 한국경제연구원, 2017. 1.

208 OECD, 「OECD Hearings The Digital Economy 2012」, 2013. 2.

209 엄인우, "SW 경쟁력 강화부터", 시사저널, 2016. 9. 28.

210 「Artificial Intelligence Explodes: New Deal Activity Record for AI Startups」, CB Insights, 2016. 1. 20

211 Jacques Bughin at al., 「Artificial Intelligence the Next Digital Frontier?」, Mckinsey Global Institure, 2017. 6

212 Gerard VerweijSizing at al, 「the prize: What's the real value of AI for your business and how can you capitalise?」, PwC, 2017

213 「Gartner Says Global IT Spending to Reach $3.5 Trillion in 2017」, Gatner, 2016. 10. 19

214 "SW Taxonomy", https://www.appsruntheworld.com/taxonomy/#Exhibit6

215 Keun Lee, Chaisung Lim, 「The Technological Regimes, Catch-up and Leapfrogging: Findings from the Korean Industries」, Research Policy, Vol. 30, 2001

216 Franco Marlerba, 「Sectoral Systems of Innovation: Concepts, issues and analyses of six major sectors in Europe」, (Cambridge: Cambridge University Press, 2004. pp. 9-41)

217 지은희, 「2016년 국내 소프트웨어 산업 실태조사」, 소프트웨어정책연구소, 2017. 4

218 "대기업의 공공소프트웨어사업자 참여제한 예외사업", 미래창조과학부 고시 제2017-20호

219 「소프트웨어업종의 바람직한 하도급거래를 위한 가이드북」, 소프트웨어표준 하도급계약서 Q&A집, 한국소프트웨어산업협회

220 Carlota Perez, Luc Soete. 「Catching-up in Technology: Entry Barriers and Windows of Opportunity」; G. Dosi, C. Freeman, R. Nelson, G. Silverberg and L. Soete, "Technical Change and Economic Theory". London: Pinter Publishers, 458-79, 1988

221 C. Freeman, 『The Information Economy: ICT and the Future of the World Economy in S. A. Roseu (ed.) Changing Maps: governing in a world of rapid change』, (Clarleton University Press, Ottawa, 1995)

222 박상길, "차량과 실시간 통신 `C-ITS` 2030년 완성… 세종시 전역 자율주행 도로로", 디지털타임즈, 2017. 7. 12

223 Siemens, 「Annual Report 2016」

224 류현정, "제조업체 GE의 新 선언…"톱 10 소프트웨어 기업이 될 것", 조선비즈, 2015. 9. 30

17 인프라 혁신은 필수다

225 「Preparing for the future of Artificial Intelligence」, 보고서, 미상무부 & 국가과학기술정책국, 2016. 10

226 「Artificial Intelligence, Automation, and the Economy」, 보고서 대통령실, 2016. 12

227 「The National Artificial Intelligence Research & Development Strategic

Plan」, 보고서, 과학기술정책국, 2016. 12

228 「Innovation Policy A Guide for Developing Countries」, The World Bank, 2010

229 고상원 외, 「2013 경제발전경험모듈화사업: ICT 연구개발체계 수립」, 정보통신정책연구원, 2014.

230 Claudia Goldin, Lawrence Katz, 『The Race between Education and Technology』, (Belknap Press, 2010)

231 김미란, 「창의인재 양성을 위한 고등교육 체제 혁신 방안 연구」, 한국교육개발원, 2016

232 강신형 외, 『축적의 시간』, (지식노마드, 2015)

233 「2017년 교육부 업무보고」, 교육부

234 송덕순, "산업수요맞춤, 융합형 인재 키운다". 중앙일보, 2016. 11. 25

235 "경희 공학: 융합화, 정부지원으로 가속낸다", 한국대학신문 2017. 7. 23

236 이상준 외, 「SW산업 수요에 대응하는 직업훈련 개편 방안」, 한국직업능력개발원, 2016

237 황정환 외, "서울공대 대학원 첫 미달…4차 산업혁명 누가 이끄나", 한국경제신문, 2017. 7. 20

238 박동위, "지방 공대는 이미 초토화", 한국경제신문, 2017. 7. 21

239 「2015 ICT 인력동향 실태조사」, 한국정보통신진흥협회, 2016

240 「SW 중심사회를 위한 인재양성 추진 계획」, 교육부 & 미래창조과학부, 2015. 7

241 Jeannette M. Wing, "Computational Thinking", Communication of the ACM, 49(3), pp 33~35, 2006. 3

242 Peter J. Denning, "Remaining Trouble Spots with Computational Thinking", Communication of the ACM, 60(6), pp 33~35, 2017. 3

243 Pat Yongpradit, 「Messages and Misconceptions of Computer Science Education」, Huntingtonpost, 2015. 12. 8

244 David J. Malan, "This shall be CS50", 2016 https://medium.com/@cs50/t

his-shall-be-cs50-2016-faed96945f81

245 「2016년 교육통계연보」, 교육부

246 「2015 ICT 인력동향 실태조사」, 한국정보통신진흥협회, 2016